중국어의 지식【2】

서면어

NOTITIA LINGUÆ SINICÆ

조제프 앙리 프레마르 원저
제임스 그레인저 브리지먼 편역
조경환 역주

세창출판사

중국어의 지식 【2】

서면어

NOTITIA LINGUÆ SINICÆ

1판 1쇄 인쇄 2020년 6월 10일
1판 1쇄 발행 2020년 6월 18일

—

원저자 | 조제프 앙리 프레마르
편역자 | 제임스 그레인저 브리지먼
역주자 | 조경환
발행인 | 이방원
발행처 | 세창출판사
신고번호 · 제300-1990-63호
주소 · 서울 서대문구 경기대로 88 냉천빌딩 4층
전화 · 02-723-8660 팩스 · 02-720-4579
http://www.sechangpub.co.kr | e-mail: edit@sechangpub.co.kr

—

ISBN 978-89-8411-940-6 94720
978-89-8411-938-3 (세트)

—

이 번역도서는 2017년 대한민국 교육부와 한국연구재단의 지원을 받아 수행된 연구임.
(NRF-2017S1A5A7019042)

—

이 책은 한국연구재단의 지원으로 세창출판사가 출판, 유통합니다.(세트)
잘못 만들어진 책은 구입하신 서점에서 바꾸어 드립니다.

—

이 도서의 국립중앙도서관 출판시도서목록(CIP)은 서지정보유통지원시스템 홈페이지(http://seoji. nl.go.kr)와 국가자료공동목록시스템(http://www.nl.go.kr/kolisnet)에서 이용하실 수 있습니다.
(CIP제어번호: CIP2020019604)

NOTITIA LINGUÆ SINICÆ

중국어의 지식[1] 【2】

서면어

An Annotated Translation of English Version of *NOTITIA LINGUÆ SINICÆ*

조제프 앙리 프레마르 원저

제임스 그레인저 브리지먼 편역

조 경 환 역주

1 역주 중국학계에서는 *Notitia Linguæ Sinicæ*를 '漢語札記'로 지칭해 왔다. 그러나 Premare 전문가인 Lundbæk(1991:64)은 이를 '중국어의 지식(A knowledge of the Chinese Language)'으로 번역하였는데, 이는 'Notitia'의 중의성으로 인해 발생한 것이다. 즉 'Notitia'는 크게 두 가지 의미를 가지는데, 하나는 '문서', '기록'이라는 의미로, 중국학자들은 이에 근거하여 '札記'라고 번역하였다. 다른 하나는 '지식', '개념'이라는 의미로 Lundbæk은 이를 따른 것이다. 비록 '漢語札記'라는 명칭이 통용되고 있는 상황이지만, 역주자는 후자가 좀 더 적절한 명칭이라고 여기므로 본서에서는 Lundbæk의 견해를 따랐다. 본서는 주로 번체자로 표기되었지만 경우에 따라 이체자, 간체자로 표기된 경우도 있는데, 이는 원문을 따라 그대로 표기하였다. 다만 명백한 오탈자의 경우에는 이를 수정하고 각주에 언급하였다.

차례[2]

중국어의 지식 【2】
서면어

파트 3 서면어 — 13

제5장 서면어 문법과 통사 16
5.1 17
5.2 23
5.3 29

제6장 중국어 불변화사 33
6.1 '之'의 예 33
6.2 '者'의 예 43
6.3 '也'의 예 50
6.4 '於'의 예 56
6.5 '乎'의 예 61
6.6 '諸'의 예 68
6.7 '邪'와 '耶'의 예 70
6.8 '與'의 예 73
6.8.1 불변화사 '與' 73
6.8.2 동사 또는 명사로서 '與' 79

2 역주 원문의 목차는 장, 절, 단락 구분 없이 섞여 있어 이를 본문에 맞게 수정하였다.

6.9 '而', '爾', '耳'의 예 85
6.9.1 '而'의 예 85
6.9.2 '爾', '耳'의 예 90
6.10 '焉'과 '然' 92
6.10.1 '焉'의 예 92
6.10.2 '然'의 예 97
6.11 '則'과 '且'의 예 100
6.11.1 '則'의 예 100
6.11.2 '且'의 예 102
6.12 '若'과 '如'의 예 104
6.13 '以'와 '爲' 107
6.13.1 '以'의 예 107
6.13.2 '爲'의 예 113
6.14 '哉'와 '乃'의 예 116
6.15 시간 지시 불변화사 119
6.16 강화 불변화사 122
6.17 의문 불변화사 124
6.18 문미 불변화사 135
결 론 141

제7장 문체의 등급과 더 높은 단계 144
7.1 문체의 여러 등급 145
7.2 문체의 일반적인 규칙 148
7.3 선택된 예에 의해 설명되는 선행 진술 153
7.3.1 같은 생각이 다양하게 표현됨 153
7.3.2 여러 가지 문체의 예 159

제8장 수사 표현 179
8.1 대조 181

8.2 반복 191
8.2.1 문자의 반복 191
8.2.2 구의 반복 192
8.2.3 말장난 196
8.3 점층법 201
8.4 교훈적인 질문 206
8.5 묘사 211
8.5.1 《맹자孟子》의 예 213
8.5.2 《서경書經》의 예 214
8.5.3 《중용中庸》의 예 214
8.5.4 구양수의 예 218
8.6 문체의 30가지 종류 223
8.6.1 '或' 224
8.6.2 '也' 225
8.6.3 '者' 226
8.6.4 '之' 226
8.6.5 '得之' 229
8.6.6 '謂之' 230
8.6.7 '之謂' 230
8.6.8 '以' 231
8.6.9 '足以' 232
8.6.10 '不以' 232
8.6.11 '之以' 233
8.6.12 '可' 234
8.6.13 '可以' 234
8.6.14 '爲' 234
8.6.15 '必' 235
8.6.16 '無' 235
8.6.17 '莫大乎' 236
8.6.18 '而' 236

8.6.19 '而不' 237
8.6.20 '其' 237
8.6.21 '得其' 238
8.6.22 '兮' 238
8.6.23 '奚' 239
8.6.24 '矣' 239
8.6.25 '未嘗' 240
8.6.26 '曰' 240
8.6.27 '有' 241
8.6.28 '於是乎' 242
8.6.29 '然' 243
8.6.30 '焉' 243
8.7 여러 가지 비교 255
8.7.1 단순 비교 256
8.7.2 비유 269
8.7.3 은유 275
8.7.4 우언 285

제9장 구 294
9.1 한 자로 이루어진 구 295
9.2 두 자로 이루어진 구 296
9.3 세 자로 이루어진 구 299
9.4 다섯 자로 이루어진 구 335

● 역주자의 말 및 해설 336
1. *Notitia Linguæ Sinicæ*의 기본 구성 339
2. *Notitia Linguæ Sinicæ*의 특징 344
2.1 구어와 서면어의 대칭과 비대칭 344

2.2 예문의 중요성 348
2.3 중국어의 시간 체계 357
3. *Notitia Linguæ Sinicæ*의 한계 360
4. 결론 363
5. 참고문헌 365

● 색인 367

중국어의 지식 【1】
구어

● 편역자 서문

파트 1 서문

제1장 중국어 문헌
1.1 중국어 문헌의 일반적인 설명
1.2 책을 읽는 순서
1.3 여러 종류의 사전

제2장 한자
2.1 쓰인 것으로서의 한자
2.2 발음되는 것으로서의 한자
2.2.1 중국어 성조
2.2.2 중국어 소리
2.2.3 조화를 이루는 문자

● 해제

제3장 구어의 문법과 통사
3.1 문법
3.1.1 명사
3.1.2 대명사
3.1.3 동사
3.1.4 다른 품사
3.2 통사

제4장 중국어의 특성
4.1 몇몇 문자의 용법
4.1.1 '得'의 용법
4.1.2 '把'의 용법
4.1.3 '打'의 용법
4.1.4 '一'의 용법
4.1.5 '來'와 '去'의 용법
4.1.6 '道'의 용법
4.1.7 '見'의 용법
4.1.8 '心'의 용법
4.1.9 '氣'의 용법
4.1.10 '口'의 용법
4.1.11 '手'의 용법
4.1.12 '大'의 용법
4.1.13 '好'의 용법
4.1.14 '待'의 용법
4.1.15 '敢'의 용법
4.2 중국어의 불변화사
4.2.1 부정 불변화사
4.2.2 확대 또는 강화 불변화사

4.2.3 지소 불변화사
4.2.4 문두 불변화사(Initial Particles)
4.2.5 문미 불변화사(Final Particles)
4.2.6 '兒'와 '耳'의 용법
4.2.7 '也'와 '亦'의 불변화사
4.2.8 '又'의 용법
4.2.9 '就'의 용법
4.2.10 불변화사 '却'
4.2.11 불변화사 '着'
4.2.12 불변화사 '倒', '到', '轉'
4.2.13 불변화사 '叫', '教', '交'
4.2.14 불변화사 '可'
4.2.15 불변화사 '還'
4.2.16 불변화사 '則'과 '且'
4.2.17 불변화사 '了'와 '過'
4.2.18 불변화사 '與'와 '替'
4.2.19 불변화사 '便'
4.2.20 불변화사 '連'
4.2.21 불변화사 '更'과 '都'
4.2.22 불변화사 '方', '放', '妨'
4.2.23 불변화사 '般', '半'
4.2.24 불변화사 '再'와 '纔'
4.2.25 불변화사 '耐', '奈'
4.3 수사修辭
4.3.1 반복
4.3.2 대조
4.3.3 의문
4.3.4 속담

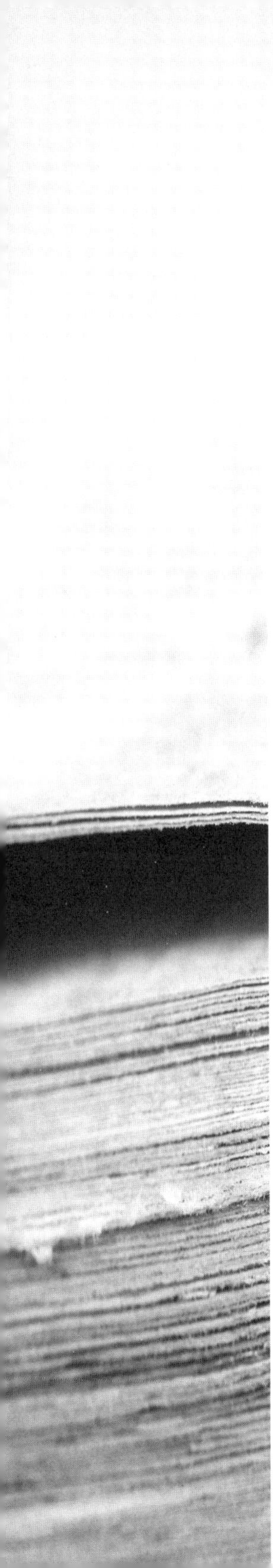

서면어

The Language of Books

파트 3

서면어

서론에서 중국어 책들의 일반적인 주제를 다소 길게 다루었는데, 필요 시에는 앞의 서술을 참조하겠지만, 그것들에 대한 더 이상의 설명은 불필요해 보인다.

이 부분의 연구는 5장으로 구분된다. 5장에서는 파트 2에서 주목하지 않았던 문법의 몇 가지 점을 설명하고자 한다. 6장에서는 불변화사를 다루는데, 이것은 중국어의 고유한 특성을 보여 주며 발화의 여러 가지 양식에서 그 차이를 만들어 낸다. 7장은 높은 수준의 작문과 연관하여 문체의 변이를 고려한다. 8장에서는 단어와 사고의 여러 가지 수사(figures)를 설명할 것이다. 9장에서는 여러 우아한 문구를 살펴볼 것이다.

제5장 서 면 어

서면어 문법과 통사

중국어 문장을 정확하게 이해하기 위해서는 몇 가지 점을 특별히 주의할 필요가 있다. 1. 동사가 표현되었는지 그리고 종종 그것은 무슨 문자로 이해되었는지. 2. 표현되었거나 이해되었든 동사의 주격이 무엇인지. 3. 동사의 목적어가 무엇인지. 4. '거룩하신 하나님', '베드로의 아들'과 같이 상호 관련이 있는 어떠한 명사와 형용사가 연결되었는지 등이 있다. 이와 같은 것들이 결정되었을 때, 우리는 남아 있는 문자와는 어떠한 어려움도 겪지 않게 되는데, 왜냐하면 그것들은 덜 중요한 품사 중 하나에 반드시 속하기 때문이다.

이미 파트 2에서 충분히 설명했지만 서면어와 구어 둘 다 공통적인 언어의 문법과 통사에 관련된 몇 가지 점이 있다. 따라서 우리는 여기에서 그것들을 일일이 말하지는 않겠다. 그러나 서면어에 관하여 몇몇은 특별하므로 다음의 몇몇 단락에서 간단히 살펴보고자 한다.

5.1[3]

같은 종류의 다수를 지시하기 위하여 채용된 용어는 매우 많으며, 그들의 용법에서 다양한데, 몇몇은 그들이 속한 명사에 선행하거나 뒤에 온다.

다음은 명사 뒤에 놓이는 것들이다. '皆', '俱', '咸', '都'.

1. '皆': 모두

四海之內皆兄弟也。[4]
온 세상 도처가 모두 형제이다.
All men are brethren.

三尺童子皆知可惡。
삼척동자 모두가 그것이 가증스럽다는 것을 안다.
Every child three feet high knows it is hateful.

人皆曰予知。[5]
사람마다 모두 자신이 지혜롭다고 말한다.
Every man says, "i know".

2. '俱'는 '皆'와 거의 같은 의미이다.[6]

人之生也與憂俱生。[7]

---

3 역주 5.1의 제목은 원문에서 빠져 있다.

4 역주 이 예문은《論語 · 顔淵》에서 인용한 것이다.

5 역주 이 예문은《中庸 · 7章》에서 인용한 것이다.

6 역주 즉 '俱' 역시 '모두', '함께'를 나타내는 범위 부사로 쓰인다는 의미이다. '俱'는 '具'와도 같다.

사람은 태어나면 걱정과 더불어 살아가기 마련이다.
Men at their birth are all alike.

독자들은 문자의 특정 순서에 의해 문장의 힘이 얼마나 증가했는지를 주목할 필요가 있다. 이와 같은 문장에서 왜 '俱'가 '皆'보다 선호되는지는 오직 연습을 통해서만 알 수 있다.

予及汝皆亡。[8]
나는 (차라리) 너와 함께 죽어 버리련다.
Let us all perish together.

그러나 여기에서 '皆'는 단순히 '모두'를 의미하지는 않는다. 《맹자孟子》에서는 이 문장을 인용하면서, '皆' 대신 '偕'를 사용하였다. 《순자荀子》, 《예경禮經》과 다른 작품에서 우리는 '俱'의 동의어로 '擧'가 사용된다는 것을 분명히 발견한다.

3. '咸'

萬國咸寧。[9]
온갖 나라가 모두 편안하다.
All nations enjoy peace.

4. '都'

都人
모든 사람

7 역주 이 예문은 《莊子 · 至樂》에서 인용한 것이다.
8 역주 이 예문은 《尙書 · 湯誓》의 것으로 《孟子 · 梁惠王上》에서 재인용하였다.
9 역주 이 예문은 《周易 · 乾卦》에서 인용한 것이다.

all men

《회남자淮南子》에서도 실제로 아래와 같이 기재하였다.

都不可得。

모두 얻을 수는 없다.

They cannot all be obtained.

그러나 그는 먼저 지시하는 사물들을 열거한 다음, 그들 모두를 집합적인 '都' 아래에 포함한다. 다수(multitude)를 지시하는 다음 용어는 명사 앞에 놓여야만 한다. '衆', '諸', '庶', '多'.

1. '衆': 많은, 여러

衆枝衆矣。

가지가 많은 것이 여럿이다.[10]

That all are able all agree.

衆說紛紜。

의견이 분분하다.

All opinions expressed at random.

《서경書經》에서 '有'가 더해지며, '有'와 '衆' 둘 뒤에 '咸'이 뒤따르는 예를 볼 수 있다.

濟濟有衆咸聽朕命。[11]

여러분! 모두 내 명령을 들으시오.

---

10 역주 이 예문을 원문에서는 '모두가 동의하다'로 해석하였다.

11 역주 이 예문은《書經 · 大禹漠》에서 인용한 것이다.

嗟爾萬方有衆明聽予一人誥。[12]

아아! 그대들 온 세상 백성이시여! 나 한 사람의 말을 분명히 들어 주오.

嗚呼, 西土有衆咸聽朕言。[13]

아아! 서쪽 땅의 여러분이여! 모두 나의 말을 들으시오!

Let all in this vast assembly listen to my commands.

비록 인용문 각각은 의미가 거의 같지만 문체상의 차이를 유념할 필요가 있다. '師'는 '衆'과 거의 같은 의미이다.[14]

以有九有之師。

그리하여 아홉 주의 백성을 다스리게 되었다.

That he should have all the nine, i.e. that he should rule all the world.

2. '諸'

諸說

각종 견해, 여러 사람의 학설

all opinions, whatever is said

諸家

제자백가, 문내의 여러 집안

the entire circle of philosophers, all the families

諸子

제자, 춘추전국 시대에 일가의 학설을 세운 사람

all the philosophers

諸侯

12 역주 이 예문은《書經 · 湯誥》에서 인용한 것이다.

13 역주 이 예문은《書經 · 泰誓中》에서 인용한 것이다.

14 역주 즉, '師'는 '백성'을 가리킨다.

제후
all the tributary kings

그러나 이 표현은 일반적으로 왕자를 표시하기도 하였다.

3. '庶'

庶士[15]
여러 관리
all the public officers

自天子至於庶人。
천자로부터 백성까지 이르다.
from the emperor to all the people.

4. '多'

爾多士
너희 많은 신하
you many officers

爾多方
너희는 여러 방면에서
you from all quarters

《서경書經》에서는 같은 의미로 '僉'을 사용하였다.

僉曰。
여럿이 말했다.
All together spoke.

스스로 다수를 표시하는 몇몇 명사가 있다.

15 역주 이에 관한 예로는 "玆殷庶士, 席寵惟舊"《書經 · 畢命》에서 찾을 수 있다.

民(백성; people):

天祐下民。
하늘이 백성을 보우하다.
Heaven protects people on the earth.

群(무리):

群龍
용의 무리
the host of dragons

더 큰 수가 또한 사용되는데, 예를 들면 '兆', '億', '千', '萬' 등이 있으며, '四'와 '九' 또한 똑같이 사용된다.

萬方
전국각지, 여러 방면
all quarters

萬民
만민, 모든 백성
every people

四海
사방의 바다, 온 천하
the four seas

四方
사방
the four quarters

四凶
상고 시기의 네 가지 흉신
the whole crew

九州 또는 九有
중국 전체 영토
the whole world

두 개의 부정사가 또한 일반적 또는 보편적인 것을 나타내기 위하여 사용된다.

無不。 또는 莫不。

~하지 않은 것이 없다. 모두 ~이다.

All throughout.

관계사 '所'는 때때로 사용된다.

無所不能，無所不知，無所不在。

못할 것이 없다. 모르는 것이 없다. 없는 것이 없다.

Omnipotent, omniscient, omnipresent.

다수는 비교에 의해 또한 표현된다.

如林。

숲처럼 많다.

Like the trees of the forest.

如山。

산과 같이 많이 쌓이다.

Like the hills.

또는 '如'를 생략하기도 한다.

人山人海

인산인해

Men as numerous as the hills or as the waves of the sea

5.2[16]

1인칭 대명사는 여러 가지 표현에 의해 지시된다.

16 역주 5.2 역시 원문에서 제목이 빠져 있지만 주로 대명사에 관한 내용이다.

1. '朕'은 1인칭 대명사를 나타내는 흔히 쓰이는 표현으로 모든 사람에 의해 수시로 사용된다. 그러나 진시황은 '朕'을 오직 황제에게만 사용하도록 제한하였다.[17] 《서경書經》에서 군주가 자신을 칭할 때 '予一人' 또는 '予小子'를 사용하였다. 《좌씨左氏》와 다른 곳에서는 '寡人' 또는 '寡仁'을 사용하였다. 많은 구절에서 노인은 '老夫'로 표현되었다. 신하는 스스로를 '臣' 또는 '門生'이라고 칭하였다.[18]

2. '我'는 고서에서 자주 사용되었다.

> 我非生而知之者。[19]
> 나는 태어날 때부터 지식을 갖고 있던 사람이 아니다.
> I was not born a sage.

'之'자는 《논어論語》에서 '미덕, 지혜, 선함'을 자주 나타낸다.[20]

> 我未見好仁者。[21]
> 나는 아직까지 인덕을 좋아하는 사람을 본 적이 없다.
> I have never seen one who truly loved virtue.
>
> 我不欲人之加諸我也。[22]
> 저는 다른 사람이 저를 기만하는 것을 원치 않습니다.
> I would not be thought better than I am.

---

17 역주 이에 관하여 蔡邕의 《獨斷》에서 밝힌 바 있는데, '朕'은 원래 귀천을 꺼리지 않고 사용되었다가. 秦始皇 26년에 천자의 自稱으로 제정된 이후에는 그대로 답습되고 바뀌지 않았다고 한다.

18 역주 여기에서 '門生'은 '문하생'보다는 '식객'의 의미로 쓰였다.

19 역주 이 예문은 《論語 · 述而》에서 인용한 것이다.

20 역주 이 말은 '之'자가 일반적인 사실 · 사물 · 사람을 가리킨다는 말이다.

21 역주 이 예문은 《論語 · 里仁》에서 인용한 것이다.

22 역주 이 예문은 《論語 · 公冶長》에서 인용한 것이다.

3. '吾'도 또한 자주 사용된다.

吾十有十而志於學。[23]
나는 열다섯 살에 학문에 뜻을 두었다.
When I was fifteen I began to learn.

吾日三省吾身。[24]
나는 매일 여러 차례 스스로 반성한다.
I examine myself daily in reference to three points.

4. '予'

天生德於予。[25]
하늘이 나에게 이러한 덕을 주셨다.
Heaven gave me virtue.

予始愛之。
나는 처음에는 그것을 좋아했다.
I was at first delighted with it.

'余'는 '予'와 같은 용법으로 사용된다.

來, 余語汝。[26]
와라, 내가 자네에게 말해 주겠다.
Come, I will teach you.

5. 특정인을 지칭하는 고유 명사가 때때로 사용되는데, 예를 들면

23 역주 이 예문은《論語 · 爲政》에서 인용한 것이다.

24 역주 이 예문은《論語 · 學而》에서 인용한 것이다.

25 역주 이 예문은《論語 · 述而》에서 인용한 것이다.

26 역주 이 예문은《莊子 · 外篇 · 天運》에서 인용한 것이다.

공자는 자신을 '丘'라고도 칭했다.

丘也幸, 苟有過, 人必知之。[27]

나는 참으로 다행이니, 만약 잘못이 있으면 사람들이 반드시 지적해 주는구나.

Confucious is indeed fortunate; if he commits a fault it is at once detected.

奚取於修焉?

어떻게 수로부터 배울 수 있겠는가?

How can aught be learned from *Siu*?

고유 명사 대신에 자주 '某'자가 사용되기도 한다.

6. 서신에서 같은 작가들은 '僕'자를 사용하는데, 이는 유럽의 속담과 비슷하다. 그들 자신의 의견을 말할 때 겸손함을 나타내기 위하여 '愚'자를 사용하기도 한다.

7. 이들 대명사는 때때로 불어 불변화사 'on'에 대응되는데, 이는 3인칭이 아닌 일반적인 사람을 지칭한다. 때때로 그것들은 'our'에 의해 만들어지기도 한다.

我國朝

우리 조정

our dynasty

我皇上

우리 황제

our emperor

《서경書經》에서 우리는 '奚予后'(우리 왕을 기다리다; we wait our king)

27 역주 이 예문은《論語 · 述而》에서 인용한 것이다.

의 예를 발견하였다.

2인칭 인칭 대명사는 등등한 다양한 표현을 가진다.

1. 황제를 언급하는 주어는 용어 '皇上' 또는 '皇上陛下'를 사용한다. 타타르족은 '主子'라고 부른다. 황제는 신하를 '卿'이라고 칭한다. 그러나 이런 종류의 사례는 이미 파트 2에서 언급한 바 있다.

2. '爾'는 《서경書經》과 다른 고서에서 자주 보인다.

非爾所及。[28]

(그것은) 네가 해낼 수 있는 일이 아니다.

You are not a competent person.

惟我與爾有是夫。[29]

단지 너와 나만이 이렇게 할 수 있으리라!

It belongs only to yourself and me.

3. '汝'는 매우 일반적으로 사용되며, 《서경書經》의 예는 다음과 같다.

來禹，惟汝賢，汝惟不矜。[30]

이리 오오, 우여, 오직 그대만이 어질고 교만하지 않기 때문이오.

For you alone are wise, you alone are modest.

汝不知夫養虎者乎?[31]

당신은 저 호랑이 사육자를 아실 테죠?

Do you not know the tiger's nurse?

---

28 역주 이 예문은 "子曰："賜也, 非爾所及也"《論語 · 公冶長》의 예로 보인다.

29 역주 이 예문은 《論語 · 述而》에서 인용한 것이다.

30 역주 이 예문은 《書經 · 大禹謨》에서 인용한 것이다.

31 역주 Premare(1847:173)에서는 《書經》의 예라고 하였지만 실제로는 이 예문은 《莊子 · 人間世》에서 인용한 것이다.

4. 《장자莊子》에서는 '女', '如', '若'이 '汝'와 거의 같은 의미로 사용된다.

吾語若。　　余語女。　　余語如。
내가 너에게 말한다.
I tell you.

5. 사람들은 자주 '子'자를 이용한다.

吾子以爲奚若?[32]
선생님은 이것을 어떻게 생각하십니까?
How does it seem to you?

《장자莊子》에서는 이미 죽은 철학자들처럼 자신을 '子'라고 불렀다. 스승은 제자를 '小子'라고 부르기도 했다.

小子進，余語如。
젊은이, 이리 오게, 내가 자네에게 할 말이 있네.
Come in, my little son, and I will speak with you.

《논어論語》에서 공자는 '二三小子'(여러 제자; my children)이라고 말했는데, 여기에서 '二三'는 몇몇을 지시하는 불확정 표현이다. 《서경書經》에서 왕은 병사들을 '夫子'라고 부르며 그들을 격려한다.

天子躬耕。
천자가 몸소 농사를 짓다.
The emperor himself holds the plow.

親筆筆之。
자신의 펜으로 손수 쓰다.

32 역주 이 예문은 《莊子 · 齊物論》에서 인용한 것이다.

He wrote it with own pen.

親口
자신의 입으로
with his own mouth

이는 1인칭, 2인칭, 3인칭 중 하나로 차이가 없는 것으로 여겨질 수 있다.

5.3[33]

같은 문자가 자주 명사와 동사로 사용된다는 점은 잘 알려진 사실인데, 설명을 위해 몇몇 예를 들면 다음과 같다.

天下之王
천하의 왕
king of the world

王天下。
천하를 다스리다.
To rule the world.

天帝
하느님, 상제
the Lord of heaven

帝天。
하늘을 다스리다.
To rule heaven.

天下惡乎定?[34]
천하는 어떻게 하면 안정되겠습니까?
How can authority to be established?

33 역주 5.3의 제목 역시 빠져 있지만, 명사의 동사 용법과 동사의 명사를 다루고 있다.

34 역주 이 예문은《孟子 · 梁惠王》에서 인용한 것이다.

定於一。

하나로 통일되면 안정될 것입니다.

Established by uniting in one.

孰能一之?

누가 천하를 통일할 수 있습니까?

Who can effect a union?

不嗜殺人者能一之。

사람 죽이기를 좋아하지 않는 임금이 천하를 통일할 수 있습니다.

He who does not delight to shed blood.

여기에서 '一'은 동사 의미 '통일하다' 또는 형용사 의미 '하나' 둘 중 하나로 사용되었다. 요즘 선생들은 명사에서 동사로 변할 때마다 또는 반대의 경우에 대응되는 성조가 변한다고 설명한다. 그러나 《정자통正字通》의 작자는 이를 부인하였으며 그러한 성조상의 변화는 없다고 주장하였다. 어쨌든 성조에 상관없이 한 글자가 명사 또는 동사인지를 결정하는 데에는 그 글자가 사용된 맥락을 고려하는 것만으로도 충분하다. 예를 들면 '孰能一之'에서 만약 '一'이 동사로 여겨지지 않는다면 의미가 통하지 않는다. '孰'는 동사 '能'의 주어이다. '之'는 '天下'를 나타내는 대명사이다. '一'자는 대명사 '之'를 지배하는 동사로서 분명히 사용되었다. 한유는 승려에 대하여 다음과 같이 말하였다.

人其人。[35]

그 사람을 보통 사람으로 만들다. 승려를 일반인으로 환속시키다.

---

35 역주 이 예문은 《原道》에서 인용한 것이다. 앞의 '人'은 '보통 사람으로 만들다'라는 사역 동사로 쓰였으며, 뒤의 '人'은 명사로 사용되었다.

To make men men, to humanize men.

또한《도덕경道德經》에서도 다음과 같은 구절을 발견할 수 있다.

道可道。
도를 도라고 말하다.
A reasonable doctrine, &c.

名可名。
이름을 이름 짓다.
A mentionable name.

명사를 동사로도 사용하는 유럽의 여러 언어에서 만약 우리가 그 표현을 사용한다면 매우 일반적이고 별다른 어려움 없이 실행할 수 있다. 그러나 중국어를 너무 이런 방식으로 사용함으로써 우리가 사용하는 말이 모국어 화자의 귀에 거슬리고 어색하게 들리지 않도록 주의를 기울여야만 한다.

몇몇 동사는 원래 의미가 명사로 사용되는 것을 쉽게 허용하지 않지 않거나 문법학자의 문체로 말하기 힘들다. 이런 방식으로 살아 있는 것(동사)을 죽게 만드는 것(명사), 즉 활자는 사자가 되는 것을 불가능하게 만든다. 그러나 내가 파악한 바로는 원래부터 무생無生인 것은 없었으며, 생명은 어떻게든 전달될 수 없는 것이다. 따라서 '天'과 '地'는 그들의 공통적인 물질 의미로 '하늘'과 '땅'을 가리킨다. 이에 '天天'은 '하늘 중 하늘'을 의미하며 '地地'는 '땅 중의 땅'을 의미할 것이다. 그러나 일상 언어에서 '天天'은 '日日'과 같은 의미이다. 나는 '地地'는 실제로 사용되지는 않는다고 생각하며 대신 '處處'로 말할 수 있다. 이런 종류의 관찰로부터 학생들은 차차 비록 그 언어가 완전히 모호함으로부터 자유롭지는 않지만, 이것들은 처음에 나타난 것처럼 그렇게 많지는 않다는 것을 인지하게 될 것이다. 동사의 목적어를 나타낼 때 그것이 동사 앞에 우아하게 놓인다는 점에 먼저 주목할 필요가 있다. 예를 들면 "不吾知也"(아무도 나를 알지 못한다; no one knows me)가 있는데, "不知吾也"는 덜 고상하게 말하는 것이며, "吾不知也"는 "나는 알지 못한다"(I do not know)를 의미한다. 따라서 '明乎善'(선을 알다; to know what is good)이 '明善'보다 선호된다.

人問於我。
다른 사람이 나에게 물었다.
A man asked of me.

'於'와 '乎'에서 좀 더 많은 예가 있다. 다음은 좀 더 중요한 장에서 발견될 것이다.

제6장

중국어 불변화사

불변화사는 보통 문법학자들에 의해 몇몇 부류—연결사(copulatives), 이접 접속사(disjunctives), 증대사(augmentatives), 지소사(diminutives)—로 구분된다. 우리가 불변화사를 이러한 방식으로 처리하는 데에는 실질적인 장점은 없다. 나는 중국어를 외국어의 세부 항목에 그대로 적용할 생각이 전혀 없다. 반대로 나는 선교사들이 그들의 생각을 분석하는 연습을 가능한 빨리 유도하고, 그들로부터 방언을 없애서 그들이 순수 중국어로 무장하게 하는 것이 나의 열렬한 바람이다. 따라서 18개의 단락에서 중국어 불변화사에 관해 정밀한 분석을 진행하고자 한다.

6.1 '之'의 예

이 불변화사는 작문에서 사용되며, 구어의 '的'에 해당한다. '之'자는 속격 또는 소유격 표지이다.

大學之道
대인이 되는 배움의 길
great learning's way

孝百行之原，衆善之宗，仁義之實。
효는 모든 행위의 근본이며, 여러 선함의 주지요, 인의의 열매이다.
Final obedience the origin of all good actions, the crowning of all excellence, the perfection of benevolence and justice.

다른 부분에서 더 살펴보겠지만 비슷한 구문의 여러 구가 자주 연속적으로 발생한다. 두 명사 또는 명사와 형용사 뒤에 오는 속격 '之'는 '天之明命'(하늘의 밝은 명; heaven's manifest decree)과 같이 어떠한 경우라도 생략되지 않는다.

그러나 두 개의 명사 또는 명사와 형용사가 연달아 나오면, 보통 그 사이에 속격 '之'가 있는 것으로 여겨진다.[36]

不敢寧於上帝命。[37]
감히 하늘의 명을 편히 누리지 못하겠습니다.
I dare not sight the High Sovereign's order.

不敢替上帝命。[38]
감히 하늘의 명을 저버리지 못하겠소.
I dare not contemn the decree of the Lord above.

---

36 역주 이 부분의 원문에서 'in' 다음에 'succession'이 빠져 있다. 맥락과 아래 예문에 근거했을 때 두 명사가 연달아 있는 것으로 추측된다.

37 역주 이 예문은《書經 · 君奭》에서 인용한 것이다.

38 역주 이 예문은《書經 · 大誥》에서 인용한 것이다.

두 명사가 연속적으로 발생했을 때 '之'는 그들 사이에서 있는 것으로 이해되는데,[39] 예를 들면 '天命'(천명; heaven's decree), '天意'(천의; the will of heaven), '天心'(하늘의 뜻; the mind of heaven), '天道'(천도; the way heaven), '天曲'(천곡; the decrees of heaven), '天子'(천자; the son of heaven), '天討'(하늘의 징벌; the reproofs of heaven),[40] '國法'(국법; the laws of the realm), '水路'(수로; a voyage, a way by water)가 있다. '水之路'는 '물길'(the course of the water)을 의미한다.

그러나 만약 두 명사 또는 명사와 형용사가 선행하거나 뒤따른다면, '之'는 출현하거나 생략된다.

萬物之主
만물의 주인
the Lord of all things

天地之主宰
세상의 주재자
the sovereign Lord of heaven and earth

中國之人 또는 中國人
중국인
men of the Middle kingdom

老實之人 또는 老實人
성실한 사람, 온순한 사람
a perfect man

---

39 역주 이 문장은 앞 문장과 중복되어 다소 어색하게 보인다.

40 역주 '天討'는 "天討有罪.五刑五用哉"《書經 · 皐陶謨》에서 보인다.

西土[41]之人

서쪽 땅의 사람들

men of the western land

北方之强

북방의 강함

the northern force

盛德之君子

훌륭한 덕을 지닌 군자

a sage of distinguished virtue

'之'는 명사와 함께 반복되기도 한다.

韓氏之文之道，萬世所共尊。[42]

한유의 문장과 학설은 오랜 세월 동안 존경받을 것이다.

The eloquent *Hanyu* will be extolled in all coming ages.

聖人之心與天下之人之心原一心也。

성인의 마음과 세상 사람의 마음은 원래 한마음이다.

The heart of the wise man is naturally the same with the hearts of allother men.

此先王之敎之神也。

선왕의 가르침은 (이와 같이) 오묘하다.

Such was the spirit of the instructions of the early kings.

중국어 숙어에 익숙한 사람은 '敎'와 '神' 사이의 '之'가 표현과 의미상 똑같다는 것을 쉽게 알 수 있다.

---

41 역주 '西土'는 여러 가지 의미를 지니는데, '長安', '印度', '西方國家' 등이 있다.

42 역주 이 예문은 《記舊本韓文後》에서 인용한 것이다.

2. '之'는 자주 동사의 목적어로 작용하며 '其'(he, she, it)를 나타내는데, 이는 실제로 불변화사라고 불릴 수 없는 것들이다. 그러나 우리는 그것의 여러 가지 용법을 무시해서는 안 된다.[43]

學之之博，未如知之之要，知之之要，未如行之之實。[44]

널리 배우는 것은 요약된 지혜만 못하다. 요약된 지혜는 실제적인 실천만 못하다.

It is not so important to know what virtue is as to know what it requires, nor is the mere knowledge of its requisitions so essential as their fulfillment in practice.

첫 번째 '之'는 동사의 목적어이며, 두 번째 '之'는 속격 표지이다. 주희朱熹에 의해 충분히 표현된 이 정서는 《논어論語》에서는 좀 더 간결하고 우아하게 서술된 바 있다.

知之不如樂之，樂之不如行之。[45]

그것을 이해하는 사람은 그것을 좋아하는 사람만 못하고, 그것을 좋아하는 사람은 그것을 실천하는 사람만 못하다.

To know is not so important as to delight in, to delight in is not so important as to fulfill.

心誠求之。[46]

마음으로 정성껏 (백성이 원하는 바를 헤아려) 찾는다.

To give him a hearty welcome.

一心求之。

---

43 역주 즉 '之'가 1인칭 · 2인칭 · 3인칭의 인칭 대사로 사용된다는 것을 의미한다.

44 역주 이 예문은 《朱子語類 · 13》에서 인용한 것이다.

45 역주 이와 유사한 예문은 "知之者不如好之者, 好之者不如樂之者"《論語 · 雍也》이다.

46 역주 이 예문은 《大學 · 9》에서 인용한 것이다.

전심으로 그에게 간청하다.
To entreat him with all the heart.

3. '之'는 때때로 동사로 사용되며, '어느 방향으로 지나가다, 도착하다'를 의미한다. 만약 또 다른 '之'가 뒤따른다면 그것은 동사 '之'의 목적어이다.

不能之之。
그곳으로 갈 수 없다.
We cannot go thither.

不知之之之路。
그곳으로 가는 길을 알지 못한다.
I know not the way which leads thither.

첫 번째 '之'는 동사 '가다'를 나타내며, 두 번째 '之'는 동사의 행위에 대한 목적어이다. 세 번째 '之'는 속격 표지이다. '路'는 동사 '之'의 목적어이다.

4. '之'는 매우 자주 명사와 형용사 둘 다와 결합하는데, 이때에는 속격 표지가 아닌, 후치사(postposition) 위치의 불변화사로서 기능한다.[47]

人之 사람 man	民之 백성 the people	天命之 천명 an order from heaven

回之爲人也。[48]

47 역주 즉 이때의 '之'는 어조사로서 실제적인 뜻이 없음을 가리킨다.

48 역주 이 예문은 《中庸 · 8》에서 인용한 것이다.

안회는 이러한 사람이다.
Hwui was a man who &c.

老子之小仁義。[49]
노자가 인의를 경시하다.
Lautzs makes light of benevolence and justice.

만약 형용사 또는 분사적 명사가 발생한다면, '之'도 사용되기는 하지만 '者'가 좀 더 많이 사용된다.

古之 또는 古者
옛사람
the ancients

老之 또는 老者
노인, 어르신
the aged

古帝
전대의 황제
an ancient king

形天[50]
하늘의 형상
the visible heavens

神天
신령스러운 하늘, 천신
the spiritual heavens

49 역주 이 예문은 《原道》에서 인용한 것이다.
50 역주 '形天'은 머리가 없는 고대 신화 속의 인물을 가리키기도 한다.

詩人	文人	罪人
시인	문인	죄인
a poet	a scholar, gentleman	a sinner

5. '之'와 '者'는 고상하게 같은 문장에서 쌍을 이룬다. 그들이 출현하는 여러 가지 방식이 있다.

① 學者之於經也[51]
경전에 대하여 공부하는 이
students in the classics

이 발화 방식은 네 번째 단락에서 좀 더 완전하게 설명될 것이다.

② 是學易者之過也。
이는《역경易經》을 공부하는 사람의 과오이다.
This is the fault of those who study the *Yih King*.

③ 此善爲政者之術也。
이것은 정치를 잘 행하는 자의 기예이다.
This is the art of those who govern well.

④ 後之學者
후대의 학자들
the scholars of later times

⑤ 故之爲政者
옛날 위정자
the ancient rulers

51 역주 이 예는《答宋咸書》의 "學者之於經其可已乎"를 인용한 것으로 보인다.

구양수는 그 자신을 고상하게 '某士之賤者'(선비 중에 천한 자; I who an the least of scholars)라고 말했다. 이 예에서 '之'는 속격 표지로 여겨질 수 있지만, 이는 다소 특이한 형식의 문체이므로 명확하게 출현하는 편이 낫다.

6. '謂'자는 '之'자와 잘 결합하는데 예를 들면 다음과 같다.

此之謂潔矩之道。[52]
이것을 잣대로 헤아리는 도리라고 한다.
This is that which they term the way of disinterseted benevolence.

此之謂自謙。
이것을 스스로 흡족하다고 한다.
This is that which they call self-contentment.

由是而之焉之謂道。[53]
인의로부터 나가는 것을 '도'라고 한다.
From this and onward in the same direction is called *tao*.

첫 번째 '之'는 동사이며, 두 번째 '之'는 불변화사이다. '焉'은 의미를 좀 더 분명하게 만들기 위하여 첨가되었다.

此謂之本。[54]
이것을 근본을 안다고 하는 것이다.
This is what is called knowing the root.

---

52 역주 이 예는《大學 · 10》에서 인용한 것이다. Premare(1847:181)에서는 '潔短之道'로 나오는데, 이는 '潔矩之道'의 오기로 보인다.

53 역주 이 예는《原道》에서 인용한 것이다.

54 역주 이 예는《大學 · 4》에서 인용한 것이다.

다음 구의 문체는 특별히 유념할 필요가 있다.

> 主之者之謂帝，妙之者謂神。
>
> 만물을 주재하는 자를 '제'라 부르며, 만물을 미묘하게 하는 것을 '신'이라 부른다.
>
> That which rules all things is called *Ti*, that which gives life and beauty is called *Shin*.

'主'와 '妙'자는 불변화사 '者'에 의해 연결되어 동사 또는 분사가 된다. 첫 번째 '之'는 동사의 목적어이며, 두 번째 '之'는 불변화사이다. 나는 '之'를 '만물'(all things)이라고 봤는데, 왜냐하면 그것은 《역경易經》의 단어 '妙萬物'을 설명하기 때문이다.[55]

같은 의미로 쓰인 예는 다음과 같다.

> 以主之言謂之帝，以妙之言謂之神。
>
> 주재하는 것을 '제'라고 부르며, 미묘하게 하는 것을 '신'이라고 부른다.
>
> Exercising authority is called *Ti*, as imparting life and beauty he is called *Shin*.

7. 다음 구 또한 유념할 필요가 있다.

> 未之能行。
>
> 그것을 아직 실행하지 못했다.
>
> He is not yet able to effect it.

이는 "未能行之"와 같이 좀 더 고상하게 말해질 수 있다. 《맹자孟子》에서는 "莫之禁"(상기를 금하지 않는다)라고 말하며 "莫禁之"는 다른 의

55 역주 《易經》에 "神也者，妙萬物而爲言者也"(신이라는 것은, 만물을 미묘하게 하는 것이다)라는 구절이 나온다.

미를 지닌다. 매우 빈번하게 사용되는 표현 방식은 일반적으로 발생하는 것을 서술하면서 시작하는 것이다.

行而不至者有之。
갔지만 도착하지 않은 적도 있었다.
To go and not arrive is common.

다음으로 불가능한 상황이 뒤따른다.

不行而能至者未之有也。
가지 않고 도착한 적은 아직까지 없었다.
But not to go, and still arrive, is what has never happened.

독자는 '之有'와 같은 위치 바꿈의 고상함을 관찰하게 된다. 첫 번째 절에서는 '之有'는 허용되지 않으며 '有之'가 사용된다. 그러나 두 번째 절에서 '未'와 함께 쓰이는 '之'는 '결코'(never)를 의미한다.

故諺有之曰。
그러므로 속담에도 이런 말이 있다.
An old adage says.

無之。
없다.
It is impossible.

6.2 '者'의 예

1. '者'는 동사와 결합하여 분사(participles)를 형성하는데, 예를 들면

다음과 같다.

生者
살아 있는 자
the living

死者
죽은 자
the dead

성인 남성은 '先生'이라고 불리는 반면 나이가 어린 사람은 '後生'이라고 칭한다. 공자는 '先死者'(먼저 죽는 자), '後死者'(나중에 죽는 자), '無情者'(정이 없는 자)라고 말하면서 자신을 다르게 표현하는데, 이때에는 동사 '有'가 있는 것으로 이해된다.

愛人者，人恒愛之。敬人者，人恒敬之。[56]
사람을 사랑하는 이는 다른 사람도 항상 그를 사랑하고, 사람을 공경하는 이는 다른 사람도 항상 그를 공경한다.
He who befriends others is himself befriended, and he who plays due respect to others is himself respected in return.

'者'는 또한 명사 또는 형용사와 결합한다.

聖者	愚者	性者
성자	어리석은 사람	성품
the wise	the foolish	nature

仁者樂山，知者樂水。[57]

56 역주 이 예문은《孟子 · 離婁章句下》에서 발췌한 것이다. 두 번째 '恒'은 이체자인 '恆'으로 기록되었다.

어진 사람은 산을 좋아하고, 총명한 사람은 물을 좋아한다.
The benevolent delight in the mountains, the learned delight in the waters.

2. 서구어에서는 선함, 용기와 같은 추상 명사가 빈번하게 사용되며, 이 자질을 지녔다고 생각되는 개인은 선하고 강하다고 불린다. 그러나 중국어에서 우리는 이 경우에 잘못을 범하지 않도록 특별히 주의해야만 한다. 우리 자신의 새로운 구를 만드는 것보다는 가장 명망이 높은 작가들에서 발견된 표현의 형식만을 사용하는 것을 보통 선호한다. 《중용中庸》은 '誠者'와 '誠之者', '誠者自誠'(진실함은 저절로 이루어지는 것이다), '道自道'(도는 스스로 가야 하는 길이다) 사이에 차이를 만든 것이다. 따라서 나는 '誠者'(진실함 그 자체)와 '誠之者'(진실함을 추구하는 사람)로 또는 첫 번째는 추상적인 진실함으로 후자는 구체적인 것으로 나타내는 것으로 이해한다.

3. 불변화사 '者'는 대응 또는 접속에서 자주 '也'와 함께 쓰이며, 3가지 표현 형식이 있으므로 각각 유념할 필요가 있다. 첫 번째 양식은 어떤 문자의 의미 또는 요지를 설명하는 데에 사용된다.

德者本也。[58]
덕이 근본이다.
Virtue, that which is the root.

山者泉之原也。
산은 샘의 근원이다.

---

57 역주 이 예문은《論語 · 雍也篇》에서 인용한 것이다. 원문에서는 "知者樂水, 仁者樂山"의 순서이다.

58 역주 이 예문은《大學 · 9》에서 인용한 것이다.

Hills are the origin of springs.

仁者人也。[59]
인이라는 것은 사람의 도리이다.
Man himself is benevolence.

만약《중용中庸》의 이 구절이 '仁'이 선천적이거나 덕과 친절함이 사람의 천성이라면 이 견해는 옳다. 그러나 비록 그리스도께서 그것을 최상의 자질이라고 말한 적이 있지만, 엄밀히 말하면 이는 사실이 아니다. 만약 암시되었다면 그 의도는 사람이 '仁' 자체라고 단언하는 것이다.

政者正也。
'정치'라는 것은 바로 바르게 한다는 것이다.

敎者孝也。
'본받는다'라는 것은 '효'이다.

이 구절에서 문자 '政'은 '正'과 같으며, '敎'라는 것은 '孝'와 같다. 이를 분석하는 것이 유용하다. 두 문자 '政'과 '正', '敎'와 '孝' 사이의 차이는 분명히 '攵'으로부터 발생한다. 또한《설문說文》에 따르면 '攵'은 '재촉하다, 때리다'를 의미한다. 따라서 '敏'은 '每'와 '攵' 외에는 아무것도 없는데, 즉 '자주 충고하면 결국 재촉하는 것이다.' 접사를 제거하면 오직 '孝'와 '正'만이 남게 된다. 그러면 '政'과 '敎'는 없게 된다. 따라서 '政'은 '正'을 위해 만들어지지 않았고, 또 '正'은 수정될 수도 없으며,

59 역주 이 예문은《中庸 · 20》에서 인용한 것이다.

자신이 사랑하는 것을 억지로 사랑하도록 만들 수도 없다고 말한다. 이제 이 문제는 그만 언급하도록 하자. 두 번째 양식은 이미 고려된 문자가 추가적인 설명을 위해 재개되었을 때 발생한다. 따라서 《중용中庸》에서 작자는 이미 그들이 '道'라고 부르는 것을 말한 다음에 이후 다시 언급한다.

道也者, 不可須臾離也, 可離非道也。[60]
도라는 것은 잠시라도 떨어질 수 없는 것이니, 떨어질 수 있다면 도가 아니다.
That right way admits not the slightest deviation; were it not so, it could no longer be termed the right way.

따라서 같은 작품인 《중용中庸》의 예는 다음과 같다.

中也者, 天下之大本也。
중이라는 것은 천하의 근본이다.
The medium is everywhere the chief radical.

'夫'자는 문두에 올 수 있다.

夫政也者, 蒲蘆也。
정치라는 것은, (그 신속한 반응이) (빨리 자라는) 갈대와 같다.
That authority is like the high reeds of the *Yangtzs Kiang*.

세 번째 양식 '者'자가 앞에 놓인 '者也'는 끝에 오는 등 다양하게 쓰인다.

60 역주 Premare(1847:185)에서는 "道也者, 不可須臾離, 可離非道也"로 중간에 '也'자가 빠져 있다.

夫孝者善繼人之志善述人之事也。

효라는 것은 사람의 뜻을 잘 계승하고, 사람의 일을 잘 이어 전하는 것이다.

To execute the designs and transmit the history of a parent, is the substance of filial duty.

未有學養子而后，嫁者也。[61]

자식 기르는 법을 배우고 나서 시집가는 사람은 없기 때문이다.

None ever learned to rear a progeny with reference to a future marriage.

《대학大學》에서는 '后'가 '後' 대신 사용되었다.

如此者，災及其身者也。[62]

이와 같은 사람에게는 재앙이 자신에게 미친다.

Who thus conducts will doubtless incur misfortune.

구양수는 '者也' 대신 '者邪'를 사용하였으며,[63] 같은 학자들뿐만 아니라 다른 일류 작가들은 '是也'를 사용하였다.

古之人有行之者，武王是也。[64]

옛사람 중에 이렇게 행한 분이 있으니, 주나라 무왕이 바로 그분입니다.

Some of the ancients proceeded in this way; such was *Wu Wang*.

이와 비슷한 예에서 '者也'는 '是也'를 그리 잘 대체하지는 못한다.

---

61 역주 이 예문은《大學 · 9》에서 인용한 것이다.

62 역주 이 예문은《中庸 · 28》에서 인용한 것이다.

63 역주 예를 들면 "旣而持以問人曰 是不能乎書者邪", "且安知後之望今, 不若今之望昔者邪"가 있다. '者邪'가 쓰인 예는《荀子》,《論衡》,《莊子》에서도 쉽게 찾을 수 있다.

64 역주 이 예문은《孟子 · 梁惠王下》에서 인용한 것이다. Premare(1847:185)에서는 "故之人有行之者, 武王是也"로 '古' 대신 '故'로 표기되었다.

4. 문미에 오는 '也'자는 때때로 생략된다.

> 貨悖而入者，亦悖而出。[65]
> (도리에) 어긋나게 들어온 재화는 역시 어긋나게 나간다.
> What is ill-gotten is ill-spent.

'者也'는 다른 의미를 제시할 수 있다. 그는 그가 주창했던 것의 증거로서 이 고대 격언을 언급했다. 그러나 이 격언은 같은 방식이지만 다른 것을 말하는 것처럼 출현하였다.

> 民日遷善而不知爲之者。[66]
> 백성들은 날마다 개과천선하면서도 누가 그들을 그렇게 만들었는지 알지 못한다.
> The people are daily changing for the better, and he knows not the cause.

한유의 다음 구절은 주목할 필요가 있다.

> 老子之所言道德云者，去仁與義言之也。[67]
> 노자가 말하는 바의 도덕이라는 것은 인과 의를 떠나서 한 말이다.
> *Lautzs* discussing upon reason and virtue speaks to the exclusion of benevolence and justice.

① '所言'은 그것과 대응되는 '云者'를 가졌다. ② 노자 뒤에 오는 것은 불변화사이며, '言' 다음에는 '道德'을 언급하는 상황이다. ③ '言之'는 '所言'에 대응된다. ④ '也'는 일방적인 방식으로 '者'를 지시한다. ⑤ '所言…云者'는 내가 정확하게 같은 의미로 다른 곳에서 사용되는

65 역주 이 예문은《大學 · 10》에서 인용한 것이다.

66 역주 이 예문은《孟子 · 盡心上》에서 인용한 것이다.

67 역주 이 예문은《原道》에서 발췌한 것이다.

것을 본 표현 형식이다.

6.3 '也'의 예

불변화사 '也'는 이미 어느 정도 설명되었지만 좀 더 주목할 필요가 있다.

1. '者'는 모든 경우에 선행할 필요는 없는데, 예를 들면 다음과 같다.[68]

成己仁也。[69]
자기를 이루는 것이 어짊이다.
To perfect himself is the part of a benevolent man.

見不善而不能退, 退而不能遠過也。[70]
올바르지 않은 사람을 보고서도 물리치지 못하고, 물리치더라도 먼 곳으로 물리치지 못하는 것은 잘못이다.
To look with indifference upon the wicked or to dismiss them with a slight rebuke is itself a fault.

'不能'은 항상 절대적인 의미로 여겨져야만 하는데, "그가 물리치지 못하는 것은, 즉 그가 그러지 않을 것임"을 의미한다. '遠'은 '제거하다' 의미의 동사로 간주되거나, '退'로 이해해야만 한다.

68 역주 즉 '…, …也' 형식이 주로 오며, 경우에 따라 '…者, …也'의 형식이 올 수도 있다는 의미이다.

69 역주 이 예문은 《中庸 · 25》에서 인용한 것이다.

70 역주 이 예문은 《大學 · 10》에서 인용한 것이다.

嗚呼遠哉，其分於道也。[71]

아아, 참된 대도에서 너무도 동떨어져 있구나.

Alas! He wanders, O how far from the right way. The reader will notice the peculiar idiom in this form of expression, which in the Chinese language is common.

2. '也'는 때때로 단순 어미로 사용된다.[72]

聽訟吾猶人也。[73]

소송을 심리하는 것은 나도 다른 사람과 다를 것이 없다.

To determine cases of controversy I am as competent as any one.

故君子愼其獨也。[74]

그러므로 군자는 반드시 자신만이 아는 마음의 움직임을 조심한다.

Therefore the wise man attends especially to those things which concern himself.

3. '也'는 때때로 한 문장의 첫 번째 부분의 끝에 오기도 한다.

道之不行也，吾知之矣。[75]

도를 실천하지 않는 이유를 나는 안다.

If reason be at fault, I know the cause.

단순 어미로 사용되는 몇몇 글자들은 활음조(euphony)[76]와 우아함

71 역주 이 예문은《莊子・漁父》에서 인용한 것이다.

72 역주 즉 '也'는 문미에 놓여 단순히 긍정 어기를 나타낸다는 의미이다.

73 역주 이 예문은《論語・顔淵》에서 인용한 것이다.

74 역주 이 예문은《大學・6》에서 인용한 것이다.

75 역주 이 예문은《中庸・4》에서 인용한 것이다. '道'는 목적어이고 '行'은 동사이다.

76 역주 '滑音調'(euphony)는 발음을 매끄럽게 하여 듣는 사람에게 유창・쾌미한 청각적 효과를 주는 작용으로 '好音調'라고도 한다.

을 위해 일반적으로 '也' 뒤에 놓이기도 한다.

天地之大也，人猶有所憾。
하늘과 땅처럼 위대한 존재에게도 사람들은 오히려 서운해야 할 일이 있는 것이다.
Thou the universe is vast yet it cannot satisfy the desires of men.

昔者神農之有天下也其。[77]
옛날에 신농씨가 천하를 다스렸다.
Formerly *Shin Nung* possessed the world; he &c.

夫禮之爲物也聖人之所以飾人之情而閒其邪僻之具也。[78]
무릇 '예'라는 것은 사람의 마음을 배양하고, 옳지 않음을 고치는 성인의 도구라고 할 수 있다.
The rules of propriety are an instrument in the hands of the wise, with which he cultivates the virtuous affections and corrects the evil propensities of mankind.

다음과 같은 사실을 유념할 필요가 있다. 1) 첫 여섯 글자가 표현하는 것은 '禮'를 암시하는 것뿐이다. 2) 우리는 이 예에서 품격 있는 중국어 작가들이 어떻게 그의 언어를 배열했는지를 알 수 있다. ① 의미는 첫 여섯 문자에서 유보된다. ② '具'자는 문미에 놓이며 이 도구로 행해진 것들이 바로 앞에 놓인다. ③ '聖人'은 두 동사 '飾'과 '閒'의 주어이다. ④ '人之情'은 동사 '飾'의 목적어이다. ⑤ '而'는 연결 불변화사이다. ⑥ '其'는 '情'을 지시한다. ⑦ '邪僻'은 동사 '閒'의 목적어이다.

---

77 역주 이 예문은《莊子 · 雜篇 · 讓王》의 "昔者神農之有天下也, 時祀盡敬而不祈福也"에서 인용한 것으로 보이는데, 원문과 달리 '其'자가 없다.

78 역주 이 예문은《辨左氏》에서 인용한 것으로 원문에서는 '也'자가 빠져 있다.

⑧ '具'를 선행하는 '之'는 속격이며 '具'에 의해 지배받는다. 이 문자는 따라서 '所以'를 설명하기 위하여 맨 끝에 놓이는데, '배양하고, 고치는' 동사를 언급하는 도구이다. 이상의 문장에 대한 세심한 주의를 기울임에 의해 학생들은 그러한 분석이 주어지지 않는 문장을 해결하기 위해 추구해야 하는 일반적인 양식을 발견하게 될 것이다.

4. 불변화사 '也'는 거의 항상 고유 명사와 결합한다. 이에 《논어論語》에서 공자가 그의 제자 '유'[자로]·'구'[염유]·'회'[안연]를 부를 때 '由也', '求也', '回也'라고 말했다. '嗚呼封'과 '來禹'는 고유 명사다. "來禹也"는 매우 부적절하며, "禹也來"는 '우禹가 온다'를 의미한다. 그러나 그가 "來禹"라고 말했을 때 그것은 "우禹가 접근했다"를 의미한다. '封'은 감탄사 '嗚呼'만으로도 충분히 지탱된다.[79] "嗚呼封也"는 허용되지 않는다.

5. '也'는 질문에 답하는 데에 사용된다.

可乎?
가능합니까?
Is it permitted?

不可也。
불가합니다.
Not permitted.

善乎?

---

79 역주 이 예문은 《書經 · 康誥》에서 나오는데, 이 말은 '也'자 없이 감탄사 '嗚呼'만으로도 '封'과 함께 문장을 구성하는 데 충분하다는 의미이다. 《書經 · 康誥》에서 "嗚呼, 小子封!"이라는 예문도 찾을 수 있다.

좋습니까?
Is it good?

善矣而未盡也。
좋긴 한데, 최선은 아니다.
Good, but not the best.

'盡'은 '善'으로 이해된다.

6. 4.2.7에서 볼 수 있듯이 '也'는 자주 빈번하게 반복된다. 현재로서는 다음의 예로 충분하다.

姓所同也，名所獨也。[80]
성은 모두가 똑같이 쓰지만, 이름은 한 사람이 쓰기 때문이다.
The *xing* is the family name, the *ming* is the name of the individual.

無異也一也。
차이가 없거나 같다.
There is not a particle of difference.

그는 원인을 제시하고 결론을 지었다.

則一也無異也。
전혀 다르지 않다.
There is no difference.

仁宅也，義路也，禮服也，智燭也，信符也。[81]
인은 주택이요, 의는 길이요, 예는 의복이요, 지는 등불이요, 신은 부절이다.
Benevolence is our abode, justice our way, propriety our vesture, prudence our light, integrity our seal.

80 역주 이 예문은 《孟子 · 盡心下》에서 인용한 것이다.
81 역주 이 예문은 《揚子法言 · 修身 · 3》에서 인용한 것이다.

天不可均也，爵祿可辭也，白刃可蹈也，中庸不可能也。[82]

천하는 공평하게 다스릴 수 있으며, 벼슬과 녹봉도 사양할 수 있고, 날이 선 칼날도 밟을 수 있겠지만, 중용은 실천할 수 없다.

The world may be subdued, dignities refused, naked swords trod upon, the true medium cannot be so easily preserved; i.e. nothingis so difficult as to maintain the golden mediocrity.

7. '也'는 자주 몇몇 문자를 지탱하기 위하여 사용되는데, 따라서 '也' 자가 없다면 문장의 끝맺음이 다소 불쾌하게 느껴질 수도 있다.

父母之喪無貴賤一也。[83]

부모의 상은 귀천 없이 한 가지이기 때문이다.

In mourning for parents there is no distinction of rich or poor, all are alike.

학생들은 첫 4글자가 어떻게 의미를 유지하며, 바로 뒤에 3글자가 곁들여지고, '一'자가 홀로 쓰인다면 끝맺음이 다소 이상하므로, 문장을 완성하기 위하여 '也'가 더해졌음을 유념할 필요가 있다.

8. 문미의 '也' 뒤에서 우리는 자주 '與'를 발견하게 된다.[84]

可見化民之道同出一揆也與。

백성을 변화시키는 방법이 한 가지에서 나왔음을 알 수 있다.

Whence it appears that the art of reforming the people proceeds upon one and the same plan.

語之而不惰者，其回也與。[85]

내 말을 듣고 시종 게을리하지 않는 자는 아마 안회 한 사람뿐이겠지!

---

82 역주 이 예문은《中庸 · 9》에서 인용된 것으로 보이며, 원문은 "天下國家可均也, 爵祿可辭也, 白刃可蹈也, 中庸不可能也"이다.

83 역주 이 예문은《中庸 · 18》에서 인용한 것이다.

84 역주 '也與'는 어조사로서 문장 끝에 쓰여 의문 · 감탄 · 멈춤 등을 나타낸다는 것이다.

Whoever readily reduces my precepts to practice, he certainly is my disciple *Hwui*.

문두의 '之'는 제자 안회가 아닌 일반적인 사람을 가리키며, 마지막 네 글자가 특히 안회를 지시한다. '其'는 선행 구 전체를 지시한다.[86]

9. 《성리대전性理大全》에서는 '也有'도 빈번하게 발생한다.[87] 이러한 예에서 '也'가 앞에 오는데, 이때에는 '又' 또는 '亦'과 같은 의미이다. 그러나 이 책의 저자들이 이를 너무 즐겨 사용하여 문체는 다소 저속하게 느껴진다.

6.4 '於'의 예

1. '於'는 '于'와 분명히 같다. '於'는 전치사 'in'에 대응되는데, 이러한 예는 매우 많다.

於此
이것에서
at this

止於至善。

85 역주 이 예문은 《論語 · 子罕》에서 인용한 것이다.

86 역주 이 말은 '其'가 '也與'와 함께 '추측'의 의미를 나타내면서 선행 구를 언급한다는 의미이다.

87 역주 《性理大全》은 明나라 永樂帝의 명을 받아 胡廣 등 42명의 학자가 성리학설을 집대성한 책이다.

지극히 선한 상태에 이르러 움직이지 않는다. 지어지선.
To rest with the highest good.

止於丘隅。[88]
언덕 골짜기에 앉아 있네.
She rests on the mountain's brow.

止於仁。
인에 머물다.
To rest in benevolence.

所惡於右，毋以交於左。[89]
오른쪽 사람에게 싫었던 것으로 왼쪽 사람을 사귀지 말 것이다.
In your intercourse with men do not tolerate in your own conduct that which is displeasing in the conduct of others.

好善優於天下而況魯國乎。[90]
선한 말을 듣기를 좋아하면 천하를 다스리는 데 있어서랴!
The friend of virtue is happy everywhere; is he not the then especially in the kingdom *Lu*?

2. '於'가 그들의 목적어 또는 상황 앞에 놓여야만 하는 많은 동사가 존재한다. 다음 예는 주의 깊게 볼 필요가 있다.

問於我。
나에게 묻다.
He asked me.

不求於人。

88 역주 이 예문은《詩經・小雅・綿蛮》의 "綿蛮黄鳥, 止于丘隅"를 인용한 것이다.
89 역주 이 예문은《大學・10》에서 인용한 것이다.
90 역주 이 예문은《孟子・告子下》에서 인용한 것이다.

남에게 구하지 않는다.
To ask advice of no man.

不得於言，勿求於心，不得於心，勿求於氣。[91]

만약 말에서 이길 수 없다면 마음의 도움을 구할 필요가 없고, 만약 마음에서 이길 수 없다면, 의기의 도움은 필요가 없다.

If you have no words it is for want of thought, and if you are without thought anger will not help it.

入於窞。

구덩이에 빠지다.
To fall into a pit.

不見於經。

경전에서 볼 수 없다.
It is not found in the *king*.

不道於聖人。

성인에 의해 말해지지 않았다.
It is not spoken of by the wise.

從於王。

왕을 따르다.
To follow the king.

害於性。

본성을 해하다.
It injures the natural constitution.

3. 불변화사 '於'는 동사에 피동 의미를 부여한다.[92]

91 역주 이 예문은《孟子 · 公孫丑上》에서 인용한 것이다.

92 역주 즉 '於'는 '~에 의해'라는 의미로 동작의 주체를 이끈다는 의미이다.

君子有物，非有於物。

군자는 사물을 통제하며 사물에 휘둘리지 않는다.

The wise man controls affairs, he is not controlled by them.

勞心者治人，勞力者治於人，治於人者食人，治人者食於人。[93]

정신노동을 하는 사람은 백성을 통치하고, 육체노동을 하는 사람은 다른 사람에게 통치당하며, 통치당하는 사람은 다른 사람을 부양하고, 통치하는 사람은 다른 사람들에게 부양받아야 한다.

The strong in mind govern, the strong in body are governed, those who provide support are ruled, and those who rule are supported by others.

有三年之愛於父母。[94]

부모로부터 3년 동안 사랑을 받다.

We have been kindly nourished for three years by our parents.

4. 다음과 같은 발화 양식은 특히 주목할 가치가 있다.

寡人之於國也。[95]

과인이 나라를 다스린다.

I, as it regards my kingdom.

夫醫者之於病也。

무릇 의사는 병을 치료하는 사람이다.

Physicians in case of sickness.

가장 명망 있는 작가들에 의해 일반적으로 사용되는 이런 종류의 표현에서 문자는 항상 이런 식으로 배열된다.

---

93 역주 이 예문은《孟子 · 滕文公上》에서 인용한 것이다.

94 역주 이 예문은《論語 · 陽貨》의 "予也有三年之愛於其父母乎"와 유사하다.

95 역주 이 예문은《孟子 · 梁惠王上》에서 인용한 것이다.

5. '於'는 비교 정도를 형성하는 데에 사용된다.

富於我。

나보다 부유하다.

He is richer than I.

'與'와 '於'를 혼돈하지 않도록 주의할 필요가 있다. 이 두 불변화사 간의 미묘한 차이는 초보자의 주의에서 쉽게 벗어난다.

6. '於'는 명사 또는 대명사와 결합하여 '나에게 있어서', '당신에 관하여', '그가 관련되는 한'을 의미한다.

於我如浮雲。

나에게 있어서 뜬구름과 같다.

As to myself, i regard all these things as a cloud scattered by the winds.

於女安乎?[96]

너에게 편안하냐?

As it regards yourself, would you be satisfied?

7. '於'는 때때로 [wú]로 읽으며, 그러한 경우에 놀라움 또는 열망을 표현한다.[97]

文王在上, 於昭于天。[98]

문왕께선 위에 계신데, 아아, 하늘에 뚜렷하시니.

Wan Wang is risen, Oh how he shines in the heavens!

---

96 역주 이 예문은《論語 · 陽貨》에서 인용한 것으로 원문은 "食夫稻, 衣夫錦, 於女安乎?"이다.

97 역주 이 말은 '於'가 감탄사로 쓰인다는 것을 의미하며, 이때 우리말로는 [오]라고 읽는다.

98 역주 이 예문은《詩經 · 大雅 · 文王之什》에서 인용한 것이다.

'嗚呼' 또한 보이지만, 좀 더 드물게 볼 수 있다.

於戲前王。[99]
아아, 옛 임금님들이시여!
Oh! ancient kings.

그것은 거의 '嗚呼'와 같다. 그러나 이것이 슬픔(哀傷)을 좀 더 일반적으로 나타낸다. '於戲'는 반대로 감탄이나 탄미할 때 쓰인다.

6.5 '乎'의 예

1. '乎'는 분명히 '於'와 같은 방식으로 많은 동사와 결합한다.

足乎已無待於外之謂德。
스스로 만족하고 외부에 기대는 것이 없는 것을 '덕'이라고 한다.
To rely upon our own efforts and not to look to others for support, that is virtue.
이 구절은 10글자로 구성되어 다소 장황해 보이지만, 의미상의 손상 없이는 어떠한 문자도 삭제할 수 없으므로 충분히 간결하면서도 명료하다고 할 수 있다.[100]

暨乎門。
문에 이르다.
Having come to the cate.

99 역주 이 예문은《詩經 · 周頌 · 烈文》의 "於乎前王不忘"과 밀접한 관련이 있는 것으로 보인다.

100 역주 즉 한 글자라도 생략하면 의미가 바뀐다는 것으로 딱 필요한 글자만 사용되었다는 것이다.

所藏乎身。[101]

제 몸에 간직하다.

What he has in himself.

孝乎鬼神。[102]

귀신에게는 효성을 다하다. 제사에 쓰는 것은 지극히 풍성하게 드리다.

Having a pious regard for departed spirits.

先愼乎德。[103]

먼저 조심조심 덕을 지켜 가야 한다.

Give preeminence to virtue.

好學近乎知。[104]

배우기를 좋아하는 것은 지혜에 가깝다.

The love of learning is nearly allied to wisdom.

異乎所聞。[105]

(내가) 들은 바로는 이와 다르다.

This is at variance with what i have heard.

吾無隱乎爾。[106]

나는 너희들에게 숨기는 것이 없다.

I have heard concealed nothing from you.

難乎有恒矣。[107]

---

101 역주 이 예문은《大學 · 9》에서 인용한 것이다.

102 역주 이 예문은《論語 · 泰伯》에서 인용한 것으로 원문 전체는 "菲飮食, 而致孝乎鬼神"이다.

103 역주 이 예문은《大學 · 10》에서 인용한 것이다.

104 역주 이 예문은《中庸 · 20》에서 인용한 것이다.

105 역주 이 예문은《論語 · 子張》의 "異乎吾所聞"과 유사하다.

106 역주 이 예문은《論語 · 述而》에서 인용한 것이다.

107 역주 이 예문은《論語 · 述而》에서 인용한 것이다.

이런 사람은 지조를 지키기 어렵다.
It is hardly to be expected he should long continue.

素富貴，行乎富貴。[108]

부귀한 처지에 있으면 부귀함에 맞게 행동한다.
If you are rich and respected, act as becomes the rich and respected.

2. '乎'는 놀라움 또는 위로의 표지이다.[109]

惜乎。

아, 애석하도다!
Alas! Lamentable!

巍巍乎。

높고 높도다.
Oh, how sublime!

洋洋乎。

넓고 넓도다.
How vast!

深乎深乎。

깊고 깊도다.
How deep!

'乎'는 자주 이런 식으로 반복되는데, 특히 《노자老子》와 《장자莊子》에서 그러하다. '乎'는 '嗚'와 함께 쓰여 같은 의미로 쓰이며, 자주 '呼'로 표기된다.

108 역주 이 예문은 《中庸 · 14》에서 인용한 것이다.

109 역주 즉 '乎'는 감탄 · 격분 · 탄식 · 바람 등을 나타낸다는 의미이다.

嗚呼，堯舜之德至矣。

아, 요순의 덕이 지극하구나.

Oh, how exalted is the virtue of *Yau* and *Shun*!

애도할 때의 '嗚呼'는 슬픔을 나타내는 표현이다.

3. '乎'는 때때로 고상함 또는 활음조를 위해 사용된다.

禮樂於是乎興，衣食於是乎足。

그리하여 예법과 음악은 흥을 돋우고, 옷과 음식은 풍족하다.

Then decorum and harmony begin to be valued, then the people have enough both of food and clothing.

4. '乎'는 매우 자주 여러 가지 방식으로 의문을 나타낸다.

① 첫 번째 방식: '乎' 홀로 의문을 나타낸다.[110]

可乎?

가능한가?

Can we?

宜乎?

적절한가?

Is it just?

仁矣乎?

어진 것인가?

Is it benevolence?

'矣'는 여기에서 단순히 장식으로서 사용되었다. 만약 '乎'가 다른 문자를 뒤따른다면, 그것은 더 이상 의문이 아니다.

110 역주 즉 어조사로 문장 끝에 쓰여 의문을 나타낸다는 의미이다.

宜乎有悔。

당연히 후회한다.

He ought to regret.

'乎'는 이 구절에서 '宜'를 지지하기 위해서만 사용되었다.

② 두 번째 방식: '乎'가 '豈'와 함께 쓰이는데, 이 방식은 아주 일반적이다. 그러나 좀 더 많은 예를 제시할 필요는 없다.[111]

豈可得乎?

어떻게 얻을 수 있단 말인가?

How can it obtained?

③ 세 번째 방식: '哉'와 쓰였을 때는 '乎'가 그 뒤에 온다.

仁遠乎哉?[112]

인덕이 설마 우리로부터 멀리 있는가?

Is benevolence so far gone?

④ 네 번째 방식: '不亦'과 쓰였을 때는 '乎'에 선행한다.

不亦可乎?[113]

또한 가능하지 않습니까?

Is it not also permitted?

不亦樂乎?[114]

또한 즐겁지 않은가?

---

111 역주 즉 '乎'가 '豈', '安' 등과 함께 반문을 나타낸다는 의미이다.

112 역주 이 예문은 《論語 · 述而》에서 인용한 것이다.

113 역주 이 예문은 《論語 · 雍也》의 "居敬而行簡, 以臨其民, 不亦可乎?"를 인용한 것이다.

114 역주 이 예문은 《論語 · 學而》의 "有朋自遠方來, 不亦樂乎?"에서 인용한 것이다.

Is it not even pleasant?

不亦非乎?
또한 슬프지 않습니까?
Is it not even lamentable?

死而後已, 不亦遠乎?[115]
죽은 뒤에야 그만두니, 또한 요원하지 아니한가?
Till death, how can we go beyond this?

5. '乎'는 '於'처럼 비교문을 만드는 데에 사용된다.[116]

吾一日長乎爾。[117]
내가 너희들보다 나이가 (하루 더) 많다.
I am one day older than you.

이러한 경우에 '乎'는 부정사 '莫'과 고상하게 결합된다.

莫高乎天。
어느 것도 하늘보다 높을 수 없다.
Nothing is higher than heaven.

詩書之所美莫大乎堯舜。
《시경詩經》과 《서경書經》에서 찬미한 것으로는 요순보다 더 큰 것은 없다.
The *shi* and *shu* extol none more than *yao* and *shun*.

後世之盛者, 莫盛乎漢與唐。
후세에 융성한 나라로는 한나라와 당나라보다 융성한 것이 없다.
All the glory of succeeding ages does not surpass that of the *han* and *tang*.

---

115 역주 이 예문은 《論語 · 泰伯》에서 인용한 것이다.

116 역주 즉 '乎'는 '於'와 비슷하게 '~보다'와 같은 비교를 나타낸다는 의미이다.

117 역주 이 예문은 《論語 · 先進》의 "以吾一日長乎爾, 毋吾以也"를 인용한 것이다.

6. 의심을 표현하거나 반대를 말할 때 '乎'는 반복되어야만 한다.

不識今之言者，其覺者乎，其夢者乎。[118]

지금 이렇게 말하고 있다는 사실조차도 깨어 있으며 그러는 건지, 꿈꾸며 그러는 건지를 알 수가 없지 않느냐.

I cannot tell whether I really say this or am only dreaming.

執御乎，執射乎?[119]

마차 모는 일을 해볼까? 활 쏘는 일을 해볼까?

Shall i drive the chariot or wield the spear.

宜乎否乎?

당연한 것인가? 그런 것이 아닌가?

Is it right or not?

7. '乎'는 소리를 부드럽게 만들기 위해 '庶'와 함께 쓰이는데, 그렇지 않으면 다소 험악하게 들린다.

則庶乎其可矣?[120]

괜찮다고 할 수 있는가?

Is it thus them permitted?

以及乎中則庶乎至矣。

중도에 이르게 해야 할 것이니, 그렇게 하면 거의 지극할 것입니다.

Me thinks that he who has reached the medium has gained the extreme point.

예의 바른 중국인들은 대상을 아무것도 긍정적으로 단언하지 않지

118 역주 이 예문은 《莊子 · 內篇 · 大宗師》에서 인용한 것이다.

119 역주 이 예문은 《論語 · 子罕》에서 인용한 것이다.

120 역주 이 예문은 《論語 · 子張》에서 인용한 것이다.

만, '庶乎' 또는 '庶幾'(어쩌면, 거의, 내 생각엔)의 표현을 사용한다.

6.6 '諸'의 예

1. 몇몇 경우에 '諸'는 '於' 또는 '乎'와 같이 사용된다.

惟求諸己。

오직 스스로에게서 찾아야 한다.

To seek only from himself.

君子之道，本諸身，徵諸庶民。

군자의 도는 자신의 몸에 근본을 두고 백성에게서 징험한다.

The way of the wise man involves radical principles and is evinced by its influence upon the people.

則反諸其人乎，抑亦立而視其死與?[121]

소와 양을 원래 주인에게 되돌려 주어야 하겠는가? 아니면 그 자리에 서서 그들이 하나하나 죽어 가는 것을 보아야 하겠는가?

Shall he return the sheep to their owner, or stand and see them miserable perish?

이 문장에서 '與'는 문장의 첫 번째 구성원의 불변화사 '乎'에 대응하며 의문을 나타낸다.[122]

書諸紳。[123]

121 역주 이 예문은《孟子 · 公孫丑》에서 발췌한 것으로 보인다.

122 역주 즉 '諸'는 감탄 · 의문 · 반문의 어기를 가질 수도 있다는 의미이다.

123 역주 '紳'은 큰 띠를 의미한다.

(자징이) 이 말씀을 큰 띠에 기록하였다.
He inscribed it upon the girdle.

示諸掌。[124]
손바닥에 놓고 보는 것과 같다.
To exhibit upon the hand.

2. 다음의 비슷한 구에서 '諸'는 단순 문미사로서 나타난다.

堯舜其猶病諸。
요임금이나 순임금도 아마 그렇게 하기 어려울 것이다.
Yan and *Shun* even could not endure it.

대명사 '其'는 '堯舜'을 가리킨다. '病'은 동사로서 나타나며 '이해하기 어렵다, 모호하다'(obscure)를 의미한다. 아마도 이 구절에서 '諸'는 대명사이며 동사 '病'의 목적어일 것이다.[125]

3. 비록 '諸'가 대명사일 수도 있지만, 그것은 거의 항상 의문 표지로 쓰인다.[126]

有諸?[127]
그런 일이 있었느냐?
Is it indeed?

---

124 역주 이 예문은《中庸 · 19》의 "治國其如示諸掌乎"에서 인용한 것이다.

125 역주 즉 여기에서 '諸'는 '之乎'로 볼 수 있으며, '之'는 대명사를 가리키며 '乎'는 어기 조사로 볼 수 있다.

126 역주 '諸'는 "與諸乎?"《左傳 · 僖公3》에서와 같이 '그(들)'와 같은 삼인칭 대명사로도 쓰일 수 있지만 주로 의문을 많이 나타낸다는 의미이다.

127 역주 이 예문은《論語 · 述而》에서 인용한 것이다.

有之。

있습니다.

It is.

人其舍諸?[128]

사람들이 어찌 버려 두겠느냐?

Will men reject him?

雖有粟, 吾豈得而食諸?[129]

비록 곡식이 있다 한들 내가 그것을 먹을 수 있겠습니까?

Even if i had fruits how could i eat them?

6.7 '邪'와 '耶'의 예

1. '邪'와 '耶'는 의문사이며 '乎'와 '哉'와 같이 문미에 놓인다. 다음의 예로부터 '乎', '邪', '耶', '哉'를 적절하게 사용하는 법을 조심히 배워야만 한다. 이와 같은 지식은 용법과 숙련된 감상을 통해서만 획득될 수 있는데, 왜냐하면, 이는 규칙 또는 개념을 통해 가르칠 수는 없기 때문이다. 다음의 예를 살펴보자.

豈待有病而禱耶?

어찌 병이 날 때까지 기다리고 기도를 하는가?

Why wait till disease comes and then be take myself to prayer?

128 역주 Premare(1847:194)에서는 "人有舍諸"로 쓰였지만, 이는 《論語 · 子路》에 나오는 "人其舍諸"의 오기로 보인다.

129 역주 이 예문은 《論語 · 顏淵》의 "雖有粟, 吾得而食諸"와 유사하다.

豈知大臣者耶?

어찌 대신이라는 것을 알겠는가?

How do we know what is the part of a public officer?

豈眞樂於舟居者耶?

어찌 배에서 머무르는 것을 즐거워할 수 있단 말인가?

How could i fancy abiding in a boat?

작가는 '居於舟'보다 '於舟居'를 좀 더 선호하는 것처럼 보이는데, 따라서 '者'의 용법은 좀 더 독특하게 보인다.

此豈近於人情邪?[130]

어찌 인정에 가깝단 말인가?

How can this accord with the feeling of humanity?

使予也而有用且得此大也邪?[131]

가령 내가 쓸모가 있었다면 어찌 이토록 커질 수 있었겠는가?

If i had been of any use, should i have attained so great a height?

2. '邪'와 '耶'는 '乎'에서 본 것처럼 고상하게 반복된다. 여기에서 제시된 예는 특별히 주의를 기울일 필요가 있다.

然則所謂心者爲一耶, 爲二耶, 爲主耶, 爲客也, 爲命物者耶, 爲命於物者耶?[132]

그렇다면 이른바 마음이라는 것이 하나인가, 둘인가? 주인인가, 객인가? 물건에 명령하는 것인가, 물건에 명령을 받는 것인가?

Is then that which we call mind simple, or is it complex, is it the master or the guest, does it control affairs, or is it controlled by them?

---

130 역주 이 예문은《秦誓論》에서 인용한 것이다.

131 역주 이 예문은《莊子 · 人間世》에서 인용한 것이다.

132 역주 이 예문은《心經附註 · 34》에서 인용한 것이다.

이와 같은 구절에서 간단명료함을 즐기지 않는다는 것은 어려운 일이다.

未知樂之果樂邪，果不樂邪。[133]

아직 그 즐거움이 과연 즐거움인지 과연 즐거움이 아닌지 알 수가 없다.

I am yet in doubt whether those who seem to rejoice at this are really pleased or not.

未知善之誠善邪，誠不善邪？若以爲善矣，不足活身；以爲不善矣，足以活人。[134]

나는 착함이 정말 착함인지 정말 착함이 아닌지 아직 모른다. 만약 그것을 착함이라 한다면 제 몸을 살려 나갈 수 없게 되고, 착함이 아니라고 한다면 그 몸을 살리게 된다.

I am yet in doubt whether this desire of fame, which appears so commendable, is truly so or not. If it possess intrinsic merit, why should it fail to secure uprightness of life? Or if it be called a blemish, you will object, and justly, that it often conduces to distinguished fame.

知其可擧耶，抑偶擧之耶，若知而擧則。[135]

그가 천거할 만한 사람인지 (미리) 알고 천거하였습니까? 아니면 우연히 천거하였습니까? 만약 알고 천거했다면….

Did you promote him in reference to a previous acquaintance or by mere accident? If the first, then, &c.

果不賢也[136]

만약 그가 현명하지 않다면

If he was not in fact discreet, you should have informed the emperor, and

---

133 역주 이 예문은《莊子 · 至樂》에서 인용한 것이다.

134 역주 이 예문은《莊子 · 至樂》에서 인용한 것이다.

135 역주 이 예문은《文忠集 · 47》에서 인용된 것으로, 뒤에 생략된 부분은 "若知而擧, 則不可遽止"로 "만약 알고 천거했다면, 갑자기 그만두게 할 수 없다"이다.

136 역주 원문에서 단지 '果不賢也'만 나왔으며, 영문 해석에 근거한다면 뒤의 문장은 삭제된 것으로 보인다.

not to have waited for his misfortune to furnish occasion for an attack.

若果賢也[137]

만약 그가 현명하다면

But if he was bot prudent and well disposed you should have related this in person at the court and thus to have sought his ruin.

중국어에서는 이러한 유형의 예의 바른 딜레마가 자주 언급되는데, 특히 한 사람이 다른 사람의 의견을 부인하는 경우에 자주 언급된다.

6.8 '與'의 예

'與'자는 불변화사로 보거나 여러 다른 의미를 지닌 것으로 여겨진다. 이 단락은 두 부분으로 나누어질 것이다. 이는 여러 가지 실례에서 적절하게 다루어질 것인데, 현재 우리의 목적은 불변화사, 한두 경우에서의 파생을 다루는 것으로 충분하다.

6.8.1 불변화사 '與'

1. '與'는 접속사로 사용된다.[138]

子罕言利與命與仁。[139]

공자께서는 매우 드물게 실리와 운명과 인덕을 말씀하셨다.

137 역주 역시 원문에서는 영문 해석만 나오고 뒤의 중문 문장은 삭제되었다.

138 역주 '與'는 주로 '~와 (함께)'로 해석된다.

Confucious rarely spoke of gain, of fate or of benevolence.

仁與義

인과 의

benevolence and justice

貧與賤是人之所惡也。[140]

곤궁함과 천함은 사람들 모두가 싫어하는 것이다.

Man has a natural aversion to poverty and want.

2. '與'는 단순히 접미사로 사용된다.

其此之謂與。[141]

이것을 말한 것이다.

It is just as i say.

此之謂也。

이것이 말한 바이다.

This is what i say.

3. '與'는 때때로 의문사로 사용되는데, '歟'로 좀 더 많이 쓰인다.

然則舜不禁與?[142]

그렇다면 순임금이 저지하지 않겠습니까?

If so, why did not *shun* resist?

女弗能救與?[143]

네가 막을 수 없느냐?

---

139 역주 이 예문은《論語 · 子罕》에서 인용한 것이다.

140 역주 이 예문은《論語 · 里仁》에서 인용한 것이다.

141 역주 이 예문은《中庸 · 27》에서 인용한 것이다.

142 역주 이 예문은《孟子 · 盡心上》에서 인용한 것이다.

Can you not furnish a remedy for this?

可不愼歟?
조심하지 않을 수 있겠는가?
Must we not take good heed?

則固可放與?[144]
추방해도 됩니까?
Must he therefore be discarded at once?

君子人與?[145]
군자다운 사람인가?
Is he a philosopher?

何其謬論者與?[146]
어떤 그리도 그릇된 주장인가?
What language can be so absurd as this?

然則果謂之文章者與?[147]
그렇다면 그것을 과연 문장이라고 부를 수 있겠습니까?
Shall we not call this a splendid composition?

4. '與'는 앞에서 언급했었던 '乎'와 '耶'와 같이 말해질 수 있는데, 예를 들면 다음과 같다.

---

143 역주 이 예문은 《論語 · 八佾》에서 인용한 것이다. Premare(1847:197)에서는 "如弗能救與"로 나온 것인데, 《論語》 원문과 같이 수정하였다.

144 역주 이 예문은 《孟子 · 盡心上》에서 인용한 것이다. 원문은 "其君不賢, 則固可放與?"이다.

145 역주 이 예문은 《論語 · 泰伯》에서 인용한 것이다.

146 역주 이 예문은 《襄州穀城縣夫子廟記》에 나오는 "何其謬論者歟"와 유사하다.

147 역주 이 예문의 원문은 《歐陽修集 · 41》의 "然則果可謂之文章者歟"이다.

(공자는 그가 도착한 나라에서 일어날 일을 즉시 알았다)

求之與? 抑與之與?[148]

(그것은 선생님께서) 구하신 것입니까? 아니면 다른 사람이 스스로 선생님께 알려 준 것입니까?

Does he seek this knowledge of others, or do they of their own accord furnish him with the information?

두 번째 '與'는 '주다'를 의미하는 동사로 쓰였으며 '求'에 반대된다. 공자는 또한 학자들이 말하는 북방 나라의 용맹함을 비교하면서 다음과 같이 말하였다.

北方之强與抑而强與?[149]

북쪽 사람들의 강함을 묻는가, 아니면 네가 강해지고 싶은 것을 묻는가?

Who are brave, you or the people of the north?

여기에서 '而'는 '爾'(당신)로서 사용되었다. 제자를 가르칠 때 단순히 육체적인 용맹보다는 도덕의 우월함을 보여 주는 것이 그의 의도이다.

5. '與'는 또한 '감탄' 또는 '찬양'의 표지로도 쓰인다.

舜其大知也與![150]

순임금은 참으로 지혜로운 분이구나!

Shun! how much he knew! Confucious having spoken of the virtue of the perfect man says.

其回也與。[151]

---

148 역주 이 예문은《論語 · 學而》에서 인용한 것이다. 여기에서 '抑'은 '혹은', '아니면'의 뜻으로 쓰였다.

149 역주 이 예문은《中庸 · 10》에서 인용한 것이다.

150 역주 이 예문은《大學 · 6》에서 인용한 것이다.

151 역주 이 예문은《論語 · 子罕》에서 인용한 것으로 보이는데, Premare(1847:198)의 원문은

아마 안회 한 사람뿐이겠시!
Such was my *Hwui*.

6. '與'는 두 사물이 비교될 때 사용되는데, 둘 중 하나가 우월하다는 것을 보여 주는 '寧'이 뒤따른다.[152]

禮, 與其奢也, 寧儉。[153]
일반적인 예의는 허세를 부려 낭비하기보다는 차라리 검소하게 절약하는 것이 더 낫다.
In regard to external ceremony it is better to be sparing them prodigal.

喪, 與其易也, 寧戚。
상례는 그 예를 주도면밀하게 하는 것보다는 차라리 슬퍼하는 것이 더 낫다.
In mourning for the dead, true grief is more to be commended than mere outward show.

與其不孫也寧固。[154]
교만하기보다는 차라리 초라할 것이다.
It is better to appear rude than to be proud and haughty.

'與'가 항상 같은 방식으로 배열된다는 점을 유념할 필요가 있다. '其'는 '與' 뒤에 오고, '也'는 '寧' 앞에 오고, '也' 대신에 '毋'가 자주 사용되기도 한다.

與其發玉工而肆貧毋寧居茅而知足。[155]

"其吾回也與"로 여기에서 '吾'는 오기로 보인다.

152 역주 즉 '與'는 '~보다'로 해석되는 비교 표지로 쓰인다는 의미이다.

153 역주 이 예문은 《論語 · 八佾》에서 인용한 것이다.

154 역주 이 예문은 《論語 · 述而》에서 인용한 것이다.

155 역주 이 예문의 영문 해석에 근거한다면 '玉工'은 '玉宮'으로 이해해야만 한다.

화려한 궁전에서 방탕하게 사느니 초라한 거처에서 자족하며 사는 편이 낫다.
Better is a humble cottage with poverty and contentment, than a costly palace with a soul that cannot be satisfied.

《장자莊子》에서는 '與'자 없이 같은 생각을 표현하였다.

甲與乙孰美?
갑과 을 누가 더 아름다운가?
Which is the more beautiful, *kia* or *yih*?

甲哉。
갑이 아름답습니다.
Kia, indeed.

甲與乙孰是而孰非乎?
갑과 을 누가 맞고 누가 틀렸는가?
Which of the two speaks the truth, which is in error?

이 두 예에서 '與'는 연결사이다. '甲'과 '乙'은 우리의 모국어 머리글자 A · B 등과 같이 단순히 사용되었다.

7. '同'과 '異'는 '與'를 요구한다.

聞而不行與不聞同。
듣고 행하지 않음은 듣지 않음과 같다.
To hear and not perform is the same as not to hear.

彼必相與異。
그들은 확실히 서로 다르다.
They certainly do not resembles.

8. '與'는 우리의 언어에서 전치사 'with'에 대응된다.

與民同樂。

백성들과 함께 즐거워하다.

To rejoice with the people.

不與我言，不與我食。

나와 함께 말하지도 먹지도 않는다.

He never takes part with me in eating or in conversation.

夫誰與王敵?

누가 왕에게 대적하겠는가?

Who then o king would dare contend with you?

6.8.2 동사 또는 명사로서 '與'

《품자전品字箋》에서는 '與'자를 다음과 같이 서술하였다.

本上聲轉去聲借平聲。

본래 상성(2성)이지만 때때로 거성(3성)으로 변하며, 은유적인 의미로는 평성(1성)으로 읽는다.

그것은 매우 적절하게 '借'라고 말하는데, 왜냐하면 어떠한 글자도 그것의 고유 의미 불변화사에 있지 않기 때문이다.

1. '與'자의 의미는 다양한데, 때때로 '授'(주다)와 같은 의미로 쓰인다.

舜有天下，孰與之?

순이 천하를 차지하였는데, 누가 준 것입니까?

Shun possessed the whole world; who gave it to him?

天與之。[156]

하늘이 (천하를) 준 것이다.
Heaven gave it.

1)[157] '與'는 '歸'(돌아가다)와 같다.

天下莫不與也。[158]
천하에 그를 따르지 않는 사람은 없을 것입니다.
The whole world returned and submitted to him.

2) '與'는 '許'와 같다.

與其進。[159]
그의 진보를 허여한다.
He permitted him to enter.

弗如也, 吾與女弗與也。
네가 그만 못하다. 나와 네가 모두 그만 못하다.[160]
Not such indeed! I admit you are not. He had modestly compared himself with a certain one of the disciple of the sage, and he in reply gives him a character better than he seemed to himself to possess.

不與同中國。
더불어 중국에 함께 살지 않는다.
He would let him have no intercourse with the middle kingdom.

---

156 역주 이 예문은 《孟子 · 萬章上》에서 인용한 것이다. 《孟子》의 원문은 "舜有天下也, 孰與之"로 Premare(1847:199)에서는 '也'자가 빠져 있다.

157 역주 여기에서 Premare(1847:199~200)의 번호는 잘못 표기되어 있어 본문에 맞게 수정하였다.

158 역주 이 예문은 《孟子 · 梁惠王上》에서 인용한 것이다.

159 역주 이 예문은 《論語 · 述而》의 "子曰, 與其進也"를 인용한 것으로 보인다.

160 역주 이 예문은 《論語 · 公冶長》에서 인용한 것이다. 否定을 심하게 표현할 때는 '弗'자를 쓴다. 공자는 또한 자공이 부끄러워할까 염려하여 다시 "나와 네가 모두 그(顔回)만 못하다"고 말씀하셨다.

3)

天地與之。

천지가 그것을 주었다.

Heaven and earth give it him.

4)

相與

서로, 어울리는 사람

friends

相與言曰。

그들은 서로 말했다.

They were saying to each other.

5)

黨與

같은 당파의 사람

associates in a conspiracy

6)

歲不我與。[161]

세월은 나를 기다려 주지 않는다.

Age does not tarry for me.

여기에서 '與'는 '待'(기다리다)와 같은 의미로 쓰였다.

以禮相與。

예로써 서로 대했다.

To treat each other politely.

161 역주 이 예문은《論語 · 陽貨》에서 인용한 것이다.

7) '弗與'는 '弗如'(~같지 않다, ~만 못하다)와 같다.

8)

施與。
남에게 베풀다.
To give aims.

9)

容與其心。[162]
자기 마음대로 할 것을 추구한다.
He cheered his mind.

10) '無與'(쓸모없다; useless 또는 not to use)는 '弗用'과 같다.

11)

不與問。
물을 수 없다.
I could not ask him.

12)

巽與之言[163]
자기 뜻을 따르는 말
prudent counsels

13)

天何與焉?

---

162 역주 이 예문은《莊子 · 人間世》에서 인용한 것이다. '容與'는 "스스로 즐거워한다"(自快之意)라는 의미로 쓰였다.

163 역주 이 예문은《論語 · 子罕》에서 인용한 것이다. '巽與'는 '겸손하게 순순히 따르다'라는 의미이다.

하늘이 어찌 관여하겠는가?
What has heaven to do with this?

14)

與知。[164]
함께 알 수 있다.
We may know.

2. '與'는 3성으로 읽는다.

與祭。[165]
제사에 참여하다.
To observe rite.

與席。
자리에 기대다.
To recline at table.

猶與。 또는 猶豫。
주저하다. 망설이다.
Irresolute, afraid of every thing.

狐疑猶與, 後必有悔。[166]
주저하면 나중에 반드시 후회하게 됩니다.
They who suspicious afterwards have occasion to regret.

---

164 역주 이 예문은《中庸 · 12》의 "夫婦之愚, 可以與知焉"에서 인용한 것으로 보인다. 여기에서 '與'는 '참여하다, 간여하다'라는 의미이다.

165 역주 이 예문은《論語 · 八佾》의 "吾不與祭, 如不祭"를 인용한 것이다.

166 역주 이 예문은《史記 · 李斯列傳》에서 인용한 것이다.

3. 다음 예를 좀 더 살펴보도록 하자.

孰與我?

누가 나를 찬성하는가?

Who like me?

有天下而不與焉。[167]

천하를 소유하고서도 간여하지 않았다.

He possess the world as though he had it not.

不可與入堯舜之道。[168]

(그와는) 함께 요순의 도에 들어갈 수가 없다.

It is not permitted him to enter upon the way of *Yau* and *Shun*.

君子有三樂而天下不與存焉。[169]

군자는 세 가지 즐거움이 있는데 천하의 왕 노릇을 하는 것은 여기에 들어 있지 않다.

There are three things in which the wise man takes delight, but to have the sovereignty of the world is not one of them.

여기에서 '王'은 동사(왕 노릇을 하다)이며, '天下'는 '王'의 대상이다.

非三皇之德, 其孰能與於此乎?

삼황의 덕이 아니라면 그 누가 능히 여기에 참여하리오?

If he be not as wise as the three hwang who can attain to so great perfection?

非天下之至神, 孰能與於此?[170]

---

167 역주 이 예문은《論語·泰伯》에서 인용한 것이다.

168 역주 이 예문은《孟子·盡心下》에서 인용한 것이다.

169 역주 이 예문은《孟子·盡心上》에서 인용한 것이다.

170 역주 이 예문은《周易·繫辭傳》에서 인용한 것이다.

천하의 지극히 신묘한 자가 아니면 그 누가 여기에 참여할 수 있겠는가?
What will this avail if there be in the world no overruling spirit?

於予與可誅。[171]
재여에 대해서는 꾸짖을 가치조차 없다.
Is it for me to say whether he shall be punished?

於予與改是。[172]
재여의 일 이후로 이것을 고치게 되었다.
In regard to yu i have changed my mind.

두 번째 예에서 '予'는 공자의 제자이다.[173] 관찰되는 [yu]의 반복은 중국 사람이 듣기에도 좀 더 적절한 것 같다.

6.9 '而', '爾', '耳'의 예

세 문자는 소리가 같으므로 함께 다룬다. 사실 고서古書에서는 '而'가 '爾' 대신 사용되었다.

6.9.1 '而'의 예

1. '而'는 접속사로 'and'에 해당한다. '而'는 셋 또는 네 가지 양식으

171 역주 이 예문은 《論語 · 公冶長》의 "於予與何誅"를 인용한 것으로 보이는데, '何'가 '可'로 잘못 표기된 것으로 보인다.

172 역주 이 예문은 《論語 · 公冶長》에서 인용한 것이다.

173 역주 '予'는 공자의 제자 '宰予'이다.

로 사용되는데, 비록 그것이 각각의 경우에 접속사이지만 결합된 부분에 관하여 몇몇 경우에는 변이가 존재하는 것으로 보인다.

1) **첫 번째 양식:** '而'는 거의 '與'와 같다. 전자가 어떤 추론을 지시하는 반면, 후자는 그렇지 않으므로, '而'는 '오히려, 다만'으로 보는 편이 좀 더 적절하다.[174]

不出家而成教於國。[175]
(군자는) 집을 나가지 않고서도 나라에 교화를 이룰 수 있다.
He never goes and yet lie is able to instruct the whole kingdom.

述而不作。[176]
논술하고도 창작하지 않았다.
To record but not to do.

隱惡而揚善。[177]
악을 숨기고 선을 드러냈다. 악한 말을 숨겨 주고 착한 말은 드러내 밝히셨다.
To conceal the bad but extol the good.

無過而無不及。
많지도 않고 적지도 않다.
Neither too much nor too little.

富而可求。
부가 구할 수 있는 것이라면.
If you wealth could be sought.

---

174 역주 즉 '而'는 역접이나 전환을 나타낸다는 말이다.

175 역주 이 예문은《大學 · 9》에서 인용한 것이다.

176 역주 이 예문은《論語 · 述而》에서 인용한 것이다.

177 역주 이 예문은《中庸 · 6》에서 인용한 것이다.

2) 두 번째 양식: '而'가 연결하는 부분에서 의미상의 어떤 대조가 있을 때, 이때의 표현은 특히 고상하다고 여겨지는데, 이러한 용법의 예는 자주 발생한다. 이러한 예에서는 '與'나 '及' 등 어떠한 유사 연결사도 허용되지 않는다.

淡而不厭。[178]
담백하지만 싫어하지 않는다.
Tasteless, but not disgusting.

温而厲。[179]
온화하면서도 준엄하시다.
Kind and yet severe.

得而不喜，失而不憂。[180]
얻었다고 기뻐하지 않고, 잃었다고 근심하지 않는다.
He acquires but does not rejoice, he loses but is not grieved.

不勉而中。[181]
힘쓰지 않고서도 도리에 맞는다.
He is not violent, yet he gains the middle.

不思而得。
생각하지 않아도 원래 가지고 있다.
He takes no thought and yet he gains.

不動而敬。
움직이지 않더라도 (다른 사람이) 공경한다.

---

178 역주 이 예문은 《大學 · 33》에서 인용한 것이다.

179 역주 이 예문은 《論語 · 述而》의 "子温而厲"를 인용한 것이다.

180 역주 이 예문은 《莊子 · 秋水》에서 인용한 것이다.

181 역주 이 예문은 《大學 · 20》에서 인용한 것이다.

He makes no effect, still he is honored.

不言而信。[182]

말하지 않더라도 다른 사람이 믿는다.

He says nothing, and still he is believed.

極高明而道中庸。[183]

고명함을 지극히 하되 중용을 따른다.

He is most distinguished of all, yet he pursues the true medium.

溫故而知新。[184]

예전에 배운 것을 익히고 새로운 것을 안다.

He delights in the ancient but is not ignorant of the modern.

不賞而民勸不怒而民威。[185]

상을 주지 않아도 백성이 부지런하고 화내지 않아도 백성이 두려워한다.

He gives no rewards yet the people love virtue, he exhibits no anger.

未施而親不怒而威。[186]

아무것도 베풀지 않아도 사람들과 친하게 되며, 성내지 않아도 사람들이 위압을 받는다.

He makes no presents yet he in loved, he shows no anger, yet he is feared.

視之而不見，聽之而不聞。[187]

(그를) 쳐다보아도 보이지 않고 귀를 기울여도 들리지 않는다.

You look but do not see him, you listen, but do not hear him.

---

182 역주 위의 예문과 이 예문은《大學 · 33》에서 인용한 것이다.

183 역주 이 예문은《大學 · 27》에서 인용한 것이다.

184 역주 이 예문은《論語 · 爲政》에서 인용한 것이다.

185 역주 이 예문은《大學 · 33》의 "君子不賞而民勸, 不怒而民威於鈇鉞"을 인용한 것이다.

186 역주 이 예문은《荀子 · 不苟篇》에서 인용한 것이다.

187 역주 이 예문은《莊子 · 知北遊》에서 인용한 것이다.

3) 세 번째 양식: '而' 뒤에 '已' 또는 '已矣'가 뒤따르는데 이러한 예는 많다.[188]

九人而已。[189]

(남자는) 아홉 사람뿐이다.

Nine men in all.

亦有仁義而已矣。[190]

인의가 있을 뿐입니다.

There are benevolence and justice and that is all.

道二, 仁與不仁而已矣。[191]

나라를 다스리는 방법은 두 가지가 있으니, 어진 정치를 하는 것과 어진 정치를 하지 않는 것뿐이다.

There are two ways of charity and selfishness and no other.

2. '而'는 '雖'자 뒤에 올 수 있다.

善人雖多而不厭。[192]

선량한 사람이 많을수록 좋다.

The number of good men cannot be too great.

已而已而。[193]

그만두어라, 그만두어라!

Enough! enough!

---

188 역주 이때의 '而'는 '~일 뿐이다'라고 주로 해석된다.

189 역주 이 예문은《論語 · 太伯》에서 인용한 것이다.

190 역주 이 예문은《孟子 · 梁惠王上》에서 인용한 것이다.

191 역주 이 예문은《孟子 · 離婁上》에서 인용한 것이다.

192 역주 이 예문은《朋黨論》에서 인용한 것이다.

193 역주 이 예문은《論語 · 微子》에서 인용한 것이다.

而今而後

오늘 이후로

both now and hereafter

而后[194]

연후에

then, afterwards

滿而後洩。

가득 찬 뒤에는 넘쳐난다.

It fills and overflows.

6.9.2 '爾', '耳'의 예

비록 '爾'가 2인칭 대명사이지만 '귀'를 지시하는 '耳'도 불변화사로 자주 사용된다.

1. '爾'와 '耳'는 문미에 놓여 주어가 결과 또는 이익이 어느 정도 결핍되었음을 나타낸다.[195]

直好世俗之樂耳。

(과인은) 단지 세속의 음악만을 좋아할 뿐이오.

My favorite music is more common than that which consists of sounds.

如修者，天下窮賤人爾。

구양수처럼 천하에서 뜻을 이루지 못하고 보잘것없는 사람일 뿐이다.

Like *siu* a poor and sorry fellow.

194 역주 원문에서는 '後'가 아닌 '后'로 표기되어 있다.

195 역주 즉 '爾'와 '耳'가 조사로 '~일 뿐이다'라는 것을 의미한다.

其不爲君者幾何，惟不有其名耳。[196]

정군이 되지 못한 것이 얼마였는가. 즉위했다는 명분을 가지지 못하였을 뿐이다.

What is wanting to make him king?

前言戱耳。[197]

방금 한 말은 농담일 뿐이다.

I said this in jest.

一間耳。[198]

그 차이가 멀지 않다.

There is scarcely an interval.

弗思耳矣。[199]

다만 사람들이 생각하지 못할 뿐이다.

There is a want of attention.

2. '爾'와 '耳'는 '然'과 '如'와 같이 부사를 형성한다.[200]

卓爾

탁월하게, 뛰어나게

confidently

率爾

갑자기

---

196 역주 원문은《春秋論中》에 나오는 "其不爲正君者幾何, 惟不有其名耳"를 인용한 것으로 '正' 자가 빠져 있다.

197 역주 이 예문은《論語 · 陽貨》의 "前言戱之耳"를 인용한 것으로 보인다.

198 역주 이 문장은《孟子 · 盡心下》의 "然則非自殺之也, 一間耳"에서 인용한 것으로 보인다. '一間'에서 '間'은 '간격'을 의미한다.

199 역주 이 예문은《孟子 · 告子上》에서 인용한 것이다.

200 역주 즉 '爾'와 '耳'는 단어 뒤에 쓰여 그 단어를 부사화한다는 의미이다.

suddenly

'爾'와 '耳'는 '云' 또는 '焉' 앞에 고상하게 오기도 한다.

不過如此。
단지 이와 같을 뿐이다.
There is no difficultly, only pursue this course.

중국어에서 이러한 구는 일반적으로 사용되는 단어로 문언에서는 드물게 허용된다.

惟所擇之焉爾。
단지 선택할 뿐이다.
It is entirely at your opinion.

6.10 '焉'과 '然'

6.10.1 '焉'의 예

1. '焉'은 자주 문미에서 발견된다.[201]

宜少思焉。
조금 더 생각해 보셔야 할 것입니다.
I wish you would just notice.

201 역주 '焉'은 문미에 놓여 진술 어기를 강조하는 역할을 한다는 의미이다.

雖聖與賢，未嘗無不幸焉。
비록 성인과 현인일지라도 불행한 측면이 없지 않다.
Even the wise and prudent are not in all cases successful.

盡棄其學而學焉。[202]
지금까지 배웠던 학설을 다 버리고 허행許行을 따라 공부하기로 했다.
He discarded all he had learned before and applied himself anew.

三人行必有我師焉。[203]
세 사람이 길을 같이 걸어가면 그중에 반드시 내 스승이 있다.
When three of us walk together, i am sure to find a teacher.

無入而不自得焉。[204]
어떤 상황에 처하더라도 스스로 득의하지 않음이 없다.
He always maintains his self-possession.

苟不至德，至道不凝焉。[205]
그러므로 만약 지극한 덕이 아니라면 지극한 도는 이루어지지 않는다.
To establish the purest doctrines requires the purest virtue.

2. '焉'은 자주 고상함을 위해 반복되는데, 그러한 경우에 몇몇 절은 길이가 같아야만 한다.

四時行焉，萬物生焉。[206]
사계절이 여전히 운행되고, 온갖 사물들이 예전처럼 자란다.
The seasons return in order, all things come in their season.

---

202 역주 이 예문은《孟子 · 滕文公上》에서 인용한 것으로, 앞 문장은 "陳相見許行而大悅"이다.
203 역주 이 예문은《論語 · 述而》에서 인용한 것이다.
204 역주 이 예문은《中庸 · 14》에서 인용한 것이다.
205 역주 이 예문은《中庸 · 27》에서 인용한 것이다.
206 역주 이 예문은《論語 · 陽貨》에서 인용한 것이다.

星辰繫焉，萬物覆焉。[207]

별이 걸려 있고, 만물이 (그것에 의해) 덮여 있다.

The stars are hung it and it encompasses the world.

3. '焉'은 활음조와 고상함을 위해 사용된다.

上焉者[208]

위의 것

those above

下焉者

아래의 것

those below

未知，焉得仁?[209]

잘 모르겠다. 이것을 어찌 어질다고 하겠는가?

Whether he be really benevolent or not I am you in doubt.

未知，得仁與否?

잘 모르겠다. 이것을 어찌 어질다고 하겠는가?

이 문장의 의미는 위의 문장과 같지만 그렇게 간결하게 표현되지 않았다.

猶有惑焉者。

아직 의심이 가는 부분이 있다.

Till there are some who doubt.

4. 가장 명망 있는 작자들은 '焉'을 비슷한 소리 뒤에 놓는 습관이 있다.

---

207 역주 이 예문은《中庸 · 26》에서 인용한 것이다.

208 역주《中庸 · 29》에서 "上焉者, 雖善無徵, 無徵信, 不信民弗從。下焉者, 雖善不尊, 不尊不信, 不信民弗從"이 나온다.

209 역주 이 예문은《論語 · 公冶長》에서 인용한 것이다.

有聖人之言焉。

성인의 말이 있다.

It contains the words of a philosopher.

道不傳焉。

도는 전수되지 않는다.

The true doctrine is not taught.

5. 의문문일 때 '焉'은 문두에 놓여야만 한다.[210]

焉知?

어찌 알겠는가?

Who knows?

焉得剛?[211]

어찌 강한 사람이 될 수 있단 말인가?

Is this to be brave?

焉用殺?[212]

어찌 살육을 하려 합니까?

Why inflict punishment?

焉其從之?[213]

그가 우물 속으로 따라 내려가겠습니까?

Should he follow him?

夫焉有所倚?[214]

---

210 역주 '焉'은 문두에 놓여 장소 · 방법 · 원인 등을 묻는 의문부사의 역할을 한다는 것이다.

211 역주 이 예문은 《論語 · 公冶長》에서 인용한 것이다.

212 역주 이 예문은 《論語 · 顏淵》에서 인용한 것이다.

213 역주 이 예문은 《論語 · 雍也》에서 인용한 것이다.

214 역주 이 예문은 《中庸 · 32》에서 인용한 것이다.

어찌 치우치는 바가 있으리오?
How could such am man confide?

焉能爲有, 焉能爲亡。[215]
(이런 사람은) 있어도 그만이고 없어도 그만이다.
Is there any thing or not? Has he aught or is he in want? Is he alive or dead?

의미의 특정 뉘앙스는 문맥으로부터 결정해야만 한다.

7. '焉'은 불변화사 '如'와 잘 대응된다.

如丘者焉[216]
반드시 나(공자)처럼
One like *kiu*

君子之過如日月之食焉。[217]
군자의 허물은 일식이나 월식과 같다.
The faults of the wise are like eclipse of the sun and moon.

於地如於天焉。
땅에 있는 것은 하늘에 있는 것과 같다.
On earth as in heaven.

8. '焉'은 부사를 형성한다.

忽焉
갑자기
suddenly

---

215 역주 이 예문은《論語 · 子張》에서 인용한 것이다.

216 역주 이 예문은《論語 · 公冶長》에서 인용한 것이다.

217 역주 이 예문은《論語 · 子張》에서 인용한 것이다. Premare(1847:205)에는 '食'자가 빠져 있다.

欣欣焉

매우 즐겁게

with great joy

少焉

잠시 후에

a little after

6.10.2 '然'의 예

1. '然'은 자주 부사 표지로 사용된다.

喟然曰。

탄식하면서 말하다.

He plaintively said.

循循然

순서에 따라

methodically

이러한 예는 자주 쓰인다.

2. '然'은 긍정적 태도(positiveness)를 나타내는 데에 사용된다.[218]

然乎否乎?

그런가? 그렇지 않은가?

Is it so or not?

子之言然。

당신의 말이 옳다.

218 역주 즉 '然'은 '如此'와 같다는 의미이다.

It is indeed as you say.

不其然乎?

그것이 옳지 않은가?

Is it not so?

未必然。

반드시 이와 같지는 않다.

It is yet uncertain.

然而未仁。

아직 어질지는 못하다.

True, but there is yet no benevolence.

殆不然矣。

전혀 그렇지 않다.

It is not so by any means.

然則不足學乎?

그렇다면 공부하기에 부족하단 말입니까?

Are you not then satisfied with learning?

然則將奈何?

그렇다면 장차 어떻게 해야 합니까?

What then shall i do?

《맹자孟子》와 《장자莊子》에서 우리는 '既然'과 '雖然'을 볼 수 있다.

3.

知此然後知。

이것을 알고 난 후에, 곧 이해하게 되었다.

This once known, then they know. &c.

古之人皆然。[219]

옛사람들은 모두 이러했다.
Such was the opinion of the ancients.

惟君子不然。

군자만이 그렇지 않다.
Not so the wise.

亦然。

역시 그렇다. 마찬가지이다.
In like manner.

所當然 또는 當然之則

당연한 이치, 원리
the essence of things, the principle without which things cannot exist

所以然

그렇게 된 까닭, 원인
the reason why, the cause by which

自然

저절로
of itself

自然而然

자연히, 저절로
spontaneously and yet truly

219 역주 이 예문은 《論語 · 憲問》에서 인용한 것이다.

6.11 '則'과 '且'의 예

6.11.1 '則'의 예

言而世爲天下則。[220]

말하면 대대로 천하의 준칙이 된다.

If he speaks his words are a rule for all the world to follow.

有物有則。[221]

사물에 있음에 법칙이 있다.

There is the material substance and the immaterial principle.

'理'도 또한 사용된다. '當然' 역시 같은 의미이다. '則'의 예는 《중용中庸》과 《시경詩經》에서 찾을 수 있다. 그러나 우리는 불변화사의 '則'에 관하여 살펴볼 것이다.

1. '則'은 우리의 '곧, 즉'에 대응된다. 적어도 '則'은 한 사물이 또 다른 것의 결과로서 뒤따라옴을 나타낸다.[222]

修身則道立。

몸을 닦으면 도가 확립된다.

If the person be adorned the mind is sound.

水之性, 不雜則淸, 莫動則平。[223]

---

220 역주 이 예문은 《中庸 · 29》에서 인용된 것이다.

221 역주 이 예문은 《詩經 · 大雅 · 烝民》의 "天生烝民, 有物有則"을 인용한 것이다.

222 역주 이 말은 '則'은 어떤 사실을 확인하며, 주로 판단문에 쓰인다는 것이다.

223 역주 이 예문은 《莊子 · 刻意》에서 인용한 것이다. Premare(1847:206)에는 "水之性, 不雜則淸, 莫動則乎"로 표기되어 있는데 '乎'자는 '平'자의 오타이다.

물의 성질은 잡된 것을 섞지 않으면 맑고, 움직이지 않으면 평탄한 것이다.
It is the nature of water when pure to be transparent, when undisturbed to have a smooth surface.
'斯' 또한 이런 의미로 사용된다.

經正則庶民興, 庶民興斯無邪慝矣。[224]
떳떳한 상도가 바로잡아지면 백성이 흥기하고, 백성이 흥기하면 사악함이 없어질 것이다.
When the laws are just then the people are virtuous, and when the people become virtuous they abandon their vices.

何如斯可以從政矣?[225]
어떻게 해야 정사를 잘 다스릴 수 있습니까?
How shall the people be induced to yield obedience to the laws?

'則可以'도 같은 의미로 쓰인다. '此' 또한 같은 의미로 사용된다.

有德此有人。[226]
덕이 있으면 이에 백성이 있게 된다.
If he have virtue he will have his people.

2. '則'은 접속사로 쓰여 '而'와 비슷하지만, 좀 더 강압적이다.[227]

哭則不歌。[228]
곡을 하셨으면 다시 노래를 부르지 아니하셨다.
He wept without whining.

---

224 역주 이 예문은 《孟子 · 盡心下》에서 인용한 것이다.

225 역주 이 예문은 《論語 · 堯曰》에서 인용한 것이다. Premare(1847:207)에는 "如何斯可以從政矣"라 하여 '如何'로 나와 있다.

226 역주 이 예문은 《大學 · 10》에서 인용한 것이다.

227 역주 '則'은 접속사로서 양보를 나타낸다는 의미이다.

228 역주 이 예문은 《論語 · 述而》에서 인용한 것이다.

然則

그렇다면, 그러한즉

If so, it follows, &c.

美則美矣，則未大也。[229]

아름답기는 아름답습니다만 아직 위대하다고는 할 수 없습니다.

Beautiful indeed it is, but not in a high degree.

비슷한 문장이 임의로 만들어질 수 있다.

3. 두 번 반복해서 발생하는 '一則'은 '둘 다'에 해당한다.

父母之年，不可不知也，一則以喜，一則以懼。[230]

부모님의 나이를 몰라서는 안 되니, 한편으로는 그 때문에 기뻐하고, 다른 한편으로 그 때문에 두려운 바가 있다.

It is proper that we should often consider the years of our parents both to excite our joy and our fear.

6.11.2 '且'의 예

1. '且'는 때때로 '則'과 같이 쓰인다.

然且仁者不爲況。[231]

어진 사람은 하지 않는데, 하물며….

Supposing that the benevolent man will not do it, much less, &c.

229 역주 이 예문은 《莊子 · 天道》에서 인용한 것으로 보이는데, 원문에서는 "美則美矣, 而未大也"로 나온다. 따라서 Premare(1847:207)는 의도적으로 '而' 대신에 '則'을 쓴 것 같다.

230 역주 이 예문은 《論語 · 里仁》에서 인용한 것이다.

231 역주 이 예문은 《孟子 · 告子下》에서 인용한 것이다.

'然且'(이것도 또한)는 '然則'과 정확하게 같다. '然且'의 예는 비록 드물지만 부족하지는 않다.

2. '且'는 물론 '而'와 '與'와 같은 접속 불변화사이다. '而'가 자주 의미의 반대를 표현한다는 점에서 차이가 있다.

貧而樂。
가난하지만 즐겁다.
Poor but happy.

富而禮。
부유하지만 예의가 있다.
Rich and yet courteous.

'與'는 반대도 추론도 표현하지 않는다.

予與爾
나와 당신
I and you

그러나 '且'는 '則'과 같이 추론을 표현한다.

貧且賤。
가난하면서도 천하다.
Poor and thus despised.

富且貴。
부유하면서도 지위가 높다.
Rich and thus honored.

3.

嗚呼，余且老方買田。

오호, 나는 나이가 들어서야 비로소 밭을 사게 되었다.
Lo! I am old, yet purchasing a field.

'余且老'는 '余老'와 같다. '且'가 더해졌는데, '余老'는 '五老'와 같이 윗사람을 나타낼 수 있기 때문이다.

4. 《성리대전性理大全》에서 '卽'과 '便'은 '則'과 '且'와 거의 같은 효력을 갖는데, 좀 더 하층민에게서 많이 쓰였다.

6.12 '若'과 '如'의 예

1. 각각은 가정 불변화사 '만약'에 해당하는데, 예를 들면 '若然則'(만약 그렇다면)가 그러하다. 외국 학생들은 '若'과 '若是'의 용법에 주의를 기울여야 하며, 모국어의 특징에 따라 말하는 경향이 있으므로 이들을 쓰지는 않을 것이다. 외국인이 모국어를 따르지 않는 것은 중국어 불변화사를 사용하는 것보다 더 어렵다고 할 수 있다. 따라서 그는 중국인과의 교제에서 구가 변함에 따라 어떻게 '若'을 생략하는지를 미리 배워 두어야만 한다. 《맹자孟子》에서는 '苟'를 빈번하게 사용하였다. '儻' 또는 그것과 동등한 '倘' 또한 같은 의미로 사용된다. '使'(만약; suppose, provided) 또한 빈번하게 사용된다. 그것은 '設'과 같지만 좀 더 고상하다.

使性果善邪，身不可以不修。使性果惡邪，身不可以不修。[232]

만약 본성이 사실 좋다면 그래도 그 사람은 여전히 수양해야 한다. 또한 본성이 설령 나쁠지라도 그 사람은 자신을 수행해야만 한다.
If nature be good it should be still further improved, if bad it should be reformed.

2. '若'과 '如' 각각은 '~한 듯, 마치'(so as)를 나타낸다.

有若無。
있으면서도 없는 듯하다.
To have as not possessing.

惡之若鬼。
귀신과 같이 싫어하다.
He hates him as the evil one.

若是 또는 如此
이와 같이
thus, in this manner

如之何其可及也?[233]
어찌 그런 분을 따라잡을 수 있겠는가?
If so, who can reach him?

3. '莫若'과 '不如'는 일종의 주어에 대한 선호('~하는 편이 낫다')를 표시하면서 자주 발생한다.

莫若修其本。
그 근본을 닦는 것이 가장 좋다.

---

232 역주 Premare(1847:208)에는 "使性果善耶, 身不可以不修。 使性果惡耶, 身不可以不修"로 나오는데 '耶'는 '邪'의 오타로 보인다.

233 역주 이 예문은 《論語 · 子張》에서 인용한 것이다.

There is nothing like cultivating the root.

知之者不如好之者, 好之者不如樂之者。[234]

(학문을) 아는 사람은 그것을 좋아하는 사람만 못하고, 좋아하는 사람은 즐기는 사람만 못하다.

To love is better than to know and to cherish with delight is better than to love.

4. '若'은 때때로 '~관하여'(as it regards)를 나타낸다.

若民則

백성과 같은 경우에

But as to the people, certainly, &c.

'如' 또한 같은 방식으로 채용된다.

如其禮樂, 以俟君子。[235]

예악에 이르러서는 군자를 기다리겠습니다.

But for the ritual and music we wait for the sage.

5. '如'는 부사를 형성하거나 그것들을 좀 더 강제적으로 만드는 형용사에 관한 부가어로 사용되거나 방식을 표현한다. 이러한 예는《역경易經》과《논어論語》에 수없이 많다.

空空如也。[236]

전혀 아는 것이 없다.

Really awkward.

---

234 역주 이 예문은《論語 · 雍也》에서 인용한 것이다.

235 역주 이 예문은《論語 · 先進》에서 인용한 것이다.

236 역주 이 예문은《論語 · 子罕》에서 인용한 것이다.

恂恂如也。[237]

온화하고 공손하다.

Faithful and true indeed.

與與如也。[238]

공손하시고 점잖으셨다.

With singular gravity.

休休如也。

(마음이) 넓고 너그럽다.

With great magnanimity.

6.13 '以'와 '爲'

6.13.1 '以'의 예

1. '以'는 불변화사 '~로써, ~에 따라서'(that, for) 또는 불어의 'pour'에 대응된다.

君子居易以俟命。[239]

군자는 (처지에 맞게) 평이하게 처신하여 천명을 기다린다.

The wise is prepared for the decrees of fate.

237 역주 이 예문은 《論語 · 鄕黨》에서 인용한 것이다.

238 역주 이 예문은 《論語 · 鄕黨》에서 인용한 것이다.

239 역주 이 예문은 《中庸 · 14》에서 인용한 것이다.

齊莊中正足以有敬也。[240]

장중하고 치우침 없는 올바름으로 넉넉히 경건할 수 있다.

His gravity and uprightness command universal respect.

聞一以知十。[241]

하나를 들으면 열을 안다.

By hearing one to learn ten.

2. '以'는 거의 모든 경우에 '用'으로 설명할 수 있다.

毋吾以也。[242]

나를 써 주는 사람이 없느니라.

He makes no use of me.

雖不吾以[243]

비록 나를 등용하지 않더라도

Though he may not employ me

여기에서 발견된 어순이 필수적인데, 왜냐하면 '以吾'는 '나에 의해'(by me)로 의미가 바뀌기 때문이다.

怨乎不以。[244]

써 주지 않음을 원망하다.

He is vexed that he is not employed.

240 역주 이 예문은《中庸 · 31》에서 인용한 것이다.

241 역주 이 예문은《論語 · 公冶長》에서 인용한 것이다.

242 역주 이 예문은《論語 · 先進》에서 인용한 것이다.

243 역주 이 예문은《論語 · 子路》에서 인용한 것이다.

244 역주 이 예문은《論語 · 微子》에서 인용한 것이다.

이 예에서 '以'자는 동사('用')이다. 다음의 예에서 '以'는 불변화사로 보는 편이 낫다.

祀其先以天子之禮。[245]
선조들을 천자의 예로 제사 지낸다.
To honor progenitors with rites appropriate to the emperor.

葬以大夫，祭以士。[246]
대부의 예로 장례를 치르고, 사의 예로 제사를 지낸다.
He is buried as a nobleman, but honoured as a scholar.

以堯舜之明猶以是爲懼况其下者哉?
요와 순의 덕조차도 두렵게 만드는데, 하물며 그 아래의 사람들은 어떠하겠는가?
This would frighten even *yau* and *shun*, how much more should they be alarmed who do not equal them in virtue.

3. '以'는 '所'와 자주 결합한다.

所以然。
그렇게 된 까닭이다.
The cause by which, or the reason why.

視其以所。[247]
그 사람이 행동하는 바를 보다.
To see what he is doing.

여기에서 '以'는 동사로 보이며, '所'는 이에 대한 상황이다.

---

245 역주 이 예문은 《中庸 · 18》에서 인용한 것이다.
246 역주 이 예문은 《中庸 · 18》에서 인용한 것이다.
247 역주 이 예문은 《論語 · 爲政》에서 인용한 것이다.

郊社之禮所以事上帝。[248]

교와 사의 예는 상제를 섬기기 위한 것이다.

The *kiau shie* ceremony is that in which the supreme lord is worshiped.

知所以治人。[249]

사람 다스리는 방법을 알게 된다.

To know how men are governed.

所以行之者一也。[250]

그것을 실천하도록 하는 것은 (진실함) 하나이다.

There is only one method of reducing these things to practice.

此天地之所以爲大。[251]

이것이 하늘과 땅이 위대한 까닭이다.

It is this which makes heaven and earth so great.

4. '以'는 '何'와 결합하여 '어찌하여, 무슨 식으로'(how, in what manner)를 나타낸다.

何以知其然邪。[252]

어떻게 그것이 그러함을 아는가.

How could i know it to be thus?

5. '以'는 '爲'와 여러 가지 형식으로 결합한다.

---

248 역주 이 예문은《中庸・19》에서 인용한 것이다.

249 역주 이 예문은《中庸・20》에서 인용한 것이다.

250 역주 이 예문은《中庸・20》에서 인용한 것이다.

251 역주 이 예문은《中庸・30》에서 인용한 것이다.

252 역주 이 예문은《莊子・駢拇》에서 인용한 것이다. '然'은 '如是'이며, '邪'는 의문형 종결사이다. Premare(1847:210)에서는 '耶'로 표기되었다.

不以爲恥。

수치스럽다고 여기지 않았다.

He deems it no disgrace.

不知高明以爲如何。

고명하신 분께서 어떻게 여기는지는 알지 못합니다.

I would like, sir to know your opinion respecting it.

吾以子爲鬼。

나는 당신을 귀신으로 여겼다.

Really, you look like a ghost.

則王以爲孰勝?[253]

왕께서는 어느 쪽이 이길 것이라고 생각하십니까?

Who then, o king, will excel?

不以爲樂。

즐겁다고 여기지 않는다.

He deems it no pleasure.

民以爲大。

백성은 크다고 여긴다.[254]

To the people it appears great.

明君以制産爲急也。

현명한 임금은 백성들의 생활 근거를 마련해 주는 것이 급하다고 여긴다.

The wise king seeks first the prosperity of his people.

6. '以'는 불변화사 '다음으로, 따라서, ~에서'(next, according to, at)에

253 역주 이 예문은《孟子 · 梁惠王上》에서 인용한 것이다.

254 역주 이 예문은《孟子 · 梁惠王下》에서 인용한 것이다.

대응된다.

使民以時。[255]
백성을 부릴 때는 농한기에 해야 한다.
To solicit the people at the proper time.

剝牀以足。
침상의 다리가 깎였다.
To level the couch with the foot.

'以'의 이러한 용법은 《역경易經》에서 발견된다.

7. '以' 앞에 '無'가 더해져 '無以'가 되거나 '無已'로 표기된다.

無已則有一焉。[256]
꼭 말하라고 하신다면 한 가지 방법이 있습니다.
If you are determined to know, there is only one remaining, &c.

自漢以來。
한대 이후
from the time of *Han* downwards.

'已來' 또는 '而來', '而降'은 선행 구의 마지막 두 문자 대신에 사용된다.

無以加矣。
더할 수가 없다.
You can add no more.

---

255 역주 이 예문은 《論語 · 學而》에서 인용한 것이다. 이때 '以'는 행동의 기준을 표시한다.

256 역주 이 예문은 《孟子 · 梁惠王下》에서 인용한 것이다.

殺人以挺與刃，有以異乎？[257]

몽둥이로 사람을 죽이는 것과 칼로 사람을 죽이는 것에 다른 점이 있습니까?

Does it make any difference whether you kill one with a cane or with a sword?

無以異也。

다를 게 없다.

None at all.

6.13.2 '爲'의 예

1. '爲'자는 자주 '能'과 결합하는데 '能'이 혼자 출현했을 때와 같은 의미를 나타낸다.[258]

惟天下至誠爲能化。[259]

오직 세상에서 가장 지극한 진실함이라야 저절로 그러하도록 만든다.

Nothing on earth but the pure truth can reform mankind.

惟明王爲能愛所愛。

오직 현명한 왕만이 사랑할 수 있고 사랑받을 수 있다.

It is only the wise king who knows how exercise a true affection.

惟士爲能。

오직 선비만이 할 수 있다.

Only the wise are able.

---

257 역주 이 예문은《孟子·梁惠王上》에서 인용한 것이다.

258 역주 즉 '爲'는 '~할 것이다', '곧 ~하려고 한다' 등으로 해석되며 곧 일어날 상황을 나타낸다는 의미이다.

259 역주 이 예문은《中庸·23》에서 인용한 것으로 원문에서는 '唯'자로 나온다.

'惟'자가 항상 선행한다는 점을 유념할 필요가 있다. '爲能'은 비록 '之'나 '者' 없이 어떠한 글자를 사용할 수 있는지는 의심스럽지만, 분사 의미를 갖는 것은 가능하다.

2. '爲'는 일반적으로 '~때문에'(on account of)의 의미를 지닌다.

非夫人爲慟而誰爲。[260]

내가 이러한 사람을 위해 상심하지 않는다면, 대체 누구를 위해 상심해하겠느냐!

If i should not grieve for such a man pray tell me for whom?

이는 공자가 죽은 제자[안연]를 언급할 때의 문장이다. 문자의 순서를 유념할 필요가 있는데 마지막 구는 '爲誰'를 의미한다.[261]

學爲己。

자신을 위해 공부하다.

To study for his own sake.

學爲人。

다른 사람을 위해 공부하다.

To study for others.

爲何?

왜, 무슨 까닭으로?

Wherefore, on what account?

何爲?

왜, 어째서?

260 역주 이 예문은《論語 · 先進》에서 인용한 것이다.

261 역주 이 말은 현대 한어에서는 '爲誰'라고 하겠지만 고대 한어에서는 목적어가 의문대명사이면 개사나 동사 앞에 놓일 수 있다는 말이다.

Why so?

3. '爲'는 불변화사가 아닐 때 때때로 동사로 사용된다.

其爲人也多才多能。

그는 다재다능하다.

This man has great talents.

'爲'는 '하다, 만들다'(to do, to make)를 의미한다.

吾不徒行以爲之槨。[262]

내가 (수레를 팔아) 그를 위해 외관을 사고 걸어 다닐 수는 없다.

I am not going on foot to procure him a coffin.

'爲'자는 '행동하다, 다스리다, 실행하다'(to act, to administrate, to exercise)를 의미한다.

爲官。

관리를 하다.

To act magistrate.

爲國。

나라를 다스리다.

To administer the government.

爲圃。

화원을 만들다.

To make a garden.

262 역주 이 예문은 《論語 · 先進》에서 인용한 것이다. '槨'은 '椁'이라고도 표기한다.

중국어에서는 '不爲'보다 '不能'을 자주 사용한다. '不能'은 자연스럽게 '실제 능력'을 암시하며, '不爲'는 '기질의 부족'을 의미한다. 《맹자孟子》에 주목할 만한 예가 있다.[263] 만약 언급된 것이 마땅히 이루어져야 한다면, '不爲'는 '잘못한 것'이다. 만약 그렇지 않다면 그것은 '선행'이라고 할 수 있다.

6.14 '哉'와 '乃'의 예

1. '哉'는 여기에서 볼 수 있듯이 의문사로 매우 자주 사용된다. '哉'는 또한 감탄사 표지이기도 하다.

> 洋洋乎盈耳哉。[264]
> 맑고 우렁찬 소리가 귀에 가득하구나!
> Wonderful, excellent music, how pleasantly it strikes upon the ear!

'乎'는 여기에서 '哉'와 같은데, 같은 글자의 중복을 피하기 위하여 '哉' 대신에 사용되었다. 이 둘은 또한 비록 그 구가 의문이 아니더라도 사용된다.

> 庶乎哉。
> (사람들이) 정말 많구나!
> What a concourse people!

263 역주 이는 아마도 "人有不爲也, 而後可以有爲"《孟子 · 離婁下》를 가리키는 것 같다.
264 역주 이 예문은 《論語 · 泰伯》에서 인용한 것이다.

이 구는 확실히 '乎'와 '哉'가 매우 가깝다는 것을 표시한다.[265] 의미는 문맥으로부터 결정해야만 한다. '哉'는 불변화사가 끝에서 그것을 뒤따르든 않든 상관없이 명사나 형용사 뒤에 우아하게 놓인다.

大哉問。[266]
훌륭하도다. 물음이여!
Momentous question!

富哉言乎。
풍부하다. 그 말씀이여!
How rich the language!

善哉言也。
좋은 말이도다!
How just is the sentiment!

賢哉回也。[267]
어질도다. 안회여!
How discreet was *hwui*!

野哉由也。[268]
경솔하도다. 유야!
How rustic is *yu*!

大哉聖人之道。[269]
위대하도다. 성인의 도여!
How important are the instructions of the wise!

---

265 역주 '哉乎' 역시 '悲哉乎!', '善哉乎'와 같이 감탄의 어기를 나타내기도 한다.

266 역주 이 예문은 《論語 · 八佾》에서 인용한 것이다.

267 역주 이 예문은 《論語 · 雍也》에서 인용한 것이다.

268 역주 이 예문은 《論語 · 子路》에서 인용한 것이다.

269 역주 이 예문은 《中庸 · 27》에서 인용한 것이다.

甚哉其惑也。

심하도다. 그 미혹됨이여!

Alas, how blind!

何其繆哉。

얼마나 잘못되었는가!

What a wretched blunder!

2. '乃'는 '틀림없는, 과연, 바로'를 나타낸다.

善吾生, 乃所以善吾死也。[270]

나의 삶을 좋게 여기는 자는 나의 죽음도 좋게 여길 것이다.

I live well, forsooth that i may die well.

'善'은 여기에서 동사 '좋게 여기다'(to do good)라는 동사로 사용되었다.

死而乃瘞。

죽자마자 묻었다.

He is dead, and buried forsooth.

여기에서 '乃'는 일종의 문장을 지지하는 부류로 사용되었다. 다음은 《서경書經》에서의 구절인데, '乃'가 4번 연속으로 등장한다.

乃聖乃神乃文乃武。[271]

성스럽고 신통스러웠으며, 용감하시면서도 점잖으셨습니다.

He was at once holy and spiritual, a civilian and a warrior.

---

270 역주 이 예문은 《莊子 · 大宗師》에서 인용한 것으로 원문은 "善吾生者, 乃所以善吾死也"로 나와 있다.

271 역주 이 예문은 《書經 · 大禹謨》에서 인용한 것이다.

같은 직품에서 '乃'는 2인칭 대명사로도 사용된 것으로 보인다.[272]

度乃心。

당신의 마음을 헤아리다.

Search your heart.

乃父乃祖

너의 조상

your ancestor

6.15 시간 지시 불변화사

1. '將'은 미래를 지시하는 데에 사용된다.

後世之爲惡者將曰。

후세에 악을 행하는 자가 장차 말하길….

In future those who are disposed to do wrong will say, &c.

將入門。

문에 들어가려고 하다.

About to enter the gate.

將終。 또는 將死。

죽을 것이다.

About to die.

將可出。

떠나는 것이 허용될 것이다.

272 **역주** 즉 '乃'는 '爾', '汝'와 같은 2인칭 대명사로 해석된다는 의미이다.

Then it will be permitted to depart.

諾吾將仕矣。[273]

그렇소, 나는 장차 벼슬을 하겠소.

I shall soon act the magistrate.

不知老之將至。[274]

늙음이 찾아오는 것도 모른다.

He knows not that old age is close upon him.

2. '曾'은 과거 시간(past time)을 나타낸다.[275]

曾由與求之問。[276]

결국 (바로) 중유와 염유에 대해 묻는군요.

You hand inquired of me concerning *yu* and *kiu*.

曾說。

일찍이 말했었다.

I have said.

주석자[277]는 구어로 그것을 다음과 같이 설명하였다.

已曾說過了。

이미 일찍이 말한 바가 있다.

'說'은 '표현하다, 말하다'를 의미한다.

---

273 역주 이 예문은《論語 · 陽貨》에서 인용한 것이다.

274 역주 이 예문은《論語 · 述而》에서 인용한 것이다.

275 역주 이 말은 '曾'은 '일찍이'로 해석되며 주로 경험을 나타낸다.

276 역주 이 예문은《論語 · 先進》에서 인용한 것이다.

277 역주 *Chang-Kin Ching*이 누구인지 불분명하다.

未曾言及了。

나는 일찍이 언급한 바가 없다.

I have not yet spoken.

'經'은 '曾'과 같은 의미로 쓰인다.

不經見。

본 적이 없다.

I have not seen.

구어로는 '沒有見過'라고 말한다.

3. '已' 또한 과거 시제(preterite)를 표시하는 데에 사용된다.

形雖存而心已死。

비록 형체는 존재하지만, 마음은 이미 죽었다.

Though the body remains the soul is departed.

已死矣。

이미 죽었다.

He is already dead.

毛鄭於詩其亦已博矣。

모와 정은 이미 《시경詩經》에 대하여 해박하다.

Mau and *ching* had a thorough knowledge of the *shi king*.

病之已甚。

병이 이미 심했다.

It made him very sick.

'病'은 동사이며, '之'는 그것의 상황을 나타낸다.

6.16 강화 불변화사

1. '愈', '益', '彌'는 우리의 표현 '얼마나 많이, 훨씬 더'(how much more, so much more)에 대응된다.

此愈近，彼愈遠。

하나가 점점 다가올수록, 다른 하나는 점점 더 멀어진다.

The nearer the one approaches the further the other recedes.

故愈力愈動而愈不至。

그러므로 부지런히 노력할수록 더욱 지극한 경지에 이르지 못한다.

The more effort he makes the less prospect he has of arriving.

'而'는 여기에서 장식으로 기능한다. 양자는 불을 말할 때 다음과 같이 말했다.

用之而彌明，宿之而彌壯。

(불은) 그것을 쓰면 점점 밝아지고, 그것을 쌓으면 더욱 장렬해진다.

The more you use it the brighter it becomes, and the more you seek to check it the greater is its power.

'而'는 두 구가 존재한다는 것을 보여 주기 위해 사용되었다.

2. '況'은 자주 반복된다.

天且弗偉而況於人乎，況於鬼神乎?[278]

하늘도 또한 어기지 못하거늘 하물며 사람이겠느냐? 하물며 귀신이겠느냐?

Heaven is not opposed, much less are men hostile, still less adverse are spirits.

---

278 역주 이 예문은《周易 · 文言傳》에서 인용한 것이다.

眞德不待於事，况於言乎?

진정한 덕은 힘쓸 필요가 없는데, 하물며 말할 필요가 있겠는가?

True virtue does not require you to perform great exploits, much less to make great pretensions.

3. '矧'은 '况'과 거의 같은 의미이다.

至誠感神，矧玆有苗?[279]

지극한 정성은 귀신도 감동시키거늘 하물며 이 묘족이겠습니까?

The highest integrity influence the spirits, how much more the *miau* people.

矧曰。

하물며 말할 수 있겠는가.

I say further, is frequently met with.

4. 최상급 의미를 지닌 몇몇 다른 불변화사가 존재한다.

至聖

지덕이 높은 성인

most holy

極高明。

매우 고명하다.

Most illustrious.

最窮。

아주 가난하다.

Extremely poor.

---

279 역주 이 예문은《書經 · 大禹謨》에서 인용한 것이다.

其善。

매우 뛰어나다.

Most excellent.

謬焉甚矣。

잘못됨이 심하도다.

A most wretched blunder.

'焉'은 여기에서 장식과 같이 사용되었다.

厥田上上。

그 밭은 제일 좋은 것이다.

That is a most excellent field.

6.17 의문 불변화사

이것들은 수사를 다루는 8장에서 전문적으로 다루고 있다. 그러나 이번 장의 주제인 불변화사로서 그것을 하나의 제목 아래 두는 편이 가장 낫다고 할 수 있다.

1. '哉'의 용법은 다양한 편이다. '哉'는 일반적으로 다른 불변화사와 같이 사용되는 것을 볼 수 있는데, 예를 들면 '哉'는 '何'와 결합한다.

何哉?

왜 그러한가?

Why, pray?

其故何哉?

이는 무슨 원인 때문입니까?

On what account, pray?

復何疑哉?

왜 다시 의심해야 합니까?

Why should we longer doubt?

何有於我哉?[280]

무엇이 나에게 있단 말인가?

What is this to me?

'哉'는 '豈'와 결합한다.

豈二子之所以能及哉?

두 제자가 어떻게 도달할 수 있었습니까?

How could those two disciples arrive at this point?

豈不深可惜哉?[281]

어찌 매우 애석하지 않은가?

What can be more lamentable?

'哉'는 '奚'와 결합한다.

奚可哉?

어찌 가능하단 말인가?

Is it possible; is it admissible?

《맹자孟子》에서는 '烏'와 '哉'가 매우 자주 결합하여 쓰인다.

烏足道哉?[282]

280 역주 이 예문은《論語 · 述而》에서 인용한 것이다.

281 역주 이 예문은《通鑑節要 · 烈宗孝武皇帝8》에서 인용한 것이다.

어찌 말할 가치가 있겠는가?
Should it even be mentioned?

'哉'는 '安'과 함께 쓰인다.

我之心安得而不悲哉?
나의 마음이 어찌 슬프지 않을 수 있겠는가?
How could i forbear to pity?

則所謂德性者果安在哉?
소위 덕성이라는 것이 과연 어디에 있단 말인가?
Such being the case what becomes of that which is called natural virtue?

'乎哉'는 문미에 놓인다.

爲仁由己而由人乎哉?[283]
인덕을 실천하는 것이 완전히 자기 자신에 의지해야지 어찌 다른 사람에게 의지할 것인가?
Is it for me or for others to direct how I shall show benevolence?

이 문장에서 '而'는 인을 행하는 것이 아니라 다른 사람이 아닌 자신 자신이라는 점을 나타내기 때문에 연결 불변화사라기보다는 이접사라고 할 수 있다.

仁遠乎哉?[284]
인이 멀리 있겠는가?
Is a charity so far gone?

---

282 역주 본문의 설명과 달리 실제로 이 예문을《孟子》에서 찾을 수는 없었다.
283 역주 이 예문은《論語・顔淵》에서 인용한 것이다.
284 역주 이 예문은《論語・述而》에서 인용한 것이다.

君子多乎哉?
군자가 이렇게 많은 기예를 갖고 있는가?
Does the wise demand so much?

'也哉'는 문미에서도 사용된다.

何必盡求人知也哉?
어찌 사람들이 알게 할 필요가 있겠습니까?
Why make such afford to obtain celebrity?

與鄙夫可與事君也與哉?[285]
비루한 사람과 함께 임금을 섬길 수 있겠습니까?
Can a wretch serve the king?

'可與'에서 '與'는 동사로서 쓰였다. '與鄙夫'에서 '與'는 '於'와 같다. 마지막 '與'는 단순히 장식으로 사용되었다.[286]

'哉'는 '不亦' 뒤에 오기도 한다.

不亦宜哉?
마땅하지 않겠는가?
Is it not just?

그러나 '乎'가 좀 더 일반적으로 사용된다.

不亦樂乎?[287]
즐겁지 아니한가?
Is it not really pleasant

285 역주 이 예문은《論語 · 陽貨》에서 인용한 것이다.

286 역주 여기에서 '也與'는 뒤의 '哉'와 함께 반문의 어기를 표시한다고 볼 수 있다.

287 역주 이 예문은《論語 · 學而》에서 인용한 것이다.

2. '何'는 '哉' 없이 사용되기도 한다.

何敢死?
어찌 감히 죽겠는가?
How dare to die?

如何其知也?
어찌 그가 알 수 있겠는가?
How can he know?

如之何其廢之?[288]
어째서 그것을 폐지하는가?
Will it not then be ruined?

'如之'는 '何'와 결합하지 않으며 '이에, 이와 같은 방식으로'를 의미한다.

何也? 또는 邪?
왜, 무슨 연유로?
Wherefore?

《장자莊子》에서는 '何弄'이 같은 의미로 사용된다. '如何'도 같은데, 만약 명사가 첨가된다면, 의미가 변한다.

如予何?[289]
나를 어찌하리오?
What harm can it do me?

288 역주 이 예문은《論語 · 微子》에서 인용한 것이다. '其'는 어세를 강화하는 어기 조사이다.
289 역주 이 예문은《論語 · 述而》에서 인용한 것이다.

其如命何?[290]

나의 운명을 어찌하겠느냐?

What can he do with fate?

如正人何?[291]

어떻게 다른 사람을 바로잡겠는가?

How is this to correct mankind?

何必改作?[292]

굳이 고칠 필요가 있겠는가?

Why change this custom?

何德之衰![293]

어찌 이리 덕이 쇠하였는가!

How feeble is virtue!

여기에서 '何'는 감탄 표지이다.

3. '豈'는 '哉' 없이 사용된다.

豈惟口腹有饑渴之害?[294]

어찌 다만 입과 배만이 굶주리고 목마름의 해가 있다고 하겠는가?

Do the mouth and stomach only suffer from hunger and thirst?

'豈有此理', '斯理'는 '豈敢'과 같은 의미이며, 좀 더 공손한 형식이다. 또한 '乎'가 문미에 오기도 한다.

---

290 역주 이 예문은《論語 · 憲問》에서 인용한 것이다.

291 역주 이 예문은《論語 · 子路》에서 인용한 것이다.

292 역주 이 예문은《論語 · 先進》에서 인용한 것이다.

293 역주 이 예문은《論語 · 先進》에서 인용한 것이다.

294 역주 이 예문은《孟了 · 盡心上》에서 인용한 것이다.

其然, 豈其然乎?[295]

그렇단 말인가? 설마 정말로 그렇단 말인가?

Is it indeed so?

4. '奚'는 '哉' 없이 쓰인다.

女奚不曰?[296]

너는 어찌하여 이렇게 말하지 않았느냐?

Why did you not speak?

'女'는 여기에서 2인칭 대명사로 사용되었다.[297]

雖多亦奚以爲?[298]

비록 (읽은 것이) 많다 한들 무엇에 쓰겠는가?

Though there are so many, of what use are they all?

'亦'은 '雖'에 대응되며 '而'와 같은 방식으로 쓰인다.

5. '惡'은 모든 작자가 고상하게 표현하기 위해 사용하였다.

惡得而禁之?[299]

어떻게 말릴 수 있겠는가?

How shall we prevent it?

여기에서 '而'는 활음조로 사용되었다.

---

295 역주 이 예문은《論語 · 憲問》에서 인용한 것이다.

296 역주 이 예문은《論語 · 述而》에서 인용한 것으로 Premare(1847:218)에는 "如奚不曰"로 나와 있는데, '如'는 '女'의 오기로 보인다.

297 역주 《論語》 원문에 따라서 '如'는 '女'로 수정하였다.

298 역주 이 예문은《論語 · 子路》에서 인용한 것이다.

299 역주 이 예문은《孟子 · 盡心下》에서 인용한 것이다.

惡能當之?
어찌 당해 낼 수 있겠는가?
How could i sustain it?

'惡'은 '乎'와 함께 사용되기도 한다.[300]

君子去仁, 惡乎成名?[301]
군자가 인을 버리면 어떻게 명성을 이루겠는가?
If the wise disclaims benevolence how can he be called wise?

天下惡乎定?[302]
천하가 어떻게 해야 안정될 수 있겠습니까?
Who will restore peace to the world?

吾惡乎知之?[303]
내가 그것을 어떻게 알겠는가?
Who could i know it?

果惡乎在?[304]
과연 어디에 있는가?
Where is it?

無乎不在。[305]
있지 않은 곳이 없다.
It is everywhere.

---

300 역주 '惡乎'는 '어느 곳에서'라는 뜻으로 쓰이기도 한다.

301 역주 이 예문은《論語 · 里仁》에서 인용한 것이다.

302 역주 이 예문은《孟子 · 梁惠王上》에서 인용한 것이다.

303 역주 이 예문은《莊子 · 齊物論》에서 인용한 것이다.

304 역주 이 예문은《莊子 · 天下》에서 인용한 것이다.

305 역주 이 예문은《莊子 · 天下》에서 인용한 것이다. 이는《莊子 · 知北遊》의 '無所不在'와 같은 표현이다.

이는 《장자莊子》가 '道'를 말할 때 쓰였다. 이러한 예문에서 '乎'는 '於'와 같은 의미로 쓰였다.

6. '曷'은 '何'와 같은 의미로 《역경易經》에서 다음과 같이 사용되었다.[306]

曷之用?
어찌 이런 것을 쓰겠는가?
What is the use?

여기에서 '之用'은 순서가 뒤바뀐 '用之'로 사용되었다.

7. '胡'는 같은 의미를 지닌다.

吾子胡不立乎?
그대는 어찌 (천자의 자리에) 오르지 않소?
Why not aspire to some standing?

여기에서 '吾子'는 청자를 칭하고 있다.

8. '盍'은 '어찌 … 않는가?'(Why not)를 의미한다.

盍各言志?[307]
어찌 각자의 포부를 말하지 않느냐?
Why do you not all express your feelings?

'害'도 같은 의미로 쓰인다.

害不違?[308]

306 역주 이 예문은 《易經 · 損卦》에서 인용되었다.

307 역주 이 예문은 《論語 · 公冶長》에서 인용한 것으로 보이는데, 원문은 "盍各言爾志"이다.

어찌 어기지 않으십니까?
Why do you not resist?

이는 《서경書經》에서 인용한 것이다. 《시경詩經》에서는 '不'이 빠져 있다.

害澣?[309]
어찌 빨지 않는가?
Why do i not wash my raiment?

그러나 이러한 예는 극히 드물다.

9. '孰'(누구)의 예는 다음과 같다.

孰爲好學?[310]
누가 배움을 좋아합니까?
Who of you love study?

百姓足君孰與不足?[311]
백성이 부족하면 임금이 누구와 더불어 풍족하겠습니까?
What can the prince want when the people are supplied?

孰大於是?[312]
이보다 더 큰 것이 어디 있겠는가?
What is greater than this?

---

308 역주 이 예문은 《書經 · 大誥》에서 인용한 것으로 원문은 "王害不違卜"이다.

309 역주 이 예문은 《詩經 · 葛覃》에서 인용한 것이다.

310 역주 이 예문은 《論語 · 雍也》에서 인용한 것이다.

311 역주 이 예문은 《論語 · 顔淵》에서 인용한 것이다.

312 역주 이 예문은 《孟子 · 盡心章上》에서 인용한 것이다.

管子而知體孰不知禮?[313]

관자가 예절을 안다고 한다면, 누군들 예절을 알지 못하겠느냐?

If *kwantsz* knows the proper offices, who knows them not?

10. '誰'의 예는 다음과 같다.

作亭者誰?[314]

정자를 세운 사람은 누구인가?

Who was it that made the porch?

是誰之過與?

누구의 잘못인가?

Whose fault is it?

誰能出不由户?[315]

누가 방문을 거치지 않고 집 밖으로 나갈 수 있겠는가?

Who that is free to depart does not go by the gate?

降祥降殃者誰?[316]

복과 재앙을 내리는 자는 누구입니까?

Who is it that inflicts punishments and bestows rewards?

'孰'과 '誰'는 불변화사보다는 대명사로 보는 편이 낫다. 그러나 우리가 이것들을 고려할 때 그것은 그다지 중요하지 않다.

불변화사 '乎', '耶', '邪', '歟', '焉'은 이미 의문사로서 볼 수 있다. 따

---

313 역주 이 예문은《論語 · 八佾》에서 인용한 것으로 보이는데, 원문은 "管氏而知禮, 孰不知禮"로 다소 다르다.

314 역주 이 예문은《醉翁亭記》에서 인용한 것이다.

315 역주 이 예문은《論語 · 雍也》에서 인용한 것이다.

316 역주 이 예문은《書經 · 伊訓》의 "作善降之百祥, 作不善降之百殃"과 관련되어 있다.

라서 우리는 중국어의 많은 특징과 그것이 생각을 전달하는 여러 가지 방식을 알 수 있게 되었다.

6.18 문미 불변화사

불변화사 '也', '乎', '耶', '邪', '與', '耳', '焉', '哉'는 이미 충분히 설명되었다.

불변화사 '已'는 '而' 뒤에 온다.[317]

則一而已。
오직 하나일 뿐이다. 동일하다.
There is only one.

이러한 예는 매우 빈번하다. '已'는 또한 '也' 뒤에 오기도 한다.[318]

可謂好學也也已。[319]
배우기를 좋아한다고 말할 수 있다.
He may be said to love wisdom with all his heart.

末由也已。[320]

317 역주 즉 '而已'는 '~할 뿐이다'라고 해석될 수 있다. 경우에 따라서는 단순한 어조사로 기능한다.

318 역주 즉 '也已'는 감탄이나 단정을 표시한다.

319 역주 이 예문은《論語 · 學而》에서 인용한 것이다.

320 역주 이 예문은《論語 · 子罕》에서 인용한 것으로 Premare(1847:220)에는 "未由也已"로 잘못 나와 있다.

오를 길이 없었다.
There is no way.

不足觀也已。[321]
볼 것이 없다.
This is not worthy of notice.

末之也已。[322]
갈 곳이 없으면 말 것이다.
Do not go there.

'之'는 여기에서 동사로 쓰였다.

불변화사 '夫'는 때때로 홀로 쓰이는데, 예를 들면 '善夫'는 '善也'와 같다.[323]

誠之不可揜，如此夫。
진실함을 가릴 수 없음이 이와 같구나.
Pure integrity cannot be thus obscured.

때때로 '夫' 앞에 '矣'가 오기도 한다.

有矣夫。[324]
있도다.
It occurs, alas, too often.

---

321 역주 이 예문은《論語・泰伯》에서 인용한 것이다.

322 역주 이 예문은《論語・陽貨》에서 인용한 것으로 Premare(1847:220)에는 "末之也已"로 잘못 나와 있다.

323 역주 즉 '夫'는 문장 끝에 놓여 감탄이나 의문을 나타내는 기능을 한다.

324 역주 이와 같은 예로《論語・憲問》의 "君子而不仁者有矣夫"가 있다.

亡之命矣夫。[325]

죽겠구나. 천명이도다.

You must die, thus it is decreed.

'也'가 또한 '夫' 앞에 오기도 한다.

莫我知也夫。[326]

나를 알아주는 이가 없구나.

Alas! No one knows me.

皆此意也夫。

모두 이 뜻이다.

The sense is the same in all.

'夫'는 문두에 오기도 한다.[327]

夫能高其目而下其耳者, 匪天也夫。[328]

대개 그 눈을 높이 하고 그 귀를 낮은 곳까지 하는 것은 하늘이 아니겠는가!

Who can raise an eye and submit an ear? is it not heaven? i.e. heaven regards the meek but knows the proud afar off.

불변화사 '矣'는 단순히 문미사로 이러한 예는 수없이 많다.[329]

則近道矣。[330]

---

325 역주 이 예문은 《論語 · 雍也》에서 인용한 것이다.

326 역주 이 예문은 《論語 · 憲問》에서 인용한 것이다.

327 역주 이때의 '夫'는 어떤 문제를 논의하려 함을 나타내며 특별히 해석할 필요는 없는 경우가 많다.

328 역주 이 예문은 《揚子法言 · 問明》에서 인용한 것이다.

329 역주 즉 '矣'는 단순히 진술 · 추측 · 필연 · 가능성을 나타내는 기능을 한다.

330 역주 이 예문은 《大學 · 1》에서 인용한 것이다.

곧 도에 가깝게 된다.
He is then near the right way.

吾不之知矣。
나는 그러한 사람이 있는지를 알지 못한다.
I know not such.

'矣'는 또한 불변화사 '者'와 호응하기도 한다.

惡而知其美者鮮矣。
미워하는 것에서 아름다움을 파악할 능력이 있는 사람은 드물다.
Few indeed observe the good qualities of those whom they dislike.

여기에서는 설명할 것이 아무것도 없다. '矣'는 단순한 단언(a bare assertion)을 나타내는데, 이런 점에서 '矣'는 '也'와 다르다. '乎' 또는 '夫'는 '矣' 뒤에 온다.

鬼神之爲德其盛矣乎。[331]
귀신의 덕이 참으로 성대하구나!
The virtue of spirits, how sublime?

'已矣夫'는 문두 또는 문미에서 쓰인다.

吾已矣夫。[332]
내가 그만두어야겠구나.
Alas! There is an end of me.

불변화사 '兮'는 《시경詩經》, 《노자老子》와 여러 종류의 시에 자주 쓰

331 역주 이 예문은 《中庸 · 16》에서 인용한 것이다.
332 역주 이 예문은 《論語 · 子罕》에서 인용한 것이다.

였다.

彼美人兮西方之人兮。[333]
그 미인은 서방의 사람이라네.
That noble looking person is from the west.

이 단락과 관련된《시경詩經》의 해석은 자신의 생각을 표현하려고 노력하는 작가가 특별히 강조하기 위하여 불변화사 '兮'를 사용하였다. 그것은 또한 '歌辭'라고도 불린다.

문자 '云'은 '말하다'(to speak, to say)를 의미하며 동사로 사용된다. 그러나《시경詩經》에서 '云'은 불변화사로 사용되며, 의문을 표시하는 어떤 표지와 관련하여 문두에 놓인다.[334]

云如之何?[335]
어찌된 일인가?
In what manner?

云誰之思?[336]
누굴 생각하나?
What is the subject of your reflections?

云胡不喜? 또는 云胡不樂?

333 역주 이 예문은《詩經 · 簡兮》에서 인용한 것이다. 여기에서 미인은 임금을 비유하는데, 西方美人은 바로 西周 초의 훌륭한 임금을 가리킨다.

334 역주 예를 들면 '云何'는 '如何'의 의미와 같다.

335 역주 이 예문은《詩經 · 君子偕老》에서 인용한 것이다. '云'은 어조사로 쓰였으며, '之'는 '정숙하지 않은 행위'를 가리킨다.

336 역주 이 예문은《詩經 · 簡兮》에서 인용한 것으로 이 말은 "누구를 생각게 하는가?"를 의미한다.

어이 기쁘지 않으랴?
Should i not rejoice or why do you not rejoice?

'言'은 '云'과 거의 같은 의미이며, 《시경詩經》에서도 그렇게 사용된다.

言采其桑。[337]
뽕잎을 딴다.
Let us plant the mulberries.

言采其蝱。[338]
패모를 캐노라.
Let us gather the hellebore.

'云'과 '言'에 대한 이와 같은 설명은 주석자들이 제시한 것이다. 그러나 그들의 설명은 틀릴 수도 있다. '云'은 또한 문장을 끝마치는 데에도 사용된다.[339]

以俟君子云。
군자를 기다리다.
To wait for the philosopher.

---

337 역주 이 예문은 《詩經 · 汾沮洳》에서 인용한 것이다.

338 역주 이 예문은 《詩經 · 載馳》에서 인용한 것이다. '蝱'은 백합과의 다년생 풀이다.

339 역주 '云'은 문장 끝에 쓰여 진술 어기를 나타낸다.

결 론

이 장에서 살펴본 불변화사 중에서 상호 지원, 변이, 고상함 또는 특이성을 위해 둘 또는 그 이상이 결합하는 많은 실례를 유념해야만 한다. 이들 조합의 개요는 여기에서 제시될 것이다. 이 개요를 검토함에서 각각의 불변화사의 특정 위치, 용법과 의미를 정확하게 알게 될 것이다.

者也, 也者, 者耶, 者乎, 者邪, 者哉, 焉哉, 也夫, 也哉, 也與, 也已, 也耶, 矣哉, 已矣, 已乎, 乎哉, 然乎, 然矣, 然亦, 然而, 然且, 然則, 若然, 庶乎, 惡乎, 嗚呼, 乎耳, 云耳, 云爾, 焉耳, 且如, 何如, 如何, 何哉, 何矣, 矣乎, 矣夫, 云乎, 云何

세 문자가 쓰인 '已矣乎', '已矣夫'의 조합에서 '已'는 '멈추다, 그만두다, 됐다, 충분하다'라는 동사로 간주되기는 하지만, 자주 결합하여 사용되는 것을 볼 수 있다. 이와 동일한 것으로는 '而已矣'가 있다. 그러나 다음과 같은 예에서 세 가지 불변화사가 결합된 것을 볼 수 있는데, '而矣也', '也與哉', '何以哉', '庶乎哉' 등이 있다.

女得人焉爾乎?[340]
너는 거기에서 인물을 얻었느냐?
Have you found a suitable man?

340 역주 이 예문은《論語 · 雍也》에서 인용한 것으로 Premare(1847:222)에는 "如得人焉爾乎"로 나와 있다.

'女'는 여기에서 2인칭 대명사로 쓰였다.[341]

盡心焉耳矣。[342]
마음을 다하고 있습니다.
With all the heart.

심지어 네 가지 불변화사가 결합한 실례도 볼 수 있다.

吾末之何也已矣。[343]
나도 어찌할 수 없다.
Indeed i know not what more i can do.

日月至焉而已矣。[344]
잠시 동안 우연히 생각할 뿐이다.
They continue for a day or a month and no longer.

첫 번째 구에서 '何'는 뒤에 오는 세 문자와 결합해서는 안 되며, 두 번째 구에서 '焉'은 '至'와 결합하였다. 또한 '已'는 동사로 사용되었으며 다음의 문자와 결합하지 않는다.

已乎已乎。 또는 已而已而。
그만둘지어다. 그만둘지어다.
Oh, pray, desist.

이들 예에서 '已乎'와 '已而'는 단순히 반복되고 있다.

341 역주 Premare(1847:222)에는 '如'로 나와 있지만, 원문대로 '女'로 수정하였다.

342 역주 이 예문은 《孟子 · 梁惠王上》에서 인용한 것이다.

343 역주 이 예문은 《論語 · 子罕》에서 인용한 것인데, Premare(1847:222)에는 "吾末之何也已矣"로 나와 있다.

344 역주 이 예문은 《論語 · 雍也》에서 인용한 것이다.

나는 중국어 구를 외국 숙어로 직역할 필요가 없다고 여기는데, 왜냐하면 대부분의 경우, 이는 소용이 없으며, 많은 실례에서 그리 실용적이지도 않기 때문이다. 따라서 나의 목표는 그리 쉽지는 않지만 각 구절의 진정한 의미를 단순하게 보여 학생들로 하여금 스스로 문자의 의미를 깨닫도록 하는 것인데, 이는 이 길을 가는 데 있어 나 스스로 자주 반복할 기회를 가졌기 때문이다.[345]

다음 두 장에서는 불변화사에 주의를 크게 기울이지 않을 것이다. 우리의 주요 목표는 이 언어의 일반적인 양식을 설명하여 문학의 정원에서 유쾌한 꽃을 따는 것으로, 외국 학생들은 중국어 특유의 미를 즐길 뿐만 아니라 그 자신의 고상하고 정확한 작문을 만들려고 열망하게 만드는 것이다.

345 역주 여기에서 '이 길을 열다'는 '중국어를 기르치다'라는 의미이다.

제7장 서 면 어

문체의 등급과 더 높은 단계

우리는 미개하고 세련되지 않은 상태로부터 점차적으로 세련된 습관을 형성한다는 기록을 보았고, 중국 역사를 신뢰하는 사람들의 문체의 우아함과 언어의 고상함이 상스러운 발화를 대체하는 것과 같은 방식이 중국에서 발생했다는 생각을 알게 되었다. 이로부터 중국은 다른 나라보다 이런 면에서 운이 나쁜 것으로 보이지만, 그들의 제국이 시작된 이래로 훌륭한 장치로 기능한 상형 문자가 전해 내려왔으며, 그들은 '경經'이라고 불리는 몇몇 책을 보존해 왔다. 이들은 중국인들의 위대한 고대, 신비로운 원칙, 문체의 간결성을 설명하였는데, 너무도 탁월하여 후대 작자 아무도 이러한 고전의 장점에 다가갈 수조차 없었다. 그러나 중국인 아무도 부정하지 않는 이것은 실제로는 허용되는데, 문제는 중국이라는 나라 자체가 이러한 작품의 출처인지 아니면 여전히 먼 조상으로부터 나온 것인지에 있다. 나는 여기에서 이 문제를 고려하는 것을 멈추지는 않겠지만, 이에 대한 조사 경험과 솜씨를 가진 사람들에게 이를 남겨 두고자 한다.

다음 장은 세 장으로 나누어질 것이다. 첫 장은 문체의 여러 등급을 보일 것이다. 두 번째 장은 문체에 관한 여러 가지 규칙으로 구성될 것이다. 세 번째 장에서는 제시된 규칙이 선택된 예에 의해 설명될 것이다.

7.1 문체의 여러 등급

1. 먼저 고문古文이 있는데, 위엄과 강도에서 다른 것들을 훨씬 능가한다. 몇몇 문자는 가장 중요한 정서를 전달한다. 만약 우리가 중국어를 고려한다면 이보다 좀 더 짧고 간결한 것은 없다. 만약 우리가 의미를 고려한다면 이보다 좀 더 풍부하고 표현력 있는 것도 없다. 여전히 읽히는 간결하고 중요한 수많은 정서가 고서 여기저기에 산재해 있는데, 이 위엄 있는 문체의 탁월함에 다가가기 위해서는 보석을 다루듯이 신중하고 공들여서 수집해야만 한다.

2. 다음으로 경經이 있는데 역易, 시詩, 서書 세 가지를 알고 있다.

1) 《중용中庸》의 문체는 다소 화려하다. 2) 《대학大學》은 증자曾子가 그 텍스트를 설명하면서 주석을 달았다. 3) 《논어論語》는 분리된 문장과 수많은 불변화사로 구성되었다. 4) 《예기禮記》는 완전하지는 않지만 가장 뛰어난 문체의 표본을 제공하는 선택된 장과 구절로 구성되었다. 5) 《도덕경道德經》은 문체가 너무 고풍스러워 사마광司馬光은 왕에게까지 이 문체의 간결성을 좋아한다고 말하는 것을 주저하지 않았다.

五經不如老子之約也。
오경은 노자의 간결함에 미치지 못한다.
Praise excessive and not well merited.

《시경詩經》과 《서경書經》은 말할 것도 없으며, 훨씬 더 축약되고 더 강한 상징으로 표현된 《역경易經》에 담겨 있는 것은 무엇들인가?

6) 《초사楚辭》라고 불리는 시에서 우리는 이른 봄에 피는 꽃의 향기를 느끼며, 기분 좋은 시의 미 모두를 음미하게 된다. 7) 《산해경山海經》에서 중국 시인들은 시와 소설의 풍미를 샘처럼 분출시켰는데, 다만 이 작품에만 국한된 것은 아니므로 시는 중국 문학에서 설 자리를 잃게 되었다.

3. 세 번째 등급으로 우리는 다음과 같은 작자들을 두어야만 한다. 1) 장자莊子, 2) 열자列子, 3) 관윤자關尹子, 4) 순자荀子, 5) 맹자孟子, 6) 양자揚子, 7) 회남자淮南子, 8) 노자老子.

이들 모두를 유념해야만 하며 중국어를 고상하게 구사하고자 하는 사람들은 부지런히 공부해야만 한다. 나는 이들 작가와 맹자를 같이 분류하였는데, 왜냐하면 비록 근대인들이 이 작자들을 중시하여 공자와 《중용中庸》의 작자로 여겨지는 그의 손자[자사]와 거의 동등하게 여겼지만, 여기에서 참조는 오직 작문 양식에만 한정될 뿐이다. 비록 《맹자孟子》는 다소 장황한 경향이 있지만, 맹자의 이 책은 많은 면에서 뛰어나다. 그러나 《순자荀子》와 《양자揚子》가 그보다 뒤떨어진 것은 아니며, 내 견해로는 《장자莊子》와 《열자列子》는 심지어 더 좋은 장점을 지니고 있다. 이에 첨가하자면 1) 《좌전左傳》과 《국어國語》 —두 부분으로 구성된 《좌씨左氏》— 가 있는데, 그것의 문체에서 볼 수 있는 고대의 풍미가 높게 평가된다. 2) 장자와 좌씨처럼 사마천은 소위 독창적이고 뛰어난 다섯 명의 재자 중 한 명이라고 할 수 있다. 그는 불변화사를 적게 사용하였는데, 이는 역사의 엄숙함이 현란하고 화려한 문체의 사용을 배제시켰기 때문이다.

4. 이 등급에서 비록 이후 활약한 많은 작자가 고려되는데, 이들 다음에 오는 작자들을 분명히 능가하며 다음과 같다. 1) 한유는 당대에 활약하였다. 2) 구양수는 언어의 순수성 또는 사고의 정당성 중 어느 것을 좀 더 높게 평가해야 하는지를 결정하기 어려운 작가라고 할 수 있다. 3) 소동파. 4) 주희는 가장 순수하고 우아한 문체를 자유자재로 구사하였다. 많은 작자가 강희황제의 명령으로 《고문연감古文淵鑑》이라고 불리는 것으로 적절하게 더해졌다. 5) 주석자 중 일부가 간결하고 우아한 작가로 간주되었다. 6) 시인 중 가장 유명한 이로는 두공부와 이태백이 있다.

나는 비참하고 힘든 삶을 보내는 데 익숙한 중국학자들이 호소하는 수사 작법인 '세문'에 관해서는 아무것도 말할 것이 없는데, 송대 재상이었던 왕안석은 이 장황한 글을 과거 시험에 지정했기 때문이다.[346] 아무것도 덜어질 수 없다. 그것들은 부드러운 소리가 귀를 살포시 스치는 미풍과도 같지만 어떠한 장점도 없는데, 왜냐하면 이러한 세문은 듣기에는 좋은 반면, 마음에는 어떠한 자양분도 없기 때문이

346 역주 이 부분의 설명은 다소 잘못되어 보인다. 여기에서 말하는 '世文'은 '騈儷文'을 가리키는 것으로 보이는데, 王安石은 실제로는 古文을 쓸 것을 주장했기 때문이다.

다. 즉 이 언어는 풍경과 색채에 있어 풍부하지만, 의미는 비어 있다. 아름다운 가지가 물기를 머금도록 둔다면, 중국적인 풍미를 즉시 느낄 수 있다. 그러나 이들은 썩고 시든 꽃들에 생명과 정신을 더하는 진정한 철학과 심오한 문학을 충분히 알 수는 없다.

7.2 문체의 일반적인 규칙

양자는 적절하고 우아하게 세 가지 순서 또는 부류를 구분하였다.

1. 정서가 그것을 표현하도록 설계된 언어보다 실제로는 더 큰 호소력을 가졌을 때는 "事勝辭則伉"(사실이 말을 앞서면 곧 솔직하고 정직해진다; the style is then rough and harsh).[347]

2. 문체의 미사에 관한 주제에 너무 많은 관심을 기울이지 않을 때에는 "辭勝事則賦"(말이 사실을 앞서면 곧 '부'가 된다; the style is then poetic and too labored).

3. 정서의 중요성 또는 언어의 고상함, 아무것도 치우치지 않을 때는 "事辭稱則經"(사실과 말이 균형이 이루면 '경'이 된다; then the style is most approved and is worthy of a place among the King). 각각의 구는 5개로 구성되어 있지만 문자의 전체 개수는 8개라는 점에서 이들 세 구는 단일 책략으로 해석될 것이다.

347 역주 이 문장은《揚子法言 · 2》에서 인용한 것이다.

구양수도 다음과 같은 표현에서 같은 의미를 전달하였다.

言以載事，而文以飾言，事信言文。
말로써 일을 기록하고 문장으로 말을 수식하니, 일은 신뢰를 받고 말은 문장으로 된다.
The words convey some important meaning, to this add the graces of style; and the true sense is neatly and elegantly expressed.

則去經不遠。
경으로부터 멀지 않게 된다.
Then the style approaches near to that of the classics.

이들 네 개의 구와 네 개의 문자인 '事信言文'은 가장 높은 수준의 문체로 말해질 수 있는 모든 것을 포함하도록 만들어졌다. 따라서 중국어 작법의 문체를 확보하는 것보다 더 세심한 주의를 요구하는 것은 없다. 이는 마치 수분으로 가득 찬 줄기와 같아 다른 구성원들에게 결함 또는 왜곡이 출현하는 것을 방지하도록 대칭과 상호 균형을 갖추도록 하는 동시에 모든 것이 적절한 위치에 배치되고 적절한 관점에서 보이도록 만든다. 하나의 줄기와 같은 공동 유대와 적절하게 조절된 결속에 의해 유지되는 다른 부분에서 놀라운 변이를 볼 수 있으므로, 연속된 담화에서 모든 구와 심지어 문자들은 각각 다른 상호 지원과 지지를 할 수 있다. 따라서 같은 문자가 반복되거나 비슷한 문자와 같이 쓰이거나 적당한 버팀목과 같은 몇몇 불변화사는 몇몇 함몰되는 문장(sinking sentence)을 지탱하기 위해 자주 사용된다.

비록 몇몇 구는 다른 것보다 다소 길지만, 자유와 혼합이라고 불리는 운문에서 발견되는 프랑스 시와 같이 몇몇 상대적 비율은 그들 사이에서 유지되어야만 하는데, 왜냐하면 시인들은 더 긴 것들과 더 짧은 것들을 결합하는 것을 선호하기 때문이다. 지켜야만 하는 적절한 규칙을 모르는 한 복잡해질 수밖에 없으므로 그는 우스꽝스럽고 잘못 구성된 운문만을 제공할 수 있을 뿐이다. 이는 대부분 네 문자로 구성되는 중국어 구에 일반적으로 말해질 수 있다. 만약 구가 반드시 이런 부류여야 한다면, 단조로움은 충분히 불쾌하므로 약간의 다양성으로 중국어에 양념을 칠 필요가 있다. 따라서 5~7개 문자의 구가 여기저기에 배치되어야만 한다. 그러나 어떠한 종류의 하나라도 홀로 발생하거나 여러 종류의 다른 것들이 아무런 관련 없이 발견되는 일은 거의 없다는 사실을 유념할 필요가 있다. 따라서 다른 것들은 연속적으로 또는 대체적으로 아니면 다른 방식으로 형성되어야만 하는데 학생들은 연습을 통해 점차적으로 학습할 것이다.

더욱이 고상한 작가들은 서너 가지의 아이디어를 마음속으로 연속적으로 제시하도록 담화를 배치하는데, 마음을 즐겁게 하고 자신도 모르게 박수를 치도록 만들기 위해 그것들을 다른 관점에서 그리고 적당한 방식으로 두세 번 선보인다.

청중이 거의 동시에 호응을 했던 키케로의 유명한 연설이 있다.[348] 그가 존속 살인범의 처벌에 관해 말할 때, 당시 대중은 이와 같은 범죄자를 산 채로 가죽 부대에 넣어 깊은 구덩이에 던져 버리는 관습이 있었다.

이때 키케로는 '하나의 보기 드문 지혜'에 관해 말했는데, "심판관들이 천국의 빛, 태양, 물 그리고 땅[349]을 단번에 빼앗긴 이 사람을 사물

---

348 역주 이는 키케로가 부친 살해 혐의로 고발된 섹스투스 로스키우스를 위해 한 연설을 가리킨다. 당시 20대의 키케로는 변호 경험이 전무했지만, 로스키우스의 무죄를 입증하기 위하여 변호하였고, 로스키우스는 실제로 무죄를 선고받았다.

의 본성으로부터 격리되지 않도록 해야만 한다. 또 자신의 출생에 빚을 진 사람, 즉 부모를 죽인 이 살인범을 만물을 구성하는 모든 원소에서 완전히 떼어 놓아야만 하는가? 살아 있는 자에게 공기는, 죽은 자들에게 땅은, 파도에 휩쓸린 자에게 바다는, 난파된 자에게 바닷가는 누구나 누릴 수 있는 것이 아닙니까? 하지만 존속 살해범은 살아 있는 한 하늘로부터 공기를 호흡하지 못하며, 뼈를 땅에 묻지 못하며, 바닷물에 닿지 못한 채 파도에 밀려다니고, 마지막으로 죽은 뒤에라도 갯바위에조차 안식처를 갖지 못한다."

학생들이 중국어를 작문할 때 만약 그들이 그 언어를 말하는 이들의 박수를 받고자 한다면 그러한 본보기를 따라 그들의 언어와 생각을 배열하고자 할 것이다.

마지막으로 만약 성조에 익숙하지 않고 실제로 사용할 수 없는 이가 있다면 중국어로 작문을 할 생각을 하게 두지 마라. 그리스어와 로마어와 같이 중국어에서도 산문은 시에서 볼 수 있는 가늠과 억양이 엄격하게 준수되지 않는다.

데모스테네스와 키케로가 다른 연설가보다 훨씬 위대하다는 것은 생각의 풍부함이나 표현의 풍부함에서 온 것이 아니라 이것들에 숙련된 이를 잘 아는 것처럼 가늠된 억양의 세심한 준수 때문이다. 중국어는 음절의 양에 기인하는 그리스어나 로마보다 성조의 적절한 용법에 더 큰 중요성을 부과한다. 같은 수의 문자로 구성되는 많은 구가 같은 성조로 끝나지 않는다면 잇달아 발생할 수 있다. 그러나 만약 같은 성

349 역주 이를 한자로는 '地水火風'이라고 일컬을 수 있다.

조가 변함없이 같은 방식으로 들린다면, 그 언어는 불쾌감을 유발하면서 중국인에 의해 읽어지거나 들을 수 없다. 외국인들은 그것을 판단하는 데 잘못을 저질러 그 성조를 정확하게 사용하는 법을 배우는 것이 어렵다. 이미 언급한 것처럼 다섯 가지 성조에 관하여, 두 가지 순서, '평'과 '측'으로 축약할 수 있다. '평성'은 두 가지 성조를 가진다. '측성'은 세 가지를 가진다. 이런 관점에서 그들은 우리 언어의 음절과의 비교를 인정하고, 어떤 것은 길고 어떤 것은 짧다. 그 외 순수한 약강격(iambic)[350]을 만드는 데 자연스럽게 존재하는 커다란 어려움이 존재하는데, 즉 12개의 음절을 선택하는 데 있어, 짧은 6개는 홀수 번째의 자리를 차지하고 나머지 긴 6개는 짝수 번째의 자리를 차지하는데 예를 들면 다음과 같다.

Beatus ille qui procul negoms.

내가 말했듯이, 측성이 쓰인 한두 어미 뒤에는 하나 또는 둘이 평성에 의해 유도되어야만 하며, 평성 또는 측성이 반감을 만들지 않도록 문구 자체에서 그것들은 조화를 이루어야만 하는데, 이는 보기보다 훨씬 어렵다. 우리와 함께 단순한 소년들이 짧은 시간에 그리스어와 라틴어의 모든 설명의 시를 작문하는 법을 배우도록 하자. 그런 다음 선교사들이 정확하게 작문하는 법을 배우자마자 측성으로부터 평성을 구분할 수 없다는 것을 누가 진지하게 단언하겠는가?

---

350 역주 '약강격'은 시의 운율이 약한 (짧은) 음절 하나에 강한 (긴) 음절 하나가 따라 나오는 형태를 말한다.

예를 들어 많은 상세한 교훈을 제시하는 예를 함께하는 것은 쓸모없다. 그것들은 훨씬 더 명확하게 제시될 뿐만 아니라 예 자체에서 더 명확하게 이해될 것이다.

7.3 선택된 예에 의해 설명되는 선행 진술

다른 시기에 존재했던 문체의 다양성을 보이기 위하여 우리는 우선 쓰인 시기에 따라 문체가 변하는 하나 또는 두 개의 실례를 제시할 것이다. 다음으로 우리는 모든 다른 부류의 문체를 설명하기 위하여 다양한 예를 보여 줄 것이다.

7.3.1 같은 생각이 다양하게 표현됨

첫 번째 예.

惟天聰明。[351]
하늘은 총명하십니다.

이 예는 《서경書經》에서 취해진 것으로, 하늘만이 안다는 것을 4글자로 표현하였다.

1. 《양자법언揚子法言》에서도 같은 생각을 16개의 글자로 나타내었다.[352]

351 역주 이 예문은 《書經 · 說命中》에서 인용한 것이다.

惟天爲聽，惟天爲明。能高其目而下其耳。

오직 하늘만이 총하고 오직 하늘만이 명하다. 그 눈을 높게 하고 그 귀를 낮게 할 수 있다.

Heaven alone can hear, heaven alone can see; it can raise its eyes, it can lower its ears.

2. 사마광은 37개의 글자를 이용하여 같은 생각을 표현하였다.[353]

天則聽於無聲視於無形,

하늘은 소리가 없는 것을 듣고, 형체가 없는 것을 본다.

Heaven hears without a sound, and sees without a form. He thus proceeds to enlarge.

發於心者天必知之故無若天之聰明也,

마음에서 생겨난 것을 하늘은 반드시 알고 있으므로, 하늘보다 총명한 것은 없다.

A thought can not arise in the mind but heaven knows it; therefore nothing is so intelligent as heaven,

目高所以見遠，耳下所以聽卑。

눈을 높게 하여 멀리 보고, 귀를 낮게 하여 겸손하게 듣는다.

Its eyes are raised and it see a far; its ears are lowered and it hears the humble.

3. 《일경日經》에서는 《서경書經》에서 4글자로 표현한 것을 자그마치 76개의 문자를 사용하였다.

惟天高高在上,

오직 하늘만이 가장 높은 곳에 있고,

Heaven alone is above all height,

---

352 역주 이 예문은《揚子法言 · 問明》에서 인용한 것이다.

353 역주 이 예문은《法言義疏 · 九》에서 인용한 것이다.

至虛至公至神至靈,
가장 겸허하며, 공정하고, 신비롭고, 기민하다.
perfectly pure, just, spiritual, intelligent.

用聽[354]而聽無不聞, 不需視而明無不見,
듣지 않지만, 분명히 듣지 않는 것이 없으며, 볼 필요가 없지만, 분명히 보지 않는 것이 없다.
He listens not, and yet he hears all things; he is not careful to look, and yet he sees all things.

不惟政令之得失, 民生之休戚, 擧不能逃天之鑒。
정부 법령의 득실뿐만 아니라 민생의 즐거움과 괴로움은 모두 하늘의 감별을 벗어날 수 없다.
not only are those things connected with a good or bad administration of government, and which render nations happy or miserable exposed most clearly to the view of heaven.

即暗室屋漏之中, 不睹不聞之地。
그러나 암실과 옥루에서는 그것을 보거나 듣지 못한다.
But what we do in secret places and think cannot be seen or heard.

亦皆昭然察無遺焉。天之聰明如此。
모든 것들을 분명하게 고찰하여 남김이 없다. 하늘의 총명은 이와 같다.
All these things are clearly exposed to the view of heaven, nor can aught escape its notice, so far reaching is the intelligence of heaven.

두 번째 예.

爾惟風, 民惟草。[355]
그대가 바람이라면 백성은 풀과 같다.

---

354 역주 여기에서 '聽'은 '귀가 밝다', '분명히 듣다'라는 의미로 쓰였다.

355 역주 이 예문은 《書經 · 君陳》에서 인용한 것으로 원문은 "爾惟風, 下民惟草"이다.

You, O king are the wind, and the people are the herbs of the field.

이 예 역시 《서경書經》에서 인용한 것이다. 여기에서 우리는 발언 형식이 더 이상 간결하고 명확해질 수 없는 각각 세 글자로 된 두 구를 보게 된다.

1. 《논어論語》에서도 같은 생각을 제시하지만, 16개의 문자를 사용하였다.[356]

君子之德風, 小人之德草, 草上之風, 必偃。

군자의 덕은 바람과 같고, 소인의 덕은 풀과 같아 바람이 불면 풀은 반드시 눕는다.

The king's prerogative is ad the wind, the condition of the people as the herbage of the field. when the wind blows upon the herbs they are bend downward.

2. 유향은 같은 생각을 32개의 문자로 표현하였다.

夫上之化下猶風靡草。

무릇 윗사람이 아랫사람을 교화시키는 것은 마치 바람이 풀을 눕게 하는 것과 같다.

The superior moves the inferior as the wind bends the tender plants.

東風則草靡而西, 西風則草靡而東,

동풍이 불면 풀은 서쪽으로 쓸리기 마련이고, 서풍이 불면 풀은 동쪽으로 쓸리기 마련이다.

If the wind blows from the cast the plants turn to the west, if the wind is from the west, the plants are inclined to the east,

在風所由而草爲之靡。

356 역주 이 예문은 《論語 · 顔淵》에서 인용하였다.

바람이 어디에서 부는가에 따라 풀은 눕는다
It depends therefore on the wind to incline the herbs in this or in that direction.

이러한 비유적인 언어에 포함된 생각을 온전히 표현하기에는 문체가 너무 장황하다. 언급한 바와 같이 이 세계는 왕국의 방식을 따라 구성되었다. 만약 왕이 공정하다면, 백성도 도덕적이다. 만약 왕이 사악하다면 백성도 그의 악을 저지르길 시작한다. 비록 《맹자孟子》의 시작은 그리 나쁘지는 않지만, 다소 부족한 면이 있다.

牛山之木嘗美矣, 以其郊於大國也。[357]
우산의 나무가 일찍이 아름다웠는데, 그것이 큰 나라의 근교에 있다.
The woods of mount *Niu* were, dense and pleasant, as was natural, for they lay in the vicinity of a great kingdom.

이들 두 구는 같은 수의 문자로 구성되나, 나머지는 다르게 진행된다.

斧斤伐之可以爲美乎?
도끼와 자귀로 베어 내니, 어떻게 아름답게 될 수 있겠는가?
But when they are once felled, what beauty remains to the mountain?

그는 이어서 다음과 같이 말했다.

是其日夜之所息雨露之所潤非無萌蘖之生焉,
낮과 밤에 자라나는 것과 비와 이슬이 적셔 주어 싹이 자라지 않는 것은 아니지만,
Yet in the calm silence of night, the shrubs unseen revive, and the tender root nourished by the dew and the showers again puts forth new shoots,

357 역주 이 예문은 《孟子 · 告子上》에서 인용한 것이다.

牛羊又從而牧之是以若彼濯濯也,

소와 양을 또 방목하므로 이 때문에 저와 같이 벌거벗게 된 것인데,

When, behold, herds of cattle and flocks of sheep being conducted thither, feed eagerly upon the shoots while yet in the bud, and the mountain remains bare,

人見其濯濯也以爲未嘗有材焉,

사람들은 그 벌거벗은 것만을 보고는 일찍이 재목이 있지 않았다고 생각하니,

They who then behold the baldness off the mountain can hardly believe that it was ever covered with a shady forest,

此豈山之性也哉?

이것이 어찌 산의 본래 성질이겠는가?

Could this have been the natural state of the mountain?

여기에서 옛 문장은 잠시 중단되는데, 같은 생각이 좀 더 강제적이고 교훈적인 방식으로 표현되었다. 그러나 《맹자孟子》는 평소대로 풍부한 단어와 함께, 장황하다 못해 유치하기까지 하지만, 마치 산에서 자라나는 나무와 같이 미덕이 샘솟는 곳으로부터 문자 그대로 사람들의 마음에 비유적으로 표현된 정서를 적용하였다. 그러나 이와 같은 자질의 사물들은 독자가 고려하도록 놔두는 편이 오히려 낫다. 《맹자孟子》를 주로 읽어 이 책만을 찬양하는 중국학자들은 불변화사의 모든 용법을 《맹자孟子》의 구절로부터 인용한 것으로 보인다. '矣'로 시작하면서 그들은 '也', '乎', '焉'을 사용하며, '也哉'로 끝맺는다. 이것들에 '者'와 '之'를 더하면, 우리는 중국 학파에 대한 완전한 지식을 갖추게 된다.

7.3.2 여러 가지 문체의 예

1. 다음 예는《역경易經》에서 인용하였다.

> 益，損上益下，民說无疆。
> 익괘는 위의 것을 덜어서 아래의 것을 보태니, 백성이 한없이 기뻐한다.
>
> 自上下下，其道大光。
> 위에서 아래로 내려오니, 그 도가 크게 빛난다.
>
> 利有攸往，中正有慶。
> 갈 제가 있어 이롭다고 한 것은 중정의 자리에 있어 경사가 있다는 것이요,
>
> 利涉大川，木道乃行。
> 큰 냇물을 건너는 것이 이롭다고 한 것은 나무로 만드는 도가 바로 행하는 것이다.
>
> 益動而巽，日進无疆。
> 익괘는 움직이되 순하여 날마다 한없이 나아간다.
>
> 天施地生，其益无方。
> 하늘은 베풀고 땅은 낳으니, 그 유익함이 일정한 장소가 없다.
>
> 凡益之道，與時偕行。
> 대개 익괘의 도는 때와 함께 행해야만 한다.

여기에서 7개의 구는 [ang]으로 끝나 서로 운이 맞는다. 그 문자들은 여기에서 알 수 있듯이 평성이다. 다른 7개의 구는 홀수 라인에 포함되어 서로 운을 맞출 필요가 없는데, 5개는 측성이다. '川'과 '生'은 사실 평성이지만 '巽'과 '道'는 측성에 있으며, 예민한 귀를 불쾌하게 할 수 없다.

더욱이 이 구절은 적절히 조정된 4개의 문자로 각각 구성되었으며, 운은 쉽게 인식되며, 성조는 알맞게 배열되어 이 언어에 상당한 미를 부여하였는데, 그 의미는 다음과 같다.

> '益' 괘는 위의 것을 덜어서 아래의 것을 보태니, 백성이 한없이 기뻐한다.
> Symbol 益, The superior is sacrificed for the good of the inferior. The people rejoice exceedingly.
>
> 위에서 아래로 내려오니, 그 도가 크게 빛난다.
> He descends from on high and takes his place below. This sheds a glory over his whole life.
>
> 갈 제가 있어 이롭다고 한 것은 중정의 자리에 있어 경사가 있다는 것이요,
> It is well be should be proceed, pursuing the mean and direct course he well return with singular felicity.
>
> 큰 냇물을 건너는 것이 이롭다고 한 것은 나무로 만드는 도가 바로 행하는 것이다.
> It is well be should pass beyond the great torrent, for thus the law of the wooden tablet will extend to all.
>
> '益' 괘는 움직이되 순하여 날마다 한없이 나아간다.
> The symbol 益, magnanimous and obedient both stimulates itself to enterprise and subjects itself to authority. It has ever an upward tendency.
>
> 하늘은 베풀고 땅은 낳으니, 그 유익함이 일정한 장소가 없다.
> The heavens bestow, the earth brings forth. This utility know neither place nor bounds.
>
> 대개 '益' 괘의 도는 때와 함께 행해야만 한다.
> All things which the 益 embraces in its principles, proceed in order and in their time occur.

이 버전을 중국어 텍스트와 비교할 때 나는 라틴어 또는 중국어의

구사 능력이 부족하다는 것을 유감으로 생각하게 된다. 만약 나의 중국어 구사 능력이 적절했다면 앞에서 인용한 주제 —큰 냇물을 건너는 것의 의미, 괘의 규칙, 모든 것에 대한 올바른 길— 등을 기꺼이 고려할 수 있었을 것이다.

2. 《서경書經》으로부터 인용한 예.

嗚呼念哉。[358]
아아! 잘 생각하십시오.
Attend, alas! and consider with yourself.

聖謨洋洋。
성인의 교훈은 위대하고,
The sacred instructions urge you on every side.

嘉言孔彰。
훌륭한 말씀은 매우 밝습니다.
Those wise admonitions enlighten you.

惟上帝不常。
하늘은 늘 그대로만 계시지 않으십니다.
The supreme Lord, will not always be inclined in you favor. if you change, He will change.

作善降之百祥,
착한 일을 하면 그에게 온갖 복을 내리시고,
Those who do well rewarded by Him with all benefits.

作不善降之百殃。
착하지 않은 일을 하면 그에게 온갖 재앙을 내리십니다.
But upon sinners He inflicts every variety of punishment.

---

358 역주 《書經 · 伊訓》에는 "嗚呼! 嗣王祇厥身, 念哉"로 나와 있다.

爾惟德罔小，萬邦惟慶。

당신께서 덕을 행하시되 작은 일이라도 성의껏 행하시면, 온 나라가 기뻐할 것입니다.

In goodness you will find nothing small, for from a little goodness comes a world of felicity.

爾惟不德罔大，墜厥宗。

당신께서 덕에 어긋나는 일을 행하시되 큰일이라도 멋대로 행하신다면 나라를 망치게 될 것입니다.

In evil you will find nothing great, for this bring even your family to ruin.

평성의 문자들은 함께 운을 이루는데, 즉 그들은 같은 소리와 성조를 갖는다는 점을 유념할 필요가 있다. 둘 다 똑같은 것이 요구된다. 사실 성조가 같은 몇몇 경우에는 소리가 변하기도 한다. 예를 들면 문자 '宗'은 일반적으로 [tsung]으로 읽는다. 그러나 여기에서 그것은 [tsáng]으로 읽어야만 한다. 따라서 '慶'과 '行'은 [k'iáng]과 [háng]으로 읽어야만 한다. 이탈리아어로 "per non offender la ruina"라고 한다.

여기에서 여섯 구는 평성으로 끝나지만 그렇게 거슬리지는 않는데, 왜냐하면 '作善'과 '不作善' 뒤에 멈춤(休止)이 요구되기 때문이다. 그러나 그 의미가 중요하고 분명하게 표현되었을 때 그러한 과실(negligence)은 전혀 불쾌하지 않다.

3. 《서경書經》에서 인용한 예.[359]

人心惟危，道心惟微。

사람의 마음은 위태롭기만 하고, 도를 지키려는 마음은 매우 희미하오.

359 역주 이 예는《書經 · 大禹謨》에서 인용한 것이다.

Nothing is more to be feared than the heart of man, nothing is more refined than the heart of a virtuous person.

惟精惟一，允執厥中。

오직 정성을 다하고 오직 마음을 통일하여, 진실로 그 바르고 곧음을 지켜야 만 하오.[360]

無稽之言勿聽，弗詢之謀勿庸。

근거 없는 말은 듣지 말 것이며, 상의하지 않은 계책은 쓰지 말아야 하오.
Trust not in vain words, and take not hastly counsel.

可愛非君？可畏非民？

사랑스러운 것이 임금이 아니겠소? 두려워할 만한 것은 백성이 아니겠소?
Who should be dearer to the people than the king? Whom should the king fear more than his people?

衆非元后，何戴？

백성은 임금이 아니라면 누구를 떠받들겠소?
If the people do not reverence their king whom will they reverence?

后非衆，罔與守邦。

임금은 백성이 아니라면 나라를 지켜 줄 사람이 없을 것이오.
If the king does not regard his people how shall his kingdom stand?

欽哉！愼乃有位，敬修其可愿，

공경하오! 그대가 갖게 될 임금 자리를 신중히 지키고 백성들이 바라는 일을 공경히 닦으시오.
Consider these things, take heed to yourself and to your concerns, and your virtue will surpass the expectations of all.

四海困窮，天祿永終。

온 세상이 곤궁해지면 하늘이 내린 벼슬도 영영 끝장이 날 것이오.

---

360 역주 Premare(1847:235)에 이 구에 대한 영문 해석은 누락되어 있다.

> Have regard to all the destitute, and from heaven you shall receive an eternal kingdom.

다음과 사실을 유념할 필요가 있다. 1) 모든 문자가 서로 운을 이루고 있다. '邦'은 [pung]으로 읽어야만 하며, '聽'은 [tung]으로 읽어야만 한다. 2) 이 둘이 나타내는 것과 같은 방식을 유지할 필요가 있다. 3) 따라서 '民'은 내가 생각하기에 '君[kiun]'에 대응되어 [mun]으로 읽어야만 한다. 나머지 구는 운이 없지만, 평성과 측성이 결합한다.

내 생각에는 구 '后非衆'으로부터 문자 '與'는 제거되어야만 하는데, 왜냐하면 선행 구와 더 잘 어울리기 때문이다. 이런 식으로 만약 이 고전에서 어떠한 변화가 허용된다면 문자 '敬'은 구 '修敬'에서 제거되어야만 한다. 우리는 이런 부류의 운을 더해 문체(the style)에 높은 수준의 미를 부여한다. 따라서 베르길리우스Virgil[361]는 라틴어로 오르페우스Orpheus를 다음과 같이 말했다.

> *Quid faceret? Quo se rapta bis conjuge ferret?*
> *Quo flectu manes, qua nimina voce moveret?*

4. 《서경書經》의 예.[362]

> 德無常師, 主善爲師。
> 덕에는 일정한 스승이 없으니, 착함을 위주로 하는 것이 스승인 셈이다.
> Virtue acknowledges no master. An undivided and fixed purpose is its only authority.

361 역주 Publius Vergilius Maro(70 BC~19 BC)로 로마 시대 라틴 시의 대표 시인이라고 할 수 있다.

362 역주 이 예문은《書經 · 咸有一德》에서 인용한 것이다.

善無常主，協於克一。
착함에는 일정한 주인이 없으니 덕이 한결같이 올바른 사람이 지니게 되는 것이다.
Goodness renders no homage to any, but ever tends to bring all things in unison with itself.

다음과 같은 사실을 유념해라. '師', '主', '善', '常'의 재치 있는 반복은 말로는 표현할 수 없는 매력을 가진다. 문체의 그러한 미美는 고전에서 자주 발생한다.

5. 《서경書經》에서 발췌한 예.[363]

居上克明，爲下克忠。
윗자리에 있는 사람들은 총명하게 일했습니다. 밑자리에 있는 사람들은 충성을 다했습니다.
When the king is wise the subjects are faithful. Never urge others as though they were too slow.

與人不求備，檢身若不及。
사람들에게 모든 것을 다 갖추기를 바라지 않습니다. 자신을 챙기심에는 부족함이 있는 것과 같이하셨습니다.
Always exert yourself as though you could never do enough. In this observe how exactly the phrases correspond to each other.

6. 《서경書經》의 예.[364]

天作孽，猶可違。
하늘이 내리시는 재앙은 비켜 갈 수가 있으나,
The evils which come from heaven can be avoided,

---

363 역주 이 예문은 《書經 · 伊訓》에서 인용한 것이다.

364 역주 이 예문은 《書經 · 太甲》에서 인용한 것이다.

自作孽，不可逭。

스스로 만드는 재앙은 피할 수가 없는 것입니다.

butit is impossible to escape from those which a man inflicts upon himself. Thus every man is properly the author of his own misfortune.

이들 네 구는 각각 세 글자로 구성되며 매우 적절하게 들린다는 점에 유념해라.

7. 《서경書經》의 예.[365]

天難諶，命靡常。

하늘은 믿고 있을 수만은 없는 것이고, 하늘의 명은 일정하지만은 않은 것입니다.

Heaven cannot be trusted indefinitely; its favor is not perpetual.

常厥德，保厥位。

그러나 언제나 덕에 힘쓰면 임금 자리가 잘 보전될 것이고,

If virtue is constant, possessions will be permanent,

厥德匪常，九有以亡。[366]

언제나 덕에 힘쓰지 못하면 온 나라가 망하게 될 것입니다.

but if virtue be wanting you possessions will be lost.

세 글자 구 네 개 다음에 네 글자 구 둘이 온다. 그러나 그들이 어떻게 서로 대응되는지를 잘 살펴볼 필요가 있다. 정서는 너무나도 중요하며, 훌륭하게 표현되었을 때에는 불변화사가 굳이 필요 없다.

8. 《서경書經》의 예.[367]

---

365 역주 이 예문은《書經 · 咸有一德》에서 인용한 것이다.

366 역주 '九有'는 '九州', 즉 '온 나라'를 의미한다.

367 역주 이 예문은《書經 · 咸有一德》에서 인용한 것이다.

德惟一，動罔不吉。

덕이 오직 한결같이 올바르다면 움직여서 길하지 않을 수가 없고,

If your virtue is fixed and constant you will be happy in all you do,

德二三，動罔不凶。

덕이 이리저리 흔들리면 움직여서 흉하지 않을 수가 없습니다.

but if your mind be divided and wavering you will be miserable in all.

惟吉凶不僭在人，惟天降災祥在德。

어긋남 없는 길함과 흉함이 사람의 행동에 달려 있고, 덕에 따라 하늘은 재앙과 복을 내리십니다.

To do well or ill depends upon yourself; that heaven should assign reward or punishment depends upon your good or evil work.

다음과 같은 사실에 유념해라. 세 글자의 두 구는 네 글자의 둘과 기꺼이 대체된다. 일곱 글자의 두 구는 그렇게 배열되어 앞 다섯 글자 뒤에 각각 휴지가 있다.[368] 우리가 이렇게 중요한 주제를 다룰 때마다 우리는 조금도 개의치 않고 불변화사가 장식으로 이용되고 공통 주제에서의 문체를 끝마치는 이런 부류의 문체를 모방해야만 한다.

9. 《시경詩經》의 예.[369]

皇矣上帝，臨下有赫。

위대하신 상제님께서 위엄 있게 세상에 임하시어

The August and supreme Lord in great majesty approaches the earth,

監觀四方，求民之莫。[370]

세상을 살펴보시고, 백성들의 고통을 알아보셨다.

---

368 역주 이 말은 "惟吉凶不僭/在人，惟天降災祥/在德"과 같이 분석된다는 의미이다.

369 역주 이 예문은 《詩經 · 大雅 · 皇矣》에서 인용한 것이다.

370 역주 '莫'은 백성들의 아픔을 의미한다.

Contemplates the four quarters of the world and inquires who can render the nations happy.

《서경書經》에 똑같은 방식의 표현이 있는데, 상제가 한결같이 올바른 덕을 지닌 사람을 찾으면서 온 세상을 살펴보았다는 것이다.

皇天臨於萬方眷求一德。[371]
하늘은 온 세상을 둘러보시어 올바른 덕을 가진 사람을 두루 구하셨습니다.
The king of heaven descends to the earth and seeks to find a virtue.

다음과 같은 사실에 유념해라. 《서경書經》의 이 구절에서 보통 [moh]로 읽는 '莫'은 '赫'과 대응된다는 점에서 [meh]로 읽거나 [moh]에 대응되는 [hoh]로 읽어야만 한다. 문자 '皇'은 '위엄이 있다'(august)로 번역하였다.[372] 그것의 작법에 따르면 '自王'(스스로 왕이라 칭하다)은 하나의 표시이며, 이는 이 글자를 분석하는 것보다 더 나은 방식은 없다. 《시경詩經》에서의 표현 '四方'은 정확하게 《서경書經》의 '萬方'과 같다.

10. 《대학大學》에서 발췌한 예.

大學之道, 在明明德, 在親民, 在止於至善。
대인이 되는 배움의 길은 명덕을 밝힘에 있으며, 백성을 새롭게 함에 있으며, 지선에 머무르도록 함에 있다.
The legitimate end of the way of great learning is to establish man in the possession of the highest good. But this is accomplished by a two fold

371 역주 이 예문은 《書經 · 咸有一德》의 "皇天弗保, 監于萬方, 啓迪有命, 眷求一德"을 줄여서 인용한 것이다.

372 역주 '皇'은 '위대하다'라는 의미로 쓰였다.

means. The first is that he should have all the virtues combined in his own character, and in the next place that he should love his neighbor as himself.

여기에서 비록 번역이 문자 그대로는 아니지만, 그 뜻은 원문을 따랐다. 문자 '在'는 또한 각 절에서 반복된다. 두 개의 '明'에서 첫 번째 '明'은 동사이며 두 번째 '明'은 '德'에 대한 형용사이다. '明德'은 영혼(the soul)으로 이해되어야만 한다.[373] 그러나 첫 둘은 단지 수단이라는 것이 분명한데, 왜냐하면 작자가 문자 '止'를 세 번째 구에만 썼기 때문이다. 마지막 쉼표는 중간에는 없으며, 오직 끝에만 있을 수 있다.

11. 《논어論語》의 예.[374]

天何言哉, 四時行焉, 百物生焉, 天何言哉?

하늘이 무슨 말을 하더냐? 사계절이 여전히 운행되고, 온갖 사물들이 예전처럼 자라는데, 하늘이 무엇을 말하더냐?

Why must heaven speak? the four seasons fulfil their appointed round, and all things come in their season; why then must heaven speak?

표현 "天不言四時行萬物生"이 거의 같은 의미이며 구가 같은 길이임을 유념할 필요가 있다. 사실 두 문자 '萬物'은 다른 두 문자인 '四時'와 충분히 대응되며, '行' 역시 '生'과 적절하게 연결된다. 그러나 '天不言'은 문장을 너무 늘어지게 만들며, 뒤따르는 다른 두 구 역시 어떤 지원을 요구한다. 이는 다시 반복되어 문미에 놓인 구 '天何言哉'에는 해당되지 않는데, 왜냐하면 이는 원형성圓形性을 제공하여 문장을 마칠 뿐

---

373 역주 '名德'은 사람의 타고난 본래 성품을 의미한다.

374 역주 이 예문은 《論語 · 陽貨》에서 인용한 것이다.

만 아니라 또한 삽입구에 상당히 유리하게 작용하여, 불변화사 '焉'은 그것들을 지원하면서 꾸미기 때문이다. 몇몇 선교사들은 해시계에 새겨진 다음의 비문에서 이 구절을 아주 잘 모방했다.

> 愛哉時也, 來焉莫見, 見焉已往, 往焉莫追, 愛哉時也。
> 시간을 소중히 해라. 미래는 보이지 않는다. 현재는 이미 지나갔고, 과거를 쫓지 말아라. 얼마나 소중한 시간인가!
> How precious is time! The future is not seen; the present flies; the past never returns; how precious is time.

다음과 같은 사실에 유념해라. 불변화사를 제거하고 세 개의 중간구의 연결사를 없애라. 다음 구에서 '실재'를 의미하는 '現'으로 간주되는 '見'자의 기능을 일단 배제해라.[375] 마지막으로 끝에서 반복되는 명문銘文으로 시작된 구를 무시해라. 비록 몇몇 구의 결합에 의해 대칭이 유지되지만, 그 언어가 냉랭하고 생기가 없어 테르시테스와 아킬레우스의 원작과는 비교할 수 없을 정도이다. 이를 이해하는 외국인들은 소수일 뿐인데, 그들의 문체를 모방하도록 설계된 중국 책을 읽는 이가 적기 때문이다.

12. 《장자莊子》의 예.

> 某有妾二人。其一人美, 其一人惡。
> 어떤 사람이 첩이 둘 있었는데, 한 명은 아름답고 한 명은 추했다.
> A certain man had two wives; one of them was beautiful, the other was ill-favored.

375 역주 즉 '現' 대신에 일부러 '見'을 사용하였는데, 이러한 의도적인 작법을 배제하라는 의미이다.

惡者貴而美者賤，或問其故對曰:

그러나 추한 아내는 총애를 받았고, 아름다운 아내는 냉대를 당했다. 어떤 이가 그 이유를 물으니, 그 사람이 대답하길,

The ill-favored one he esteem highly, but the one who was beautiful he neglected. He was asked the reason of such conduct. He replied:

其美者自美，吾不知其美也。

"아름다운 아내는 스스로 아름답다고 여겨 교만합니다. 저는 그것을 아름답다고 여기지 않습니다.

The beautiful one is proud of her form, while I do not notice it.

其惡者自惡，吾不知其惡也。

못생긴 아내는 스스로 못생겼다고 생각하지만 저는 그것이 추하다고 여기지 않습니다."

The other knows she is not handsome, and is not insolent withal, and if she is not odious; the other is in her own view uncomely, but to me truly beauteous.

여기에서 세 가지 —일종의 덮개로 우화에 담긴 중요한 정서, 배열과 문자의 반복에서 볼 수 있는 독창성, 의미를 이해하는 데 있어 모든 어려움의 제거— 를 주목할 필요가 있다. 흔히 사용하지 않는 그렇게 많은 문자에 대한 지식을 획득한다는 것이 도대체 어떤 장점이 될 수 있겠는가? 적절한 방식으로 모두가 아는 문자를 사용한다면 당신의 문체는 개선될 필요가 없을 것이다.

13. 《양자법언揚子法言》의 예.[376]

天下有三門。

천하에는 세 가지 문이 있다.

---

376 역주 이 예문은《揚子法言 · 修身》에서 인용한 것이다.

In the world are three gates.

由於情慾，入自禽門。

정욕에 따르는 사람은 들어가는 것을 새의 문으로부터 하고,

Those who indulge their lusts enter by the gate of brutes,

由於禮義，入自人門。

예의를 따르는 사람은 들어가는 것을 사람의 문으로부터 하며,

those who love propriety and justice enter by the gate belonging to man,

由於獨智，入自聖門。

홀로의 지혜에 따르는 사람은 들어가는 것을 성인의 문으로부터 한다.

those who seek not to be known by the world enter by the gate of the truly wise and good.

다음과 같은 사실을 주목하라. 중국어를 조금밖에 모르는 외국인들이 이런 생각을 중국어로 표현하는 것은 매우 어려우며, 실제로도 훨씬 장황하다. 그러나 양자는 단어의 다소 유치하게 보이는 화려함을 제거하는 편이 낫다고 생각했다. 해시계에 새겨진 비문으로부터 불변화사를 제거하면 풍미가 사라진다. 그러나 《양자揚子》의 설교 투에 불변화사를 더한다면 문체는 어쭙잖게 현란해지고 너무 산만하게 보일 것이다. 이를 인지하기 위해서는 중국어를 능숙하게 구사해야만 한다.

14. 《순자荀子》의 예.[377]

如是百姓貴之如帝，

백성은 임금을 하느님처럼 존귀하게 여기고,

377 역주 이 예문은 《荀子 · 强國》에서 인용한 것이다.

The people therefore honor him even as Lord,

高之如天。

하늘처럼 높이 받들고,

they extol him to the very heavens,

親之如父母,

부모처럼 친근히 여기고,

they love him as a father and a mother,

喂之如神明。

귀신처럼 두려워한다.

they fear him as an intelligent spirit.

15. 《순자荀子》에서 발췌한 예.[378]

水火有气而無生,[379]

물과 불은 기운은 있으나 생명이 없고,

Fire and water have the essential,

草木有生而無知,

풀과 나무는 생명은 있으나 지각이 없고,

vegetables have life but no intelligence,

禽獸有知而無義,

새와 짐승은 지각은 있으나 의로움은 없다.

mere animals know, but have no sense of justice.

人有氣、有生、有知、亦且有義,

사람은 기운도 있고 생명도 있으며, 지각도 있고 의로움도 있으니,

---

378 역주 이 예문은 《荀子 · 王制》에서 인용한 것이다.

379 역주 Premare(1847:241)에 '气'로 나와 있다.

Man alone has the essential and vital principle, with ability to know and perception of right,

故最爲天下貴也。

그래서 천하에서 가장 존귀한 것이다.

man is therefore the noblest of created things.

16. 구양수의 예.

悅不以愛，故不待賞而勸，

사랑 때문에 기뻐하는 것은 아니므로 상을 기다리지 않고 권면할 뿐이며,

The people love the king, but not in order to secure his favor, they therefore do not wait for rewards to excite them to virtuous conduct,

畏不以威，故不待罷而貴，

위엄 때문에 두려워하는 것은 아니므로 파면은 필요치 않고 존중할 뿐이며,

they fear him, but not because he presents the dead appearance of majesty, and therefore they do not wait for punishment to deter them from the commission of crime,

政不網民，故不待約而信，

정치는 백성을 잡기 위한 것이 아니므로, 규약은 필요 없고 신뢰할 따름이며,

the laws are not toils set for the people, in all things therefore they confide in the king, nor are means wanting of establishing this confidence,

事不申令，故不待誥而從。

명령을 내리지 않고 부리므로, 통고는 필요 없고 복종할 뿐이다.

he does not repeat the same order, and thus they all obey, nor do they wait for the command of the king.

17. 구양수의 예.[380]

380 역주 《非非堂記》에서 인용한 예이다.

水之鑒物，動則不能有睹，其於靜也，毫髮可辨。

물은 사물을 비출 때, 움직이면 볼 수 없고, 고요하다면 털끝만 한 것도 분별할 수 있다.

Water is a mirror in which every thing is reflected, if it be agitated nothing can be seen in it. But when it is at rest, the finest hair may be discerned.

이 모습은 다음과 같이 우아하게 설명된다.

處身者不爲外物眩晃而動，則其心靜，

부귀와 명예의 유혹에 흔들리지 않는다면 그 마음은 고요하다.

When man is not troubled by outward circumstances his mind is quiet.

心靜則智識明，

그 마음이 고요해지면 지식이 밝아져서,

The tranquil mind sees all things in their proper light,

是是非非，無所施而不中。

옳은 것을 옳다고 하고 틀린 것을 틀리다 하니, 하는 일마다 맞지 않는 것이 없다.

right or wrong he decides upon nothing which he does not attain. It is then ingeniously added.

夫是是近於諂，非非近於訕，不幸而過，寧訕無諂。

무릇 옳은 것을 옳다고 하는 것은 아첨에 가깝고, 틀린 것을 틀리다 하는 것은 비방에 가깝다. 불행하게도 오판할 경우가 있는데 비방할지언정 아첨은 하지 말라.

He who approves seems to resemble the flatterer, but he who disapproves appears rather like a harsh accuser. But if we must err in either extreme it is better to be an accuser than a flatterer.

이 구절에서 주목할 부분이 몇 군데 있다. 문자 '之'는 단순히 '水'를 지지하기 위하여 사용되었다. '鑒'(거울)은 여기에서 동사로 사용되었으며 거울과 같이 표면을 비추는 것을 의미한다. 그것이 물이 고요해진 이후를 말하는 것처럼 문자 '動'은 홀로 마치 '其於動也'라고 말하는 것과 같다. 구양수는 일관성을 지나치게 유지하는 것보다는 문체에 다소 변화를 주는 편이 낫다고 생각했다. 그는 또한 앞선 '水之'와 같이 '身之' 대신에 '身者'를 사용하였는데, 왜냐하면 주격 '身'에 대한 동사가 바로 뒤에 오지 않기 때문이다. 이것이 여기에서 주어진 최선의 설명이다. 적어도 '身之'가 이곳에서 적절치 않음은 확실해 보인다. '是是'에서 첫 번째 '是'는 동사이며, 두 번째 '是'는 상황(옳은 것)이다. '非非' 역시 같은 상황이다. 첫 번째는 옳은 것을 확인하는 것이며, 두 번째는 틀린 것을 틀리다 하는 것이다. 문자를 다르게 배열하면 '是非非是'가 되며 의미는 '틀린 것을 옳다 하고, 옳은 것을 틀리다 하다'가 된다. 결론적으로 '夫是是'는 매우 적절하다. 마치 악과 그름을 아는 것보다 나은 것은 아무것도 없는 것처럼 그리고 무엇이 올바르고 맞는 것인지를 배우는 가장 좋은 방식인 것처럼 그것은 너무 작자의 마음에 들어 마치 그의 문집에서 '非非'를 제외하고는 다른 글귀는 없는 것 같이 보일 정도이다.

이게 관하여 덜 고상하지만, 오히려 더 선호되는 문체를 《순자荀子》에서 발견할 수 있다.[381]

> 是是非非謂之知, 非是是非謂之愚。
> 옳은 것을 옳다 하고 그른 것을 그르다 하는 것을 지혜라고 하며, 옳은 것을 그르다 하고 그른 것을 옳다고 하는 것을 어리석음이라고 한다.
> He is wise who knows how to call the good good and the bad bad, but he who takes evil for good and good for evil is a fool.

381 역주 이는 《荀子 · 修身》에서 인용한 것이다.

18. 소동파의 예.[382]

夷狄不可以中國之治治也,

이적은 중국을 다스리는 방식으로 다스려서는 안 된다.

Barbarians must be ruled like beasts, not like the men of the middle nation.

譬若禽獸然, 求其大治, 必至於大亂,

이적은 비유하면 금수와 같아서 크게 다스려지기를 바라면 반드시 크게 혼란함에 이른다.

Should any attempt to instruct them in the important laws of practical wisdom, it would only end in confusion and trouble.

先王知其然, 是故以不治治之,

선왕이 그러함을 아셨다. 이 때문에 다스리지 않음으로써 다스리셨으니,

The ancient kings were aware of this, and therefore ruled the barbarians be letting them alone.

治之以不治者, 乃所以深治之也。

다스리지 않음으로써 다스린 것은 바로 깊이 다스린 것이다.

Thus to rule them, by permitting them to have their own way, is the best possible method of ruling them at all.

비우는 것이 사실 가장 고상한 것이라는 점을 유념할 필요가 있다. 동사 또는 명사로서 '治'를 구분하는 것은 어렵지 않다. 따라서 '大治'와 '大亂'은 '至'와 '求' 두 동사의 상황(목적어)이 되며, 주격은 2인칭 대명사 또는 비한정적으로 어떠한 사람 둘 중 하나가 될 수 있다. 따라서 읽을 때 연속적인 같은 소리 '以不治治之, 治之以不治'가 유쾌하지 않다고 상상하지는 못한다. 그렇지 않으면 그것은 오히려 즐겁게 들린

382 역주 이 문장은 《王者不治夷狄論》에서 인용한 것이다.

다. 따라서 베르길리우스는 "*Omnia sub magna labentia flumina terra*"라고 했는데, 다섯 단어가 모두 [a]로 끝난다.

구양수는 다음과 같이 말했다.

> 不知致治之要。
> 선치를 이룰 요긴한 방법을 알지 못하다.
> He does not know what good government requires.

다음 장에서 많은 비슷한 예가 있다. 그동안 비록 이전 예의 문체가 깔끔하고 세련되지만, 그럼에도 불구하고 그것은 경의 고전 문체보다는 못하다는 것을 유념해야만 한다.

제8장 서 면 어

수사 표현

창공에 별들이 있고 들판에 꽃들이 있는 것과 같이 수사는 담화의 문체 안에 있다. 별들은 하늘을 비추고, 초원은 꽃들과 함께 미소 짓는 것처럼, 수사는 언어의 생명이라고 할 수 있다. 따라서 고상한 문체를 갈망하는 작자들은 그렇게 많은 별이 하늘을 어떻게 빛나게 하는지, 사랑스러운 각종 꽃이 신록의 초원을 어떻게 꾸미는지를 주목해야 하고, 수사에 따라 언어의 문체를 다양화해야만 하는데, 이들이 부족하여 경직되고 무미건조하게 나타나거나, 또는 너무 지나쳐 복잡하거나 넘치는 것으로 나타나게 해서는 안 된다. 또한 별이 모두 똑같지 않으며 꽃이 모두 같은 색과 향을 갖지는 않는 것처럼 모든 수사가 똑같은 고상함을 보이지는 않는다. 몇몇은 발화의 수사이며, 다른 몇몇은 생각의 수사이다. 몇몇은 듣기 좋기 위해 고안되었으며, 다른 몇몇은 마음을 즐겁게 하도록 설계되었다.

이번 장은 7장의 단락으로 구성되는데 다음과 같다. 1. 대조(antithesis), 2. 반복, 3. 점층법(climax), 4. 논박(confutation), 5. 묘사, 6.

문체가 변화되는 30가지 양식, 7. 비교의 몇몇 변이 순이다.

수사학자들에 의해 설명되는 모든 수사를 이 단락에서 다루지는 않는다. 오히려 우리는 그러한 수사를 고려하는 것이 상대적으로 덜 중요하다고 생각한다. 장담을 많이 하고 변변찮게 실행하기보다 장담을 덜하고 많이 실행하는 편이 낫다. 내가 설계하는 모든 것은 외국 선교사들로 하여금 중국어 문체의 올바른 지식을 습득하도록 이끄는 것이다. 만약 내가 이를 달성할 수 있다면 같은 주제를 다른 사람과 비교했을 때 내가 얼마나 열등한지는 중요하지 않다.

어떠한 설명도 제시하지 않는 것이 적절하다고 생각되는 몇몇 수사가 있는데, 왜냐하면 그것들은 매우 드물게 발생하기 때문이다. 따라서 《서경書經》에서 의인법 또는 의인화라고 불리는 수사적 표현에 의해 죽은 조상들이 하늘에서 '탕왕湯王'과 대화를 나누는 것으로 나타나며, 탕왕은 자기 자신을 하늘의 명이라고 언급하였다.[383] 〈반경盤庚〉이라고 불리는 장을 봐라. 언어가 사람들을 언급할 때 돈호법은 매우 일반적으로 사용되는 수사이다. 그러나 생명이 없는 대상을 언급할 때에 이는 매우 드물게 사용된다. 《시경詩經》에서 시내와 숲은 다음과 같이 언급된다.

> 오 숲이여, 그대는 얼마나 심원한가. 그러나 나는 실수를 저질렀네.
> 내가 가장 보고 싶은 것은 당신이 아니라 그이이네.

383 역주 《書經 · 湯誥》편을 보면 湯임금이 하늘에 대한 신앙이 두텁고, 하늘의 명에 따라 백성을 다스렸음을 알 수 있다. 《書經 · 盤庚》에 보면 盤庚이 이미 죽은 湯임금과 대화하는 장면이 나온다.

Oh, grove, how agreeable thou art, but I mistake, it is not thou but he whom thou recallest to my memory.[384]

이에 장자는 그가 잡은 물고기를 언급하고 길에서 발견한 해골을 심문하고 머리말에 두었다. 그러나 우리는 이러한 것들을 일일이 말하지는 않겠다.

8.1 대조

이 단락은 파트 2에서 이미 많이 설명되어 학생들이 쉽게 참조할 수 있으므로 간단할 것이다. 몇몇 특이한 표현과 흔한 부류의 몇몇 문자를 제외하고 낮은 등급의 문체뿐만 아니라 높은 등급의 문체에도 마찬가지이다. 대조의 훌륭한 예를 키케로의 말에서 볼 수 있다.

한편으로는 겸손하며, 다른 편으로는 무례하다.
On this side is modesty, on that impudence.

여기에는 순결이 있으며, 저기에는 색정이 있다.
Here is chastity, there incontinence.

여기에는 진실함이 있으며, 저기에는 거짓이 있다.
Here is integrity, there is fraud.

---

384 역주 영문 해석만 있을 뿐 원문은 누락되어 있으며, 정확하게 어느 것인지는 알 수 없다. 그나마 가장 가까운 것은《詩經 · 小雅 · 隰桑》의 "隰桑有阿, 其叶有難。既見君子, 其樂如何"이다.

여기에는 양심이 있으며, 저기에는 죄악이 있다.
Here is conscientiousness, there is crime.

여기에는 불변성이 있으며 저기에는 격렬함이 있다.
Here is constancy, there is rage.

여기에는 명예가 있고, 저기에는 천함이 있다.
Here is honor, there is baseness.

여기에는 극기가 있으며 저기에는 욕망이 있다.
Here is continence, there is lust.

이편에는 공정, 절제, 의연함, 신중 등 모든 미덕이 있으며, 반대로 부당함, 사치, 건방짐, 모든 악은 다른 편에 있다.
On this side in short equity, temperance, fortitude, prudence, all the virtues are opposed to injustice, luxury, presumption, all the vices on the other.

결국 풍부함은 빈곤과 대조되고, 좋은 원인은 나쁜 원인에 대조된다.
In fine, abundance is set against poverty, a good cause against a bad one.

건전한 마음은 광기에 대조되고, 성공의 가능한 희망은 철저한 자포자기에 대조된다.
A sound mind against madness, and finally, a fair hope of success against complete desperation.

이 인용문에서 표현된 것과 같은 조건 또는 환경의 그러한 상반된 점을 중국어에 제시한다면 모두 당신의 독창성과 설득력에 탄복할 것이다.

중국어의 이러한 수사는 서로 전혀 다른 사물들의 대조되는 표현에만 제한되는 것은 아니다. 여기에서 다루어지는 대조는 항상 정반대인 것은 아니다. 사실 많은 경우에 그것은 어떤 상호 관련과 대응에 좀 더 사용되는데, 예를 들면 '天'과 '地'는 대립이 아닌 서로 대조되는 것으로 가장 밀접한 상호 연결을 가진 것으로 볼 수 있다. 같은 방식으로 많은 다른 것들을 말할 수 있는데, 이 단락의 끝에서 간단한 목록이 제시될 것이다.

실제로 중국인이 문자와 문자를, 성조와 성조를, 구와 구를 맞추는 데 큰 주의를 기울이며 중국어 작법의 고상함에 관한 거의 모든 문제는 여기에 있는 것 같다. 그러나 이 외의 다른 모든 것처럼 그들은《역경易經》에서 상징적인 수사를 취하기도 한다. 적어도 이들 상징은 중국어 작법의 완전한 기교를 분명하게 보여 준다. 두 상징 ䷾과 ䷿을 예로 들어 보겠다. 보시다시피 하나가 다른 하나와 대조될 뿐만 아니라, 만약 그들이 두 개의 같은 부분으로 나눈다면, ☵(물)과 ☲(불)처럼 하나의 각 부분은 다른 것의 대응되는 부분을 가진다. 심지어 각각의 부분이 구성하는 세 가지 줄 각각은 다른 부분에서 그것의 대응되는 선을 가진다.

좀 더 고상한 중국어 작자는 그들의 구, 문자, 성조를 이런 식으로 배열하는 것에 익숙하여 그 언어 전체에서 부족하거나 알맞지 않은 것은 없는데, 그것은 마치 몸의 한 부분이 나머지로부터 분리되는 것과 같이, 우아하면서도 정확하게 눈은 눈에 대응되고, 손은 손에 대응되며, 발은 발에 대응된다. 어쨌든 다양한 변화에도 항상 주목해야만 하며, 단어의 배열에 너무 많은 주의를 기울이지 않도록 주의하여 중국어의 특이성 또는 강도를 어느 정도 완화해야만 한다.

여기에서 제시하는 몇몇 예는 그렇게 실용적이지는 않다. 그러나 중국어 책을 숙독하고 검토하는 데에는 좀 더 주의를 기울여야만 한다. 하나의 주제가 말에 의한 설명을 허용하지 않을 때마다 예에 의존해야만 한다. 하지만 가르침(precept)의 전체 범위와 호소력을 그들 없이 볼 때마다 이것들은 소용이 없다. 따라서 앞에서 약속했었던 문자의 목록이 제시되었다.

• 대조 의미의 문자

始 시작 Beginning	終 끝 End	鳥 새 Birds	獸 짐승 Beasts
首 머리 Head	尾 꼬리 Tail	牝 암 Female	牡 수 Male
理 이치 Principle	气 또는 氣 기 matter	雌 암컷 Female of Birds	雄 수컷 Male of Birds
神 혼 Spirit	形 모양 Form	男 남 A male	女 여 A woman
天 하늘 Heaven	地 땅 Earth	彼 저것 That	此 이것 This
晝 낮 Day	夜 밤 Night	父 아비 Father	子 아들 Son
朝 아침 Morning	暮 저녁 Evening	君 임금 King	臣 신하 Minister
有 유 Being	無 무 Nothing	夫 지아비 Husband	婦 지어미 Wife

日 해 Sun	月 달 Moon	兄 형 Elder brother	弟 아우 Younger brother
星 별 Planet	辰 별 Stars	主 주인 Master	僕 시종 Servant
南 남녘 South	北 북녘 North	友 벗 Friend	仇 적 Enemy
東 동녘 East	西 서녘 West	師 스승 Master	弟 제자 Disciple
經 경 N. and S.	緯 위 E. and W.	姊 언니 Elder sister	妹 누이 Younger sister
山 산 A mountain	谷 계곡 A valley	左 왼쪽 Left	右 오른쪽 Right
水 물 Water	火 불 Fire	覺 깨다 Awake	寐 자다 To sleep
草 풀 Herbs	木 나무 Tree	好 좋아함 To love	惡 싫어함 To hate
吉 길 Good	凶 흉 Evil	難 어려움 Difficult	易 쉬움 Easy

禍 화 Misery	福 복 Happiness	明 명 Light	暗 암 Dark
善 선 Virtue	惡 악 Vice	淸 맑음 Clear	濁 흐림 Turbid
祥 상서로움 Good omen	殃 재앙 Evil omen	明 밝음 Bright	昏 어두움 Obscure
死 죽음 Death	生 삶 Life	强 강함 Strong	弱 약함 Feeble
存 존 To preserve	亡 망 To lose	厚 두텁다 Thick	薄 얇다 Thin
黑 흑 Black	白 백 White	大 대 Great	小 소 Small
貧 가난하다 Poor	富 부귀하다 Rich	細 가늘다 Fine	粗 굵다 Coarse
貴 귀하다 Honorable	賤 천하다 Mean	深 깊다 Deep	淺 얕다 Shallow
美 아름답다 Beautiful	醜 추하다 Ugly	熱 덥다 Warm	冷 차갑다 Cold

愛	恨	飽	饑
사랑하다	미워하다	배부르다	굶주리다
To love	To hate	Satiated	Hungry
好	歹	鈍	利
좋은 것	나쁜 것	무디다	날카롭다
Good	Bad	Obtuse	Sharp
正	邪	虛	實
바름	사악한 일	허	실
Correct	Depraved	Void	Solid
直	曲	本	利
똑바름	굽음	본전	이자
Straight	Crooked	Stock	Gain
靈	蠢	花	實
영리하다	아둔하다	꽃	열매
Intelligent	Rude	Flowers	Fruit
聖	愚	鮮	塩[385]
성스럽다	어리석다	신선하다	절이다
Wise	Foolish	Fresh	Seasoned
新	古	妍	媸
새롭다	오래되다	아름답다	추하다
Modern	Ancient	Fair	Deformed
長	短	老	幼
길다	짧다	늙은이	젊은이
Long	Short	Old men	Youth

385 역주 '塩'은 '鹽'의 이체자이다.

永 영원히 Eternal	暫 잠시 Temporary	生 날것 Raw, green	熟 익은 것 Cooked, ripe
高 높다 High	低 낮다 Low	公 공공의 Public	私 사적인 Private
隘 좁다 Narrow	闊 넓다 Broad	滿 가득하다 Full	空 비다 Empty
稀 묽다 Thin	稠 진하다 Thick	來 오다 To come	去 가다 To depart
傲 오만하다 Proud	謙 겸손하다 Humble	賣 팔다 To sell	買 사다 To buy
猛 맹렬하다 Fierce	良 선량하다 Gentle	增 증가하다 To increase	減 감소하다 To diminish
野 야외 Wild	家 집안 Domestic	損 손해 To injure	益 이익 To profit
輕 가벼움 Light	重 무거움 Heavy	賞 상 Reward	罰 벌 Punishment
順 알맞다	逆 거스르다	飮 음료	食 식품

Favorable	Adverse	Drink	Food
剛 굳셈 Rigid	柔 부드러움 Mild	升 상승하다 To ascend	降 하강하다 To descend
方 모난 것 Square	圓 둥근 것 Round	取 취하다 To take	與 주다 To give
上 위 Up	下 아래 Down	拿 쥐다 To seize	放 놓아주다 To let go
內 안 Within	外 밖 Without	散 흩어지다 To disperse	收 모으다 To collect
近 가까움 Near	遠 멂 Distant	合 합하다 To unite	離 분리하다 To separate
先 앞 Before	後 뒤 After	刑 형벌을 내리다 To chastise	免 면하다 To spare
面 앞에서 Openly	背 뒤에서 Secretly	笑 웃다 To laugh	涕 울다 To weep
早 아침 Morning	晩 저녁 Evening	栽 심다 To plant	拔 뽑다 To root up

多 많다 Much	少 적다 Little	受 받다 To take	授 수여하다 To deliver
表 밖[386] Without	裡 안 Within	經 경전 Text	傳 주해(註解) Comments
是 옳다 It is	非 그르다 It is not	賣 팔다 To sell	送 보내다 To bestow
開 열다 To open	閉 닫다 To shut	呼 내쉬다 To exhale	吸 들이쉬다 To inhale
流 흐르다 To flow	止 멈추다 To stop	死 죽다 Dead	活 살다 Living
往 가다 To go	來 오다 To come	語 말하다 To speak	默 침묵하다 To be silent
出 나가다 To issue	入 들어가다 To enter	伸 펴다 To extend	屈 굽히다 To contract
消 감소하다 To decrease	長 증가하다 To increase	贏 이기다 To win	輸 지다 To lose

386 역주 '表'의 해석이 'Without'인 것은 다소 이상하다.

勝	敗	興	亡
이기다	패하다	흥하다	망하다
To conquer	defeated	To flourish	To perish

8.2 반복

이 수사는 구어와 고대·근대 작법에서 너무 빈번하게 발생하여 어느 범위까지 고려해야 하는지를 정하기가 힘들었다. 그러나 반복은 다른 수사와 관련되어 볼 수 있는데, 즉 점층법과 누진적인 문체에서 이들 두 주제는 분리되어 언급될 것이며, 여기에서 우리는 단어와 구의 반복과 말장난(才談) 단어의 반복을 주로 다룰 것이다.

8.2.1 문자의 반복

1. 같은 문자가 연속적으로 두 번 발생하며, 의미를 변화시키기보다는 원래 의미를 강화하고 증가시킨다.

明明在下，赫赫在上。[387]

밝고 밝은 것은 땅 위에 있고, 밝게 빛나는 것은 천상에 있다.

The most intelligent is below, the most terrible above.

387 역주 이 예문은《詩經·文王之什》에서 인용한 것이다. 원문에서 '赫赫'은 'the most terrible'이라고 번역하였지만, 여기에서는 밝게 빛나는 것, 즉 周나라의 천명이 하늘에서 밝게 빛난다는 뜻으로 보는 편이 낫다.

여기에서는 다른 예를 제시하지는 않겠다.

2. 같은 문자가 반복되나 첫 번째는 동사이고 두 번째는 동사의 상황이다.[388]

明明德。
타고난 밝은 덕을 밝힌다.
To illumine the illuminating power, i.e. to enlighten the mind.

8.2.2 구의 반복

1. 두 문자의 구가 강조를 위해 반복된다.

惜哉惜哉。
애석하고 애석하도다.
Most lamentable indeed.

苦事苦事。
괴롭고도 괴롭도다.
Sad, sad indeed.

幸甚幸甚。
행복하고 또 행복하다.
Most happy, most happy.

甚喜甚喜。
기쁘고도 기쁘도다.
I most ardently congratulate you.

388 역주 즉 첫 번째 '明'은 '밝히다'라는 동사로 쓰였고, 뒤의 '明'은 '德'을 수식하는 수식어로 쓰였다.

多荷多荷。

감사하고 감사하다.

Thank you, thank you.

如何如何?

어찌 되고 어찌 된 일인가?

How is it possible.

敬之敬之。

그것에 마음을 기울이고 기울이다.

Regard it, regard it.

思之思之。

그것을 고려하고 고려하다.

Consider, consider.

2. 두 문자 이상의 구가 반복된 예는 다음과 같다.

沽之哉, 沽之哉。[389]

그것을 팔아야지. 팔아야지.

Sell it, sell it.

天喪予, 天喪予。[390]

하늘이 나를 죽이려는구나. 하늘이 나를 죽이려는구나.

Heaven destroys me, heaven destroys me.

天厭之, 天厭之。[391]

하늘이 나를 버리리라. 하늘이 나를 버리리라.

Heaven hates it, heaven hates it.

389 역주 이 예문은《論語 · 子罕》에서 인용한 것이다.

390 역주 이 예문은《論語 · 先進》에서 인용한 것이다.

391 역주 이 예문은《論語 · 雍也》에서 인용한 것이다.

如其人，如其人?

그 사람과 같습니까? 같습니까?

Is there one like him?

人焉廋哉，人焉廋哉?[392]

그 사람됨이 어찌 숨겨질 수 있겠는가? 그 사람됨이 어찌 숨겨질 수 있겠는가?

Who can escape the notice of such an investigator.

吾去了矣，吾去了矣。

나는 떠난다. 나는 떠난다.

I go, farewell, I go, farewell.

斯人也而有斯疾也，斯人也而有斯疾也。[393]

이런 사람에게 이런 병이 있다니. 이런 사람에게 이런 병이 있다니.

Such a man has such a trouble.

得其所哉，得其所哉。[394]

제 살 곳을 찾았구나. 제 살 곳을 찾았구나.

He is in his own element, as e.g. a fish in the water.

3. 같은 구가 문두와 문미에서 발생한다.

賢哉回也。[395]

어질도다. 안회여!

How prudent was *Hwui!*

---

392 역주 이 예문은 《論語 · 爲政》에서 인용한 것이다. 여기에서 '廋'는 '匿'을 뜻한다.

393 역주 이 예문은 《論語 · 雍也》에서 인용한 것이다. Premare(1847:251)에는 "斯人也而有斯疾也"가 한 번만 나왔는데, 마땅히 한 번 더 나와야 하므로 수정하였다.

394 역주 이 예문은 《孟子 · 萬章上》에서 인용한 것이다.

395 역주 이 예문은 《論語 · 雍也》에서 인용한 것이다.

그의 현명함에 대한 몇몇 증거가 그다음에 주어지며, 문두에서 쓰였던 네 문자가 다시 반복되어 이 문장을 끝맺는다.[396]

子過矣。[397]
그대가 틀렸습니다.
Sir, you are in fault.

그는 이것이 사실임을 보였으며 다음과 같이 끝맺는다.

吾子過矣。
그대가 틀렸습니다.

君子有三樂而王天下不與存焉。[398]
군자에게는 세 가지 즐거움이 있는데, 천하의 왕 노릇을 하는 것은 여기에 들어 있지 않습니다.
There are three things capable of affording delight to the wise, but to possess the whole world is not reckoned in the number.

다음으로 세 가지 즐거움이 언급되고, 전체 문장이 다시 반복된다.

意, 甚矣哉, 其無愧而不知恥也甚矣。[399]
아, 심하도다. 그들이 부끄러움도 없고 수치를 알지 못하는 것이.
Alas! it is a fact; he has discovered the whole affair; it is indeed a fact.

4. 어떠한 견해라도 몇 가지 단계에 의해 세워지거나 반박당했을 때 보통 그 주제에 대한 일반적인 진술을 먼저 하게 된다. 즉 그러한 믿음

---

396 역주 즉 이 말 다음으로 "一簞食一瓢飮, 在陋巷人不堪其憂, 回也不改其樂。賢哉回也"가 온다는 것이다.

397 역주 이 예문은《孟子·告子下》에서 인용한 것이다.

398 역주 이 예문은《孟子·盡心上》에서 인용한 것이다.

399 역주 이 예문은《莊子·在宥》에서 인용한 것이다.

에 대한 여섯 가지 근거가 존재하는데 이들이 차례대로 제시된다. 다음으로 '결국'이 더해지는데 이것이 발언의 첫 번째 이유라고 할 수 있다. 만약 네 가지 또는 다섯 가지 근거를 진술한 후, '其一'이 바로 온다면, 마지막에 아무것도 더해지지 않는다. 문두에서 열거는 '其一', '其二', '其三' 등과 함께 이루어져야 한다. 그러나 그것들은 끝에서부터 번호를 매긴다면 '一也', '二也', '三也' 등을 사용해야만 한다.

8.2.3 말장난

이 분야에서는 《장자莊子》와 《논어論語》[400]가 다른 문헌보다 월등히 뛰어나다. 말장난이 미치는 영향의 방식과 설명을 단순히 보여 주기 위하여 몇몇 예를 제시하는 것만으로도 충분하다. 어쨌든 나는 그러한 표현을 찾는 것에 관하여 어떠한 충고도 하지 않을 것이다.

1.

方生方死, 方死方生。

막 생겨난 것이 바로 없어지고, 막 없어진 것이 바로 생겨난다.

Now living now dead, now dead and now living.

方可方不可, 方不可方可。[401]

막 가능했던 것이 바로 불가능하게 되고, 막 불가능했던 것이 바로 가능하게 된다.

Now possible, now impossible, now impossible, now possible.

《장자莊子》에서 자주 발견하는 이런 종류의 개입은 중요한 의미를

400 역주 Premare(1847:252)에서는 *Lung tsz*로 나오는데, 이는 *Lun yü*의 오역으로 보인다. 실제로 인용된 예문은 《論語》의 예가다.

401 역주 이 예문은 《莊子 · 齊物論》에서 인용한 것이다.

갖지 않는다고 생각해서는 안 된다. 이제 어떻게 장자가 사람을 정의 내리는지를 보도록 하자.

> 形之不形, 不形之形。[402]
>
> 형체에서 형체를 이루지 않은 것으로 가고, 형체를 이루지 않은 것에서 형체로 간다.
>
> The unformed of form, the form of the unformed; I.e. the spirit of a body and the body of a spirit.
>
> 다른 것이 없는 하나는 사람을 구성할 수 없다. 육체는 나의 혼백을 말하고, 혼백은 나의 육체를 말한다. 육체와 혼백, 혼백과 육체는 사람을 구성한다.[403]

2.

> 古曰言無言,[404] 言無言, 終身言, 未嘗言, 終身不言, 未嘗不言。
>
> 그러므로 이르기를 말을 하면서 말이 없다고 했다. 말을 하면서 말이 없으면 평생 말하더라도 실은 아무것도 말하지 않은 것이며, 평생 말하지 않더라도 일찍이 말을 하지 않은 것은 아니다.
>
> The ancient said, Use no words; he who speaks without speaking, speaks always without speaking at all; he never speaks but is always speaking.

두 가지 의미를 지니는 문자 '言'의 유희는 앵무새나 바보가 말하는 것과 같은데, 즉 빈 소리로 공기를 치는 것과 같다. 또는 현명하면서도 사려 깊은 사람이 말하는 것과 같은데, 즉 중요한 계율과 좋은 예로써 다른 사람들에게 알려 준다. 공자는 아무것도 말하고 싶지 않다고 했다.

---

402 역주 이 예문은《莊子 · 知北遊》에서 인용한 것으로 원문은 "不形之形, 形之不形"으로 순서가 바뀌어 있다.

403 역주 즉 '有形'은 육체이고, '無形'은 혼백이다.

404 역주 이 예문은《莊子 · 寓言》에서 인용한 것인데 Premare(1847:252)에는 '言'자가 빠져 있어 추가하였다.

吾欲無言。[405]

나는 말을 하지 않으려고 한다.

To do right and be silent.

3.

人皆尊其知之所知而莫知侍其知之所不知而後知。[406]

사람들은 모두 자신의 지혜로 아는 것을 존중하고 그 지혜로 알지 못하는 것을 믿은 뒤에야 지혜롭게 됨을 아는 이가 없다.

To have knowledge without knowledge it, and by diligent effort to know at length that which was not known, is commended by all men.

문자 '知'는 6번 반복되는데, 두 번은 '其知之'의 구에서처럼 명사로서 사용되었다. 나머지의 경우에 '知'는 동사이다.

4. 장자의 제자들은 그들의 스승이 죽은 후에 그를 땅에 매장하기를 원했다. 장자는 장례(burial)에 대한 걱정을 갖고 있지 않다고 말했다. 그러나 제자들은 새들이 장자를 쪼아 먹을 것이라고 말했다. 장자가 대답하기를 "만약 너희들이 내가 벌레의 먹이가 되기를 원한다면, 천국의 새들이 그들의 몫을 잃게 된다. 만약 새들이 나를 먹는다면 벌레들은 그들의 먹이를 먹지 않을 것이다"[407]

---

405 역주 이 예문은《論語・陽貨》에서 인용한 것으로 원문은 "予欲無言"이다.

406 역주 이 예문은《莊子・則陽》에서 인용한 것이다. 이 말은 자신이 아는 것만을 고집하기 때문에 막상 자신이 아는 것이 도라는 근본에 의지하고 있다는 사실을 알지 못한다는 의미이다.

407 역주 이 상황은 다음과 같다. 장자가 막 죽으려 할 때 제자들이 장례를 후하게 치르고자 했다. 장자가 말했다. "나는 하늘과 땅을 관곽으로 삼고, 해와 달을 한 쌍의 옥으로 삼고, 별들을 장식용 구슬로 삼고, 만물을 저승길 가는 선물로 삼을 것이다. 나의 장례용품이 어찌 갖추어지지 않았는가. 무엇을 여기다 더 보탤 것인가?" 제자들이 말했다. "저희는 까마귀나 솔개가 선생님의 시신을 파먹을까 두렵습니다." 장자가 말했다. "땅 위에 있으면 까마귀나 솔개가 먹을 것이요, 땅 아래에 있으면 땅강아지와 개미가 먹을 것인데, 저기서 빼앗아 여기에 주는 것

以不平平其平也不平，以不徵徵其徵也不徵。[408]

공평하지 않은 것을 억지로 공평하다고 하면 그 공평은 참다운 공평이 되지 못하고, 명백하지 않은 것을 억지로 명백하다고 하면 그런 명백함은 참다운 명백함이 되지 못한다.

Suppose he be not laid safely away and you do it for him, is he really safe, or is he not? Suppose he is not exposed to view, and you causes him to be exposed, is he really exposed or not?

5.

以指喩指之非指，不若以非指，喩指之非指也。

손가락을 가지고 손가락이 아님을 설명하는 것은 '손가락이 아닌 것'(道)을 가지고 손가락이 손가락 아님을 설명하는 것만 못하다.

You employ a finger to show that a finger is not a finger, rather take what is not a finger to prove that a finger is not a finger.

以馬喩馬之非馬，不若以非馬，喩馬之非馬也。

말을 가지고 말이 말 아님을 설명하는 것은 '말이 아닌 것'(道)을 가지고 말이 말 아님을 설명하는 것만 못하다.

You employ a horse to show that a horse is not a horse; use rather what is not a horse to show that a horse is not a horse.

天地一指也，萬物一馬也。[409]

천지도 하나의 손가락이고 만물도 하나의 말이다.

A finger represents the world, a horse the universe.

즉 우리가 무형의 본질을 알지 못하는 한, 사물을 진정하게 알 수 없다는 것이다.

이니, 어찌하여 그리 치우쳤단 말인가"(莊子將死弟子欲厚葬之，莊子曰吾以天地爲棺槨，以日月爲連璧星辰爲珠璣萬物爲齎送，吾葬具豈不備邪何以加此，弟子曰吾恐烏鳶之食夫子也莊子曰在上爲烏鳶食在下爲螻蟻食奪彼與此何其偏也).

408 역주 이 예문은《莊子 · 列御寇》에서 인용한 것이다.

409 역주 이 예문은《莊子 · 齊物論》에서 인용한 것이다.

6. 같은 작자인 장자는 공자를 다음과 같이 언급하였다.

夢飮酒者，旦而哭泣。

꿈속에서 술을 마시던 자가 아침이 되면 슬피 울고,

One dreams of drinking wine and waking up in the morning in tears,

夢哭泣者，旦而田獵。

반대로 꿈속에서 슬피 울던 자가 아침이 되면 사냥하러 나간다.

another dreams that he weeps, and in the morning proceeds to the hunt.

方其夢也，不知其夢也。

한창 꿈을 꿀 때는 그것이 꿈인지 모르고,

When they are dreaming they know not it is a dream,

夢之中又占其夢焉。

꿈속에서 그 꿈을 해몽하기도 하다가,

they even dream of telling their dreams,

覺而後知其夢也。

깨고 나서야 그것이 꿈이었음을 알게 된다.

nor until they wake do they know that it is all a dream.

且有大覺而後，知此其大夢也。

또한 큰 깨달음이 있고 난 뒤에야 이것이 큰 꿈이라는 사실을 알 터인데,

When we are once perfectly awake, then we perceive that it was all a dream,

而愚者自以爲覺竊竊然知之，君乎牧乎固哉。

어리석은 자들은 스스로 깨어 있다고 여겨 으스대며 아는 체하여, 군주이니 목동이니 하니, 고루하도다.

stupid indeed; the more they are absorbed in their dream, the more confidently do they suppose they are awake, and assert, this is a sage, this a herdsman; what is more vain?

丘也與女皆夢也。

공자도 그대도 모두 꿈을 꾸고 있는 것이다.
You and I both alike dream.

予謂女夢亦夢也。[410]
내가 그대에게 꿈에 대해 말하는 것도 역시 꿈이다.
When I say, you dream, even in this I am dreaming.

8.3 점층법

이 수사는 그리스어부터 이름을 가져온 것이다. 중국어로는 그것을 '연문'이라고 부른다.

Industry leads to virtue, virtue to praise, praise to envy.
근면은 미덕으로, 미덕은 찬양으로, 찬양은 선망으로 이끈다.

Torva leaena lupum sequitur, lopus ipse capellam,
사자는 늑대를 맹렬히 쫓고, 늑대는 바로 양을 쫓는다.

Florentem cytisam sequitur, laseiva puella.[411]
라일락은 무성함을 따르고, 소녀는 발랄함을 따른다.

중국어 작법 양식에서 이 수사를 적절히 사용하는 것보다 더 아름다운 것은 없다. 이에 제시된 예는 부지런히 배워야만 한다. 어쨌든 그것의 빈번한 사용은 오랫동안 불쾌감을 유발할 것이다. 대부분이 동의하는 것조차도 변이는 불가피하다. 이 수사는 일종의 반복을 포함한다.

410 역주 이 예문은 《莊子 · 齊物論》에서 인용한 것이다.
411 역주 이 예문은 베르길리우스의 시에서 인용한 것이다.

그러나 단어의 단순한 반복보다 우아함과 아름다움에 대한 그것의 우월함은 쉽게 인식된다.

점층법을 사용한 많은 예가 《도덕경道德經》에 나온다. 서양 숙어의 정확한 개념을 제시하는 데 오류를 범하기 쉬우므로 여기에서는 번역 없이 중요한 점 두 가지를 제시하고자 한다.

1.

道生一，一生二，二生三，三生萬物。[412]

도는 하나를 낳고, 하나는 둘을 낳고, 둘은 셋을 낳고, 셋은 만물을 낳는다.

2.

人法地，地法天，天法道，道法自然。[413]

사람은 땅을 본받고, 땅은 하늘을 본받고, 하늘은 도를 본받고, 도는 자연을 본받는다.

《중용中庸》의 예는 다음과 같다.

誠則形，形則著，著則明，明則動，動則變，變則化。[414]

진실하면 나타나게 되고, 나타나면 드러나게 되고, 드러나면 밝아지게 되고, 밝아지면 (타인을) 감동시키고, 감동하면 변하게 되고, 변하면 저절로 그러하게 된다.

---

412 역주 이 예문은 《道德經 · 42》에서 인용한 것이다. 본문에서 밝혔듯이 이 예문에 대한 영문 해석은 없다.

413 역주 이 예문은 《道德經 · 25》에서 인용한 것이다.

414 역주 이 예문은 《中庸 · 23》에서 인용한 것이다. 이 예문에 대한 영문 해석 역시 원문에 없다. 한편 James Legge는 "This sincerity becomes apparent. From being apparent, it becomes manifest. From being manifest, it becomes brilliant. Brilliant, it affects others. Affecting others, they are changed by it. Changed by it, they are transformed"와 같이 번역하였다.

이 단락에서 세 가지 점을 주목할 필요가 있다. 먼저 '則'의 우아한 반복이 있으며, 다음으로 연결 부분이 구의 수와 같은 연쇄가 있으며 마지막으로 선행 구의 마지막 문자를 반복함에 의한 문장의 연속적인 방식이 있다. 표현의 형식은 쉽게 모방될 수 있다.

《중용中庸》에서 다음과 같은 시작되는 단락이 있다.

> 天命之謂性，率性之謂道，修道之謂敎。[415]
>
> 하늘이 명하신 것을 본성이라고 하고, 본성을 따르는 것을 도라 하며, 도를 다듬는 것을 교육이라고 한다.

여기에서 우리는 같은 형식을 따라 구성된 세 가지 구를 볼 수 있다. 첫 번째 구에서 '性'은 두 번째 구에도 들어가고, 두 번째 절에서 '道'는 똑같이 세 번째 구에 들어간다. 좀 더 심도 있는 연구를 진행하지 않아 나는 이 훌륭한 텍스트를 잘 번역할 수 없었다. 이러한 점들은 중국어에 대한 이해라기보다는 책에 대한 이해에 속한다.

《중용中庸》에서 다음과 같이 서술하였다.

> 故爲政在人，取人以身，修身以道，修道以仁，仁者人也。[416]

415 역주 이 예문은 《中庸 · 1》에서 인용한 것이다. James Legge는 "What Heaven has conferred is called THE NATURE; an accordance with this nature is called THE PATH of duty; the regulation of this path is called INSTRUCTION"이라고 번역하였다.

416 역주 이 예문은《中庸 · 20》에서 인용한 것이다. James Legge는 "Therefore the administration of government lies in getting proper men. Such men are to be got by means of the ruler's own character. That character is to be cultivated by his treading in the ways of duty. And the treading those ways of duty is to be cultivated by the cherishing of benevolence"이라고 번역하였다.

> 그러므로 정치를 하는 것은 사람에게 달려 있으니, 사람을 취하는 것은 몸으로써 해야 하고, 몸을 닦는 것은 도로써 해야 하고, 도를 닦는 것은 인으로써 해야 한다. 인이라는 것은 사람의 도리이다.

우리가 이렇게 아름답고 기쁜 구의 연속을 만날 때마다 우리는 그것들에 특히 유념해야만 한다. 이전과 같은 이유로 나는 이 구절을 설명할 수 없다.

《대학大學》에는 다음과 같은 구절이 있다.

> 在止於至善, 知止知止而后有定, 定而后能靜, 靜而后能安, 安而后能慮, 慮而后能得。[417]
>
> 지극한 선에 머무르도록 함에 있다. 머물러야 할 곳을 안 뒤에 방향이 정해지고, 방향이 정해진 뒤에 마음이 고요해지며, 마음이 고요해진 뒤에 편안해지고, 편안해진 뒤에 생각이 정밀해지며, 생각이 정밀해진 뒤에 머무름을 얻을 수 있다.
>
> For when once the end is know, then it is known where to rest; then the mind is not fluctuating, but fixed. From that certainty arises a permanent rest, from rest tranquility, from tranquility, serious thoughts, and in fine those frequent and practical reflections lead in the direct way to obtaining the end proposed.

이 구절은 위에서 제시한 《중용中庸》의 구절과 비슷하다. 이로부터 진정한 지혜가 목표로 하는 최종 종착지가 '지어지선'에 있음을 보여준다.[418]

구양수는 《대학大學》의 다음 구절을 다음과 같이 모방하였다.

---

417 역주 이 예문은 《大學 · 1》에서 인용한 것이다.

418 역주 '止於至善'은 '明明德'과 '親民'의 방법으로 '至善'은 더 이상 좋을 수 없는 최선이라고 할 수 있다.

則知所以修身，知所以修身，則知所以治人，知所以治人，則知所以治天下國家矣。[419]

몸을 닦는 방법을 알게 되며, 몸을 닦는 방법을 알면 사람 다스리는 방법을 알게 되며, 사람 다스리는 방법을 알면 천하와 국가를 다스리는 방법을 알게 될 것이다.

夫世無師矣學者當師經。[420]

대저 세상에 옳은 스승이 없으니 학자들은 경서를 스승으로 삼아야 한다.

We have now no master to teach us, let those therefore who are eager for wisdom take *King* for their teacher.

師經必先求其意。

경서를 스승으로 삼을 때는 반드시 그 뜻을 찾아야 하니,

He who has these books for his teacher should make it his first object to have the sentiment well fixed in the mind,

意得則心定。

뜻을 알면 마음이 안정되고,

for when the sentiment is thus implanted the mind is established,

心定則道純。

마음이 안정되면 도가 순수해지고,

and when the mind is established the principles are correct,

道純則充於中者實。

도가 순수해지면 마음속이 충실하고,

and correctness of principles gives to our conclusions certainty and weight,

中充實則發爲文者輝光。

마음속이 충실하면 발휘하여 지은 글이 광휘롭게 된다.

---

419 역주 이 예문은《中庸・20》의 구절이다.

420 역주 이 예문은《答祖擇之書》에서 인용한 것이다.

but wen that internal verity is exhibited without, the eyes of the beholder are dazzled and ravished with the brightness.

여기에서 '文'은 외부의 우아함과 아름다움을 나타낸다.

8.4 교훈적인 질문

우리는 여기에서 좀 더 엄격하고 적절하게 의문이라고 불리는 것을 언급하지는 않을 것인데, 왜냐하면 6장에서 본 불변화사와 달리 이것의 빈번한 사용은 명백하기 때문이다. 어쨌든 이 단락에서는 중국 철학자들이 소크라테스와 플라톤에서 관찰되었던 토론과 같은 방식을 실행하였음을 보일 것인데, 즉 그들은 긍정적인 단언보다는 의문을 제기하여 교훈을 전달하는 것을 좀 더 선호한다. 처음에는 낯설고 심사숙고해야 하는 주제에 관한 몇몇 간단한 질문으로 시작하고 차츰 그들이 원하는 결론으로 이끌 수 있다. 전체 주제를 설명하기에 《맹자孟子》로부터 채택된 예로 충분하다.

有爲者神農之言者許行, 自楚之滕。[421]
신농씨의 학설을 연구하는 허행이 초나라에서 등나라로 왔다
A certain man named *Hu hing* saying that he was *Shin Nung* came from the kingdom *Tsu* to the kingdom *Tang*.

421 역주 Premare(1847:257)에는 '有爲者'로 나왔는데, 《孟子 · 滕文公上》에서는 '有爲神農'으로 나와 있다.

陳相見孟子，道許行之言曰。[422]

진상이 맹자를 만나 뵙고 허행의 말을 전하였다.

Chin Siang, one of the disciples of this teacher came to *Mang Tsz'* and said,

滕君，則誠賢君也。雖然，未聞道也。

"등나라 임금이 참으로 어진 임금입니다. 비록 그렇긴 하지만 아직 참 도리를 알지 못합니다.

The prince of this country was distinguished for his knowledge, yet he had never heard of the true wisdom.

賢者與民竝耕而食。[423]

어진 이는 백성과 함께 밭을 갈아서 먹거늘,

The king, as well as the people, plows the field and lives upon the fruits of his own labor,

今也滕有倉廩府庫，則是厲民而以自養也，[424] 惡得賢?

지금 등나라에 곡물을 쌓아 둔 창고와 재물을 모아 둔 부고가 있는데, 이는 백성을 해쳐서 자기 한 몸을 봉양하는 것이니, 어떻게 어질다고 할 수 있겠습니까?"

not so the king of this country, but he has full barns and lives upon the productions of his people; who then will pronounce him wise? Let us see how *Mang tsz'* proceeds to convince this man of error.

孟子曰，許子必種粟而後食乎?[425]

맹자께서 말씀하셨다. "허자는 반드시 스스로 곡식을 심어 경작한 뒤에 밥을 먹는가?"

Doubtless, said *Mang tsz'*, Master *Hiu* sowed with his own hands and harvested the grain which he eats; is it not so?

---

422 역주 이 예문은《孟子・滕文公上》에서 인용한 것이다.

423 역주 Premare(1847:257)에는 이 구절 뒤의 '饔飧而治'는 빠져 있다.

424 역주 Premare(1847:257)에는 '也'자가 빠져 있어《孟子・滕文公上》원문에 맞게 이를 추가하였다.

425 역주 Premare(1847:258)에는 이 구절 뒤의 "打開字典顯示更多訊息"이 빠져 있다.

然。

"그렇습니다."

It is even so.

曰，許子必織布而後衣乎？曰，否許子衣褐。

말하길, "허자는 반드시 스스로 베를 짜서 옷을 입는가?" 진상이 말하였다. "아닙니다. 허자는 갈옷만 입습니다."

Master *Hu* without doubt weaves the cloth with which he is clothed? By no means; my master does not weave his own cloth, but raises the wool.

曰，許子冠乎？

말하길, "허자는 머리에 관을 쓰는가?"

Does master *Hu* wear a cap?

曰，冠。

진상이 답하였다. "관을 씁니다."

Yes.

曰，奚冠?

맹자께서 물었다. "무슨 관을 쓰는가?"

What cap, pray?

曰，冠素。

진상이 대답하였다. "(흰) 생사로 짠 관을 씁니다."

A plain cap with out color.

曰，自織之與?

맹자께서 물었다. "스스로 짠 것인가?"

Did he make it himself?

曰，否。以粟易之。

진상이 대답하였다. "아닙니다. 곡식과 바꾼 것입니다."

By no means, but he gave grain in exchange for the cap.

曰，許子奚爲不自織?

맹자께서 물었다. "허자는 어찌하여 스스로 짜지 않는가?"
And why did he not make it himself?

曰, 害於耕。
진상이 대답하였다. "농사짓는 데 방해가 되기 때문입니다."
Because it would prevent farming.

曰, 許子以釜甑爨, 以鐵耕乎?
맹자께서 물었다. "허자는 솥이나 시루로 밥을 짓고, 또 쇠로 만든 농기구로 밭을 가는가?"
Master *Hu*, I believe, cooks his rice in an earthen pot, and in cultivating the field, makes use of the plow, harrow and other things of that sort?

曰, 然。
진상이 대답하였다. "그렇습니다."
True.

自爲之與?
"스스로 만든 것인가?"
Master *Hu* makes all these himself I suppose?

曰, 否。以粟易之。
진상이 대답하였다. "아닙니다. 곡식과 바꾼 것입니다."
By no means; he exchanges grain for them.

以粟易械器者, 不爲厲陶冶。陶冶亦以其械器易粟者, 豈爲厲農?[426]
"농부가 곡식으로 질그릇이나 농기구를 바꾸는 것은 질그릇과 농기구 만드는 사람에게 손해를 끼치는 것이라고 할 수 없으니, 그렇다면 질그릇과 농기구 만드는 사람이 질그릇과 농기구로 곡식을 바꾸는 것이 어찌 농부에게 손해를 끼치는 것이라 할 수 있겠는가?

426 역주 Premare(1847:258)에는 이 뒤의 '夫哉'가 빠져 있다.

But to procure them all for grain, is it not to enjoy the benefits resulting from the toil of the potter and the iron-smith? suppose that those who mold the clay and work the iron should desire to exchange their wares for rice, would they not become a source of trouble to the husbandman?

且許子何不爲陶冶。舍皆取其宮中而用之?[427] 何爲紛紛然與百工交易? 何許子之不憚煩?

그뿐 아니라 허자는 어찌하여 친히 가마 굽고 야금하여 질그릇과 농기구를 만들어 어떤 물건이라도 다 집에서 수시로 가져다 사용하지 않는가? 무엇 때문에 허자는 분주히 다른 여러 직공을 찾아다니면서 물건을 서로 바꾸는가? 무엇 때문에 허자는 이렇게도 번거롭게 꺼리지 않는가?"

Why then has not Master *Hu* learned the trade of the potter? Why does he not himself practice the working of iron? For thus he would find all these articles in his own house and would not trouble the various artists with his commodities. Or does it belong to him only not to see that he is thus troublesome and hateful to all?

百工之事, 故不可耕且爲之。[428]

"여러 직공의 일은 본래 농사를 지으면서 동시에 할 수 있는 것이 아닙니다."

But to practice so many arts and to be employed in agriculture at the same time, how is it possible?

맹자는 적절하고 비범한 사고로 논의를 다음과 같이 끝맺는다.

然則治天下獨可耕且爲與?

"그렇다면 나라를 다스리는 정치만은 유독 농사를 지으면서 동시에 할 수 있다는 것인가?"

Is then the adminstration of government alone properly joined with agriculture?

---

427 역주 Premare(1847:259)에는 '取' 다음의 '諸'자가 빠져 있다. 여기에서 '舍'는 '무슨'(甚麽)에 해당한다.

428 역주 《孟子 · 滕文公上》에서 "固不可耕且爲也"로 나와 있다.

지금까지 우리는 맹자 자신이 바라는 결론으로 이끌기 위해 그가 추구하는 방법을 보았다. 만약 아무도 동시에 도공과 농부가 될 수 없다면, 농부와 왕이 동시에 되는 것은 말할 필요도 없다.

이 단락을 읽을 때 몇몇 불변화사를 주목할 필요가 있으며, '曰'자가 질문과 대답에 똑같이 사용되었다는 점도 유념할 필요가 있다.

> 曰曰然乎，曰旣然之則然也。
> "그러합니까?"라고 묻자, "네, 그러합니다"라고 답하였다.
> You will say, Is it thus? Yes, you will say, if it is indeed so &c.

8.5 묘사

그리스어로는 'ecphrasis'이다.[429] 생생하고 고상한 문체로 사용되는 묘사에 의해 이 언어의 주제를 분명하고 실감 나게 그리는 것을 의미한다. 묘사에 있어서 중국 작가들, 심지어 근대 시기의 작가들조차도 유럽의 작가들보다 우위에 있다. 그럼에도 불구하고 거룩한 가르침의 풍부함과 모든 미덕의 성스러운 집합을 고려했을 때 적어도 바울의 고린도후서 6:1~10의 숭고함과 신성한 수사법에 다가간 것은 아무도 없다.[430]

---

429 역주 그리스어 'ecphrasis(ἔκφρασις)'는 고대 수사 용법으로 하나의 주제에 관하여 눈앞의 시각적인 생생함을 보이기 위한 묘사적인 발화라고 볼 수 있다.

430 역주 바울의 고린도후서 6:1~10의 구절은 다음과 같다. "1. As God's co-workers we urge you not to receive God's grace in vain. 2. For he says, "In the time of my favor I heard you,

중국 작가들이 '인仁'을 많이 언급했지만, 같은 미적인 묘사에 있어 사도 바울과 비교해서는 애송이라고 할 수 있다. 비록 수사법의 정점에 도달하지는 못했지만, 이 구절에서 사도의 언어 문체는 크게 찬양되고 칭송받았다. 단어와 구의 배열에서 그것은 분명히 중국어와 동일하다.

---

and in the day of salvation I helped you."[a] I tell you, now is the time of God's favor, now is the day of salvation. Paul's Hardships. 3. We put no stumbling block in anyone's path, so that our ministry will not be discredited. 4. Rather, as servants of God we commend ourselves in every way: in great endurance; in troubles, hardships and distresses; 5. in beatings, imprisonments and riots; in hard work, sleepless nights and hunger; 6. in purity, understanding, patience and kindness; in the Holy Spirit and in sincere love; 7. in truthful speech and in the power of God; with weapons of righteousness in the right hand and in the left; 8. through glory and dishonor, bad report and good report; genuine, yet regarded as impostors; 9. known, yet regarded as unknown; dying, and yet we live on; beaten, and yet not killed; 10. sorrowful, yet always rejoicing; poor, yet making many rich; having nothing, and yet possessing everything"(1. 우리가 하나님과 함께 일하는 일꾼으로서 여러분에게 권합니다. 하나님의 은혜를 헛되이 받지 마십시오. 2. 하나님은 "내가 은혜의 때에 네 말을 들었고 구원의 날에 너를 도와주었다"라고 말씀하셨습니다. 바로 지금이야말로 은혜를 받을 만한 때이며 구원의 날입니다. 3. 우리 직분이 비난을 받지 않기 위해서 우리는 누구에게도 장애물이 되지 않도록 노력하고 있습니다. 4. 오히려 우리는 모든 일에 하나님의 진실한 일꾼임을 보이려고 많은 고난과 어려움과 괴로움을 견디며, 5. 두들겨 맞고 갇히기도 하며 난폭한 사람들에게 에워싸이기도 하고 고된 일에 시달리며 잠도 못 자고 굶주려 왔습니다. 6. 그런 가운데서도 우리는 순결과 지식과 인내와 친절과 성령님의 감화와 거짓 없는 사랑과, 7. 진리의 말씀과 하나님의 능력으로 살아왔습니다. 그리고 언제나 정의를 무기로 삼고, 8. 영광을 얻든 수치를 당하든, 욕을 얻어먹든 칭찬을 받든 항상 하나님의 일꾼임을 보여 주었습니다. 우리가 사기꾼과 같은 취급을 받지만, 사실은 진실하며, 9. 알려지지 않은 것 같지만 모든 사람에게 알려졌습니다. 우리가 다 죽어 가는 사람 같지만 이렇게 살아 있으며 매를 많이 맞았으나 죽지 않았습니다. 10. 우리는 슬퍼하는 사람 같지만 항상 기뻐하고, 가난한 사람 같지만 많은 사람을 부유하게 하며 아무것도 없는 사람 같지만 모든 것을 소유한 사람들입니다).

8.5.1 《맹자孟子》의 예

居天下之廣居，立天下之正位，行天下之大道。

마땅히 세상에서 가장 넓은 저택인 인에 살고, 세상에서 가장 올바른 위치인 예에 서며, 세상에서 가장 큰길인 의로 가서,

得志與民由之，不得志獨行其道。

뜻을 얻었을 때는 천하의 백성과 함께 큰길을 따라 나아가고, 뜻을 얻지 못했을 때는 홀로 자신의 도를 행하는 것이다.

富貴不能淫，貧賤不能移，威武不能屈，此之謂大丈夫。[431]

부귀도 그의 마음을 어지럽힐 수 없고, 빈천도 그의 의지를 바꿀 수 없으며, 권위와 무력도 그의 절개를 굽힐 수 없으면, 이러한 사람을 대장부라 할 수 있다.

구의 배열에 관한 앞 단락의 진술이 이 구절에 적용될 수 있음을 한눈에 알 수 있다. 첫 세 구에서 맹자는 가장 중요한 세 가지 미덕을 언급했는데, '仁'을 '廣居'(넓은 저택)로, '禮'를 '正位'(올바른 위치)로, '義'를 '大道'(큰길)라고 칭하였다. 이후 맹자는 서로 의미가 특별하게 대응되는 두 구를 첨가하였는데, 만약 그가 사람들에게 혜택을 줄 수 있다면 그가 최선을 다하도록 두고, 그렇지 않다면 홀로 그것을 행하도록 둔다. 마지막으로 첫 세 구절에 대한 답으로 그가 '大丈夫'라고 부르는 사람은 여러 종류의 부, 즉 부유하거나 가난하거나 한결같으며 죽음조차도 그는 두려워하지 않는다.

---

431 역주 이 예문은《孟子 · 滕文公下》에서 인용하였다. 이 예문의 영문 해석은 없다.

8.5.2 《서경書經》의 예

寬而栗，柔而立，愿而恭，亂而敬，擾而毅，直而溫，簡而廉，剛而塞，彊而義。[432]

너그러우면서도 엄격한 것과 부드러우면서도 꿋꿋한 것, 성실하면서도 공손한 것과 잘 다스리면서도 공경스러운 것, 온순하면서도 굳센 것과 곧으면서도 온화한 것, 간략하면서도 세심한 것과 억세면서도 착실한 것, 강하면서도 의로운 것을 말합니다.

이 단락에서 우리는 독특한 간결함, 9개의 구 간의 완벽한 유사성 및 각각의 구로부터 고요皐陶가 편향된 것처럼 보이는 잘못으로부터 덕을 어떻게 분리하여 지칭하는지를 알 수 있다. 이에 고요는 현자의 특징을 우리에게 묘사하였다. 이런 덕은 다른 사람들에게 베풀어진다. 그는 홀로 그것들 모두를 완벽하게 지닌다.

8.5.3 《중용中庸》의 예

나는 이제는 다소 장황해 보이는 그러나 이전부터 준비해 둔 주목할 만한 단락을 여기에서 제시하고자 한다. 중국어 원문에 몇 가지 주를 제시하고, 각각은 쉬는 시간에 그리고 이 훌륭한 구절을 자신의 모국어로 옮기는 것만으로도 충분하다.

唯天下至聖，爲能聰明睿智，足以有臨也。

오직 천하의 지극한 성인이라야 능히 총명과 예지가 군림하기에 넉넉하며,

432 역주 이 예문의 영문 해석은 없다. 이 예문은《書經 · 虞書 · 皐陶謨》에서 인용한 것이다.

寬裕溫柔，足以有容也。

너그럽고 온유함으로 넉넉히 포용할 수 있고,

發强剛毅，足以有執也。

힘차고 굳셈으로 넉넉히 지켜 갈 수 있으며,

齊莊中正，足以有敬也。[433]

장중하고 치우침 없는 올바름으로 넉넉히 경건할 수 있고,

文理密察，足以有別也。

조리 있고 정밀함으로 넉넉히 분별할 수 있으니,

溥博淵泉，而時出之。

두루 미치고 넓으며 깊고도 근원이 있어 상황에 따라 발현된다.

溥博如天，淵泉如淵。

두루 미치고 넓음은 하늘 같고, 깊고도 근원이 있음은 못과 같으니,

見而民莫不敬，言而民莫不信，行而民莫不說。

나타나면 백성이 공경하지 않음이 없고, 말씀하면 백성이 믿지 않음이 없고, 시행하면 백성이 기뻐하지 않음이 없다.

是以聲名洋溢乎中國，施及蠻貊。

그러므로 명성이 중국에 넘치고, 오랑캐 땅에도 뻗어 미치니,

舟車所至，人力所通，天之所覆，

배와 수레가 이르는 곳과 사람의 힘이 쓰이는 곳과 하늘이 덮어 주는 곳과,

地之所載，日月所照，霜露所隊。[434]

---

433 역주 Premare(1847:261)에서는 "齊莊中正，足以有敬也"라는 문구가 빠져 있어 추가하였다.

434 역주 여기에서 '隊'는 '떨어지다'라는 의미로 쓰였다.

땅이 실어 주는 곳과 해와 달이 비치는 곳과 서리와 이슬이 내리는 곳의,

凡有血氣者莫不尊親。故曰配天。[435]

모든 혈기가 있는 자들은 존경하고 친하지 않음이 없으니, 그러므로 하늘과 짝을 이룬다고 한다.

여기에서 우리는 현자를 어떻게 네 가지 일반적인 특징으로 묘사하며, 어떻게 각각의 특성이 네 문자를 사용하여 적절한 색깔로 묘사되고 그 결과가 즉시 제시되었는지를 유념할 필요가 있다. 이는 '足以'가 네 번 반복되는 첫 번째 부분을 구성한다. 다음 부분에서 특유한 독창성으로 배열된 네 구가 있다. 세 번째 부분은 각각 세 글자로 구성되며, 두 개의 파트로 구성되었다. 네 번째 부분은 일반적인 명제는 연속적인 6개의 네 문자 구로 제시된다. 문자 '所'는 여섯 번 반복된다. 문체의 끝은 약간씩 다르며, 작자는 그가 말했던 모든 것을 두 문자 '配天'에 포함시켰는데, 이는 논고의 어려움을 스스로 가져온 셈이다. 그러나 우리는 그러한 논고가 생략의 여지가 부족하거나 또 다른 경우에 유보된다는 점을 다행이라고 여긴다. 비록 이 전체 구절을 높게 평가하지만, 그것은 너무 화려하게 보이는 경향이 있는데, 특히 네 번째 파트의 여섯 구절이 그러하다. 이 화려함은 다소 줄일 필요가 있다. 그러나 내가 중국어 작문을 처음 했을 때인 1709년도에는 나의 견해는 그러하지 않았다. 이에 나는 키케로에서 발견되는 스키피오의 꿈에 대한 계획을 묘사하였으며, 가장 아름다운 풍경 아래 머무는 그리스도의 교회와 미래 세계의 천상의 나라를 예시하는 이 작은 작품에 대하여

435 역주 이 예문은 《中庸 · 31》에서 인용한 것으로 영문 해석은 없다.

'夢美土記'라고 명명하였다. 이에 나는 청춘의 펜으로 이 땅을 묘사하였다.

潾潾其水，猗猗其花，芬芬其風。

물이 맑고, 꽃은 달콤하며, 바람은 향기롭다.

Oh, how limpid are its waters! how delightful its flowers! how sweetly smells the breath of its zephyrs!

其山菀菀，其林蓁蓁，其壑窈然而鮮蔭，

산은 무성하고, 숲은 우거졌으며, 골짜기는 어둡고 그늘졌다.

In it are pleasant mountains, dark groves, silent and shaded valleys,

沂湘之流也其濁且混矣。

기하 · 상강 역시 흐리고 탁하다.

would you mention the famous rivers *Kin* and *Siang*, you would say they were turbid and muddy.

洛陽之春也其臭且媸矣。

낙양의 봄 또한 역겹고 추할 따름이다.

Would you speak of the lovely spring that reigns in *Lo Yang*, you could not endure its miserable stench and ugliness.

無雲之凉也嗚呼，其漂洌之風矣。

무운의 쓸쓸함 역시 울려 퍼지며, 바람 역시 차갑게 분다.

Would you speak of the cool shade enjoyed in *Wu Yin*, you would declare that the wind was boisterous and rough.[436]

杞梓梧桐之林也云何其毗劉而不可休矣。

기 · 재 · 오 · 동의 숲 역시 인접하여 시드니, 그 아래서 쉴 수 없다.

The forests thickly set with the beautiful trees, *ki*, *tsz*, *wu* and *tung*, would appear to you dry and withered, nor could you repose beneath them.

---

436 역주 이 영문 해석은 순서가 다소 뒤바뀌어서 나오는데, 중문에 따라 맞게 수정하였다.

舞雲沂洛之景也皆有欠焉。

무운과 기락의 경치 또한 항상 모자란다.

The prospect afforded by the *Wu Yin* groves and the *Kin Lo* rivers leave always something to be desired.

蜀我美土也其如白玉始無玷焉耳矣。

촉, 나의 아름다운 땅은 백옥과 같아 티 하나 없는 것 같을 뿐이다.

My land alone most beautiful as the choicest onyx, shine immaculate.

8.5.4 구양수의 예

| 취옹정기醉翁亭記 |

環滁皆山也。其西南諸峯，林壑尤美，望之蔚然而深秀者，琅邪也。

저주를 두르고 있는 것은 모두 산이다. 그 서남쪽 여러 봉우리와 숲과 골짜기가 더욱 아름다워 바라봄에 울창하여 깊고 빼어난 것은 낭사산이요,

The district *Chu* is surrounded on all sides with mountains, but the peaks lying to the South-west, on account of the groves and vales, exhibit scenery more agreeable than the rest. Hence the name of the country is 琅邪*Lang Sie*, as it were so many leaning marbles.

山行六七裏，漸聞水聲潺潺而瀉出於兩峯之間者，釀泉也。

산길을 6, 7리쯤 감에 점점 졸졸 흐르는 잔잔한 물소리가 들리다가 두 봉우리 사이로 쏟아져 나오는 것은 양천이요,

The mountains open to the distance of six or seven li, while gradually tracing out the way, your ear is greeted with the sweet murmur of a rivulet, whose rippling water flows between the two mountains. The fount is called 釀泉*Jang tsiuen*, as though it yield delicious nectar.

峯迴路轉，有亭翼然臨於泉上者，醉翁亭也。

봉우리를 돌고 길을 돌아감에 정자가 샘가에 나는 듯이 임해 있는 것은 취옹

정이다.

The pat winds gradually around the mountain, when you meet with a bower square and open, placed over the fountain as a shade; it is called 醉翁亭 *Tsui Ung Ting.*

作亭者誰? 山之僧曰知僊也。名之者誰? 太守自謂也。

이 정자를 만든 사람은 누구인가? 산승인 지선이다. 이름을 지은 자는 누구인가? 태수가 스스로 이른 것이다.

Who was it that made the Bower? If we can believe the mountain priests, some one placed it here who lived among the genii of the hills. Who gave it such a name? Thus the governor of that city calls himself.

太守與客來飮於此, 飮少輒醉, 而年又最高, 故自號曰醉翁也。[437]

태수가 객과 더불어 이곳에 와서 술을 마실 적에 술을 조금만 마시면 문득 취하였고 나이가 또 가장 많았으므로 스스로 취옹이라고 호를 지었다.

For he comes thither regularly with his friends and there they drink with each other. After a few cups you would call him drunk, and since he is now advanced in age he styles himself the Old Drunkard.

醉翁之意不在酒, 在乎山水之間也。

취옹의 뜻은 술에 있지 않고 산수 간에 있으니

But not with reference to the use of wine does he take this appellation, but he alludes to the delights of the place with which he regales himself.

山水之樂, 得之心而寓之酒也。

산수의 즐거움을 마음에 얻어 술이라 붙인 것이다.

This is the wine —by which he says he is intoxicated.

若夫日出而林霏開, 雲歸而巖穴暝, 晦明變化者, 山間之朝暮也。

해가 뜨매 숲의 안개가 개고 구름이 돌아가매 바위 굴이 어두워져 어둠과 밝음이 변화하는 것과 같은 것은 산속의 아침과 저녁 풍경이요,

---

437 역주 이 부분은 Premare(1847:266)에는 "故曰自號曰醉翁也"로 나와 있다.

At the rising of the sun the forest drops with dew and exhales the sweet cloud. When he sets, the caverns and recesses of the rocks grow horrid with the shades, and the changes of nature, things decaying, and those springing into life, are enveloped in obscurity.

野芳發而幽香，佳木秀而繁陰，風霜高潔，水落而石出者，山間之四時也。

들꽃이 피매 그윽한 향기가 뿜어져 나오고 아름다운 나무가 빼어나매 무성한 그늘이 지고 풍상이 고결하고 수위가 낮아지매 강바닥의 돌이 드러나는 것은 산속의 사계절이다.

All parts send forth a grateful and invisible odor. The trees are dark with luxuriance, the gentle breezes blow, the pure showers descends; the rocks stripped of their green moss, are exposed to view; this is the view of the mountains during the four seasons of year.

朝而往，暮而歸，四時之景不同，而樂亦無窮也。

아침에 가고 저녁에 돌아오니 사계절의 풍경이 같지 않아 즐거움 또한 다함이 없다.

If you go thither at early dawn and return not till night, you will always behold new sights and your pleasure will know no bounds.

至於負者歌于塗，行者休於樹，前者呼，後者應，傴僂提攜，往來而不絕者，滁人遊也。

짐을 진 자는 길에서 노래하고 길을 가는 자는 나무 그늘에서 쉬며, 앞서 가는 자는 부르고 뒤따라오는 자는 호응하며 늙은이는 허리를 구부리고 어린아이의 손을 잡아끌고 오가며 끊이지 않는 것은 저주 사람들의 노닒이요,

Some carrying sickles beguile the way with a song; others recline under the branches of the trees. Those who lead call to their companions and those who follow answer. Old men stooping with age walk on with their canes. Travelers are constantly going and returning; such is the rural walk of the inhabitants of the city.

臨溪而漁，溪深而魚肥。釀泉爲酒，泉香而酒洌。

시냇가에 임하여 고기를 잡으매 시내가 깊어 물고기가 살찌며, 양천의 물로 술을 빚어 만드니 샘물이 맑아 술이 향긋하고,

When they come to the place they amuse themselves with fishing. The water is deep and the fishes fat and plump. The water of the fountain serves for wine. The fountain sweeter than balm sends forth its fragrance. The wine is pure and more transparent than glass.

山肴野蔌,[438] 雜然而前陳者，太守宴也。

산에서 채취한 안주와 들의 나물이 뒤섞여서 앞에 진설되는 것은 태수의 연회요,

The unbought dainties of the country and various herbs mingled together deck the rustic table, and thus a splendid entertainment is prepared for the governor.

宴酣之樂，非絲非竹，射者中，弈者勝，觥籌交錯，起坐而喧譁者，衆賓歡也。

연회가 무르익은 즐거움은 현악기도 아니고 관악기도 아닌지라, 활을 쏘는 자는 과녁을 맞히며 바둑을 두는 자는 이겨서, 술잔과 마신 술잔의 수를 세는 댓가지가 교착하면서, 일어났다 앉았다 하며 떠들썩한 것은 뭇 빈객들이 즐기는 것이요,

Such a scene is not in want of music. Some divert themselves with the arrow, others with games at chess. Then they live vie to see who shall drink the most, they mingle their wine and raise their voices loud. Such are the games of the merry company.

蒼顔白髮，頹然乎其間者，太守醉也。

노쇠한 안색과 하얗게 센 머리를 하고, 그 사이에 쓰러져 있는 것은 태수가 취한 것이요,

But he with wrinkled blow, and hoary locks, who with tottering step joyous passes through the crowd, is the governor of the city according to his custom, drunk.

已而夕陽在山，人影散亂，太守歸而賓客從也。[439]

얼마 안 있어 석양이 산에 걸리매 사람의 그림자가 어지러운 것은 태수가 돌아감에 빈객이 따르는 것이요,

---

438 역주 Premare(1847:266)에는 '山肴蔌冽'로 나와 있는데, 이를 원문에 맞게 수정하였다.

439 역주 이 부분은 Premare(1847:266)에는 "太守歸而賓客從之"로 나와 있다.

At the setting of the sun when their shadows vanish as they wander over the mountains, the governor returns to the city and his companions follow him.

樹林陰翳，鳴聲上下，遊人去而禽鳥樂也。

나무 그늘이 어둑해지매 새가 오르내리며 우는 것은 노닐던 사람이 떠나니 새들이 즐거워하는 것이다.

The wood with the spreading branches of the trees covers all the region far and wide, it resounds with the songs of the birds; the men depart and the feathered tribes rejoice.

然而禽鳥知山林之樂，而不知人之樂。

그러나 새들은 산림의 즐거움은 알지만, 사람의 즐거움은 알지 못하며,

The little birds know what pleasure they derive from the woods and mountains; but they know not the pleasure which they afford to men.

人知從太守遊而樂，而不知太守之樂其樂也。[440]

사람은 태수를 따라 노는 것은 알지만 태수가 그 즐거움을 즐거워함은 알지 못한다.

The men can appreciate a walk with the governr, and rejoice, but they are not aware that the governor rejoices because he sees them joyful and happy.

醉能同其樂，醒能述以文者，太守也。

취하여서는 그 즐거움을 함께하고 술이 깨어서는 그것을 기술하여 문장을 짓는 자는 태수이니,

He who knows how to rejoice with them and who thus commits the account to paper for preservation, this is the governor himself.

太守謂誰？ 盧陵歐陽修也。

태수는 누구인가? 여릉의 구양수이다.

But by what name is this governor called? He is called *Ngauyang Siu*, and he came from *Lu Lin*.

---

440 역주 이 부분은 Premare(1847:266)에는 "人知從太守遊而樂，不知太守之樂其樂"으로 나와 있다.

이 위대한 작가의 보석을 진흙과 같은 나의 번역으로 훼손했다는 사실을 나는 잘 안다. 그러나 나의 번역이 투박할수록 구양수를 더 많이 선택하게 되며, 그의 묘사가 좀 더 아름답게 보일 것이다. 그는 그 장소를 온갖 매력으로 사랑스럽게 보이도록 표현하였다. 그는 높은 수준의 전환을 제시함과 동시에 소박한 기법도 선보였다. 마지막에 이르러서야 그는 훌륭한 태수의 정서를 드러냈다. 그는 불변화사 '者'와 '也'를 거의 독점적으로 사용하였고 각각은 어떠한 혐오감도 만들지 않은 채 도처에서 빈번하게 반복되었는데, 이는 그가 묘사해 온 전체 주체를 개별 부분으로 제시했을 뿐만 아니라, 마음속에 비치는 영상이 너무도 화려하여 불변화사가 사용되는 것을 불필요하게 만들었기 때문이다. 그러나 구는 다양하며 단일한 방식으로 배열되어 나의 설명 없이도 읽을 수 있을 것이다.

8.6 문체의 30가지 종류

이러한 종류의 수사의 박진감과 아름다움은 어떤 문자를 단순히 반복하는 것에 있지 않으며 몇몇 종류의 문자를 축적하거나 모아 두는 데 있는데, 이것들에 의해 마음의 열정을 불러일으키게 된다. 이에 키케로는 "신의 섭리에 의해 죄를 강요당한 사람들이 분노의 횃불에 의해 겁에 질린다고 생각하지 마시오"라고 말했다. 그 자신의 기만, 격노, 죄악, 뻔뻔함은 각각의 마음에서 불안을 만든다. 이들은 사악함의 분노, 불꽃, 횃불들인데, 바울 복음서 고린도 후서(11:2~30)에 나와 있다.

중국어 문체는 이 단락 전체에서 내내 나타나는 것처럼 거의 같은 방식으로 형성된다. 문체 특유의 뛰어남으로 인해 학자들 사이에서 높은 평판을 얻은 3개의 문장이 있다. 첫 번째는《역경易經》중의〈계사繫辭〉이다. 두 번째는《주례周禮》에서 발견되는〈고공기考工記〉이다. 세 번째는《성리대전性理大全》의〈태극도설太極圖說〉이다. 이들은 여기에서 다루는 양식의 빈번한 방식으로 인해 높이 평가받는다.

8.6.1 '或'

故物或行或隨或呴或吹或强或羸或載或隳。[441]

고로 이 물상의 세계에는 앞서가는 것이 있으면 뒤따라오는 것도 있으며, 따스한 온기를 내뿜는 자가 있으면 거친 바람을 내쉬는 자도 있으며, 강한 것이 있으면 약한 것도 있으며, 편안한 것이 있으면 위험한 것도 있다.

한유는 두 곳에서 이 구절을 모방하였는데, 우리도 여기에서 똑같은 것을 할 수 있다.

或貴或賤或貧或富或進或退或行或止, 君子往往無不自得。[442]

혹은 귀하거나 혹은 천하거나 혹은 가난하거나 혹은 부귀하거나 혹은 앞서거나 혹은 물러서거나 혹은 행하거나 혹은 멈추거나, 군자는 왕왕 뜻하는 바를 얻지 못한다.

---

441 역주 이 예문은《道德經·29》에서 인용한 것으로 영문 해석은 없다. Premare(1847:267)에는 '隨'자 대신 '隋'자가 쓰였다.

442 역주《中庸·14》에 "君子無入而不自得焉"(군자는 어디에 가도 스스로 뜻을 얻지 못함이 없다)이라는 구절이 나온다.

8.6.2 '也'

《중용中庸》에서는 다음과 같이 말했다.

> 天地之道博也厚也高也，明也悠也久也。[443]
> 천지의 도는 넓고 두터우며, 높고 밝으며, 멀고 오래된 것이다.

또 다른 장에서는 천하와 국가를 다스리는 아홉 가지 원칙을 제시하였다.[444]

> 修身也，尊賢也，親親也，敬大臣也，體群臣也，子庶民也，來百工也，柔遠人也，懷諸侯也。
> 몸을 닦고, 현자를 높이며, 혈족을 친애하고, 대신을 공경하며, 여러 관리들을 내 몸처럼 살피고, 백성을 자식처럼 여기며, 뭇 기술자들이 모여들게 하고, 먼 곳에서 온 사람들을 온유하게 대하며, 제후들을 품어 주는 것이다.

이 형식은 일종의 일반적인 명제를 형성한다. 이후 다음과 같이 재개한다.

> 修身則道立。
> 몸을 닦으면 도가 확립된다.

결국 같은 것이 어떻게 이들 9개의 원칙이 규정되고 유지되는지를 보여 주기 위해 반복된다.

> 齋明盛服，非禮不動，所以修身也。
> 재계하고 깨끗이 하여 의복을 성대히 갖추어 입고, 예가 아니면 움직이지 않는 것이 몸을 닦는 방법이다.

---

443 역주 이 예문은《中庸 · 26》에서 인용한 것이다.

444 역주 이 예문은《中庸 · 20》에서 인용한 것이다.

다른 것들 역시 비슷한 구문이다. 전체 구절이 훌륭하다.

8.6.3 '者'

〈고공기考工記〉에는 다음과 같은 구절이 있다.

> 以脰鳴者，以注鳴者，以旁鳴者，以翼鳴者，以股鳴者，以胷鳴者[445]
>
> 목으로 우는 종류나 부리로 우는 종류, 옆구리로 우는 종류나 날개로 우는 종류, 넓적다리로 우는 종류

장자는 이 구절을 모방하였으며, 한유의 작품에서 다음과 같은 끊이지 않은 17개의 연속적인 구를 발견하였다.

> 一行者，牽者，奔者，涉者
>
> 한 명의 지나가는 사람, 끄는 사람, 달리는 사람, 건너는 사람

8.6.4 '之'

노자는 다음과 같이 말했다.

> 故道生之，德畜之，長之育之，成之熟之，養之覆之。[446]
>
> 고로 도는 만물을 낳고, 덕은 만물을 길러 준다. 기르고 보살피고, 이루고 성숙시키고, 돌보고 덮어 준다.

주어는 '道'이다. '之'는 '道'에 의해 만들어지고 존재하는 모든 것을

445 역주 이 예문은《周禮 · 冬官考工記 · 梓人》에서 인용한 것이다.

446 역주 이 예문은《道德經 · 51》에서 인용한 것이다. Premare(1847:268)에는 '德'자가 빠져 있다.

포함한다.

《예기禮記》에서는 다음과 같이 말했다.

> 不知手之舞之足之蹈之。
> 자신도 모르게 손으로 춤을 추고 발로 뛰게 된다.

'手之'와 '足之'는 '手'와 '足'과 같다. '舞'와 '蹈'는 동사이며, '之'는 그들의 명사(regime)를 뒤따른다.

〈설괘전說卦傳〉에서는 《역경易經》을 구성하는 상징을 통해 다음과 같이 말한다.

> 雷以動之, 風以散之, 雨以潤之, 日以烜之, 艮以止之, 兑以說之, 乾以君之, 坤以藏之。[447]
> 우레로 움직이고, 바람으로 흩어지며, 비로 습하게 하고, 해로 마르게 한다. 간으로 머물러 놓고, 태로 기쁘게 하며, 건으로 임금 노릇을 하게 하고, 곤으로 간직하게 한다.

이 구절을 보고 나는 다른 곳에서 이것 홀로 진정한 빛을 제공하기 때문에 기독교 교리가 마음을 충족시킨다는 생각을 표현했다.

> 陳實理以燭之。
> 그것을 밝히기 위해 참된 이치를 진술한다.
>
> 開眞道以導之。
> 그를 가르치기 위해 진정한 길을 열다.
> It points out the true way that man should pursuer.

447 역주 Premare(1827:268)에는 '雨以動之'로 나왔지만 《易經》 원문에서는 '雷以動之'로 나와 있어 이를 수정하였다.

許罪赦以慰之。

그를 위로하기 위해 죄를 용서할 것을 약속한다.

It promises pardon for encouragement.

施特恩以助之。

그를 돕기 위해 은혜를 베푼다.

It bestows grace to assist him.

闢天門以勉之。

그를 격려하기 위해 천문을 열다.

It reveals a paradise to excite his hopes.

穿穴宅以戒之。

그를 훈계하기 위해 집을 나가다.

It threatens punishment to deter him from sin.

《맹자孟子》도 《도덕경道德經》을 모방하였다.

勞之來之，匡之直之，輔之翼之。[448]

그들을 위로하고 감독하며, 그들을 가르치고 바로잡으며, 그들을 도와주고 북돋아 준다.

'之'가 속격을 지시하기 위해 사용되었을 때, 그것은 키케로의 다음과 같은 말처럼 여러 번 반복된다.

Historia testis temporum, lux veritatis, vita memoria, magistra virtutis, nuntia vetustatis.

---

448 역주 이 예문은 《孟子 · 滕文公上》에서 발췌한 것이다. '來'는 여기에서 '위로하다'의 의미이다.

8.6.5 '得之'

《장자莊子》는 진리를 전파하는 모든 이를 다음과 같이 열거했다.

伏羲得之，以襲氣母。

복희씨는 그것을 얻어 원기의 근원을 받았으며,

維斗得之，終古不忒。

북두성은 그것을 얻어 영원히 어그러짐이 없고,

日月得之，終古不息。

해와 달은 그것을 얻어 영원히 멈추지 않는다.

堪坏得之，以襲崑崙。

감배는 그것을 얻어 곤륜산으로 들어갔고,

馮夷得之，以遊大川。

풍이는 그것을 얻어 황하에서 노닐었으며,

肩吾得之，以處太山。

견오는 그것을 얻어 태산에 머물렀고,

黃帝得之，以登雲天。

황제는 그것을 얻어 구름 위의 하늘에 올랐다.

顓頊得之，以處玄宮。[449]

전욱은 그것을 얻어 현궁에 머물렀다.

449 역주 이 예문은《莊子 · 大宗師》에서 발췌한 것이다.

8.6.6 '謂之'

〈계사繫辭〉에서는 다음과 같이 말했다.

> 闔戶謂之坤, 闢戶謂之乾,
> 문호를 닫는 것을 곤이라 하고, 문호를 여는 것을 건이라 하고,
>
> 一闔一闢謂之變, 往來不窮謂之通。
> 닫기도 하고 열기도 하는 것을 변한다 하고, 가고 와서 다하지 않는 것을 통한다 하고,
>
> 見乃謂之象, 形乃謂之器。[450]
> 나타나는 것을 현상이라 하고 형성되는 것을 기구라고 한다.

모든 작자는 이런 형식의 문체를 모방하였다. '謂之'는 용법을 제외하고는 뒤에 오는 '之謂'와는 다르다.

8.6.7 '之謂'

> 生生之謂易, 成象之謂乾, 效法之謂坤, 陰陽不測之謂神。[451]
> 생하고 생하는 것을 '역易'이라 하고, 상이 이루어지는 것을 '건乾'이라 하고, 그 법칙을 본받는 것을 '곤坤'이라 하며, 음양을 헤아릴 수 없는 것을 '신神'이라고 한다.

한유는 이 구절을 다음과 같이 모방하였다.

450 역주 이 예문은《易經·繫辭傳》에서 발췌한 것이다.

451 역주 Premare(1847:270)에는 '形象'으로 나와 있지만,《周易·繫辭傳》에서는 '成象'으로 나와 원문을 따라 수정하였다. 이 구절에는 영문 해석이 없다.

臣聞體仁長人之謂元，發而中節之謂和，無所不通之謂聖，妙而無方之謂神，經緯天地之謂文，戡定禍亂之謂武。

신이 듣기로 사람의 우두머리가 인仁을 체행하는 것을 원元이라 하고, 발發하여 절도節度에 맞는 것을 화和라고 하고, 통하지 않는 바가 없는 것을 성聖이라고 하며, 신묘하고 방소方所(또는 일정한 한도)가 없으면 신神이라고 하고, 천지天地를 법도로 삼는 것을 문文이라고 하며, 화禍와 난亂을 이겨 평정하는 것을 무武라고 합니다.

8.6.8 '以'

以天爲宗，以德爲本，以道爲門。[452]

하늘을 본질로 삼고, 덕을 근본으로 삼고, 도를 문으로 삼는다.

장자의 제자들은 그의 죽음 뒤에 성대한 장례로 그를 기리고자 했다.

吾以天地爲棺，以日月爲連璧，星辰爲珠璣，萬物爲齎送。吾葬具豈不備邪，何以加此。[453]

나는 하늘과 땅을 관곽으로 삼고, 해와 달을 한 쌍의 옥으로 삼고, 하늘에 떠 있는 별들을 둥근 옥과 모난 옥으로 삼고, 만물을 저승길 가는 선물로 삼을 것이다. 그러니 내 장례에 필요한 도구는 완비되지 않았는가. 무엇을 여기다 더 보탤 것이 있겠는가.

나는 다른 곳에서 '以'자를 다음과 같이 사용하였다.

452 역주 이 예문은 《莊子 · 天下》에서 발췌한 것이다.

453 역주 이 예문은 《莊子 · 列禦寇》에서 인용한 것이다. Premare(1847:270)의 예문은 다소 다른데, "吾以天地爲棺, 以日月爲連璧, 以星辰爲珠璣, 以萬物爲齎送。 吾葬具豈不備耶, 何必如此"로 나와 있다.

以怨報德匪人也，以怨報怨野人也，以直報德俗人也，以德報德常人也，以直報怨儒人也，以德報怨大人也。

원한으로 덕을 갚는 이는 악인이고, 원한으로 원한을 갚는 이는 야인이고, 바름으로 덕을 갚는 이는 속인이며, 덕으로 덕을 갚는 이는 보통 사람이며, 바름으로 원한을 갚는 이는 선비이며, 덕으로써 원한을 갚는 이는 대인이다.

To render evil for good is the part of a knave, to render evil for evil is the part of an ignorant and rude person, to render nothing for evil belongs to a gentleman and a scholar, to render good for good is the part of an ordinary man, but to render good for evil, this belongs only to the perfect man.

8.6.9 '足以'

《역경易經 · 문언전文言傳》에서는 다음과 같은 놀라운 이야기를 했다.

體仁足以長人，嘉會足以合禮，利物足以和義，貞固足以幹事。

(군자는) 인을 체득하여 사람을 자라게 할 수 있고, 모임을 아름답게 하여 예를 합할 수 있고, 물건을 이롭게 하여 옳은 일에 조화될 수 있고, 곧고 견고하여 일을 주간할 수 있다.

8.6.10 '不以'

《좌전左傳》에서는 다음과 같이 말했다.[454]

不以國，不以官，不以山川，不以隱疾，不以畜牲，不以器幣。

국명을 이름으로 사용하지 않으며, 관명을 이름으로 사용하지 않으며, 산천의

454 역주 이 예문은《左傳 · 桓公6年》에서 인용한 것이다.

이름을 이름으로 사용하지 않으며, 은질의 이름을 이름으로 사용하지 않으며, 축생의 이름을 이름으로 사용하지 않으며, 기물과 폐백의 이름을 이름으로 사용하지 않는다.

여기에서 '以'자는 '이용하다'(用)의 의미로 설명된다고 나는 생각한다.

8.6.11 '之以'

《예기禮記》에서는 다음과 같이 말했다.

慮之以大，愛之以敬，行之以禮，修之以孝，紀之以義，終之以仁。[455]

효제의 대도를 생각하고, 사랑하며 공경하고 예로써 거행하며, 효양의 도를 닦고 의로써 다스리며 인으로써 마친다.

우리는 공자가 다음과 같은 훌륭한 사상을 가졌음을 알 수 있다.

聰明睿知，守之以愚，功被天下，守之以讓，勇力振世，守之以怯，富有四海，守之以謙。所謂損之又損之道也。[456]

총명하고 생각이 밝더라도 어리석음으로 (자신을) 지키고, 공이 천하를 덮을 만하더라도 겸양으로 지키고, 용맹이 세상에 떨칠지라도 겁냄으로써 지키고, 부유하기가 온 세상을 차지할 정도라도 겸손으로써 지키는 것이다. 소위 덜어 내고 또 덜어 내는 것이 '도'라고 할 수 있다.

If you excel all others in wisdom and talents, appear ignorant and weak and you will preserve those endowments. If your merits extend throughout the world, be careful always to give precedence to others and your merits will remain. If by your energy elevate mankind, affect to be

---

455 역주 이 예문은《禮記·文王世子》에서 인용한 것이다.

456 역주 이 예문은《孔子家語·三恕》에서 인용한 것으로,《明心寶鑑·存心篇》에서도 보인다. 원문에서는 "此所謂損之又損之之道也"로 나와 있다.

weak and your fortitude will remain. If you possess all that lies within the compass of the four seas, be so much the more humble, and thus you will have riches which cannot be taken from you. this is the plan of constant and repeated self denial.

8.6.12 '可'

《예기禮記》에서는 다음과 같이 말했다.

事君可貴可賤，可富可貧，可生可殺。[457]

임금을 섬기되 귀할 수도 천할 수도 있으며, 부유할 수도 가난할 수도 있으며, 살 수도 있고 죽을 수도 있다.

이 구절은 모방하기 쉽지만 적절한 방식과 판단으로 해야 한다는 점을 유념할 필요가 있다.

8.6.13 '可以'

《장자莊子 · 양생편養生篇》에서는 다음과 같이 말했다.

可以保身，可以全生，可以養親，可以盡年。

자기 몸을 안전하게 지킬 수 있고, 자신의 생명을 온전하게 유지할 수 있고, 어버이를 잘 봉양할 수 있으며, 자신에게 주어진 천수를 끝까지 누릴 수 있다.

8.6.14 '爲'

《역경易經 · 설괘說卦》에서는 '爲'자가 자주 나온다.

457 역주 이 예문은 《禮記 · 表記》에서 인용한 것이다.

乾爲天，爲君，爲父，爲圓，爲玉，爲金。

건괘는 하늘이요, 왕이요, 아버지요, 원이요, 옥이요, 금이다.

'乾'은 '하늘, 왕, 아버지' 등을 의미한다.

8.6.15 '必'

〈고공기考工記〉에서는 다음과 같이 말하였다.

容轂必直，陳篆必正，施膠必厚，施筋必數。[458]

바퀴 통을 만드는 데 반드시 곧아야 하고, 곡약을 진열하는 데 반드시 바르게 해야 하며, 아교를 사용하는 데 반드시 잘 붙게 해야 하고, 살대를 쓰는 데에는 반드시 헤아려야 한다.

여기에서 문자의 의미와 용법을 알기 위해서는 전체를 번역할 필요가 있다. 그러나 당장의 목적은 문체를 단순히 설명하는 것으로 '必'이 다른 문자와 어떻게 배열되는지를 아는 것만으로도 충분하다.

8.6.16 '無'

《좌전左傳》에서는 다음과 같이 말했다.[459]

無始亂，無怙富，無恃寵，無違同，無敖禮，無驕能，無復怒，無謀非德，無犯非義。

458 역주 이 예문은《周禮・考工記・輪人》에서 인용한 것으로, Premare(1847:272)에는 '篆'자 대신 '篆'자로, 筋'자 대신 '節'자로 나와 있다.

459 역주 아래 예문은《左傳・定公4》에서 인용한 섯이다.

난을 일으키지 말 것이며, 부유함을 믿지 말 것이며, 총애를 믿지 말 것이며, 같은 뜻을 어기지 말 것이며, 예의 있는 사람을 오만하게 대하지 말 것이며, 재능으로 교만히 하지 말 것이며, 같은 일에 거듭 노하지 말 것이며, 덕이 아니면 꾀하지 말 것이며, 의가 아니면 범하지 말 것이다.

He begins no disorder, he has no confidence in wealth, he seeks not the favor of superiors, contends not with his equals, despise not the laws of politeness, he meditates nothing in opposition to virtue, nothing opposed to justice.

첫 여섯 구는 세 글자이고, 나머지 둘은 네 글자로 구성되었다. 비슷한 둘 또는 네 글자가 추가될 수 있다.

8.6.17 '莫大乎'

《역경易經 · 계사전繫辭傳》에서는 다음과 같이 말했다.

法象莫大乎天地, 變動莫大乎四時, 縣象莫大乎日月。

법상은 천지보다 더 큰 것이 없고, 변통하는 것은 사시보다 더 큰 것이 없고, 달려 있는 상이 저명한 것은 일월보다 더 큰 것이 없다.

8.6.18 '而'

〈고공기考工記〉에서는 다음과 같이 말하였다.[460]

凊其灰而盡之, 而揮之, 而沃之, 而塗之, 而宿之。

그 재를 맑게 걸러서 조개껍질 재를 없애고, 물을 부어서 거르고 다시 하여 하룻밤을 묵힌다.

460 역주 이 예문은《周禮 · 考工記 · 㡛氏》에서 인용한 것이다.

8.6.19 '而不'

《좌전左傳 · 양공29襄公29》에서는 다음과 같이 말했다.

> 直而不倨，曲而不屈，邇而不偪，遠而不攜，遷而不淫，復而不厭，哀而不愁，楽而不荒，用而不匱，廣而不宣，施而不費，取而不貪，處而不底，行而不流。
>
> 곧으면서 거만하지 않고, 완곡하되 꺾이지 않으며, 가까이하면서도 핍박함이 없고, 멀리 있으면서도 두 마음을 가짐이 없으며, 옮겨 가면서도 어지러움이 없고, 반복해도 싫증이 나지 않으며, 슬퍼하되 근심이 없고, 즐거워하되 거칠지 않으며, 써도 다함이 없고, 넓되 드러내지 않으며, 베풀되 허비함이 없고, 취하되 탐냄이 없으며, 머물되 정체함이 없고, 가되 흘러감이 없다.

여기에서 정확하게 같은 14개의 구문이 있다. 완벽한 사람의 특징에 대한 더 풍부하고 우아한 묘사는 더 이상 제시될 수 없다. 《좌전左傳》에서 이 문체가 높이 평가받아야만 하는 것은 이상한 일이 아니다. 《순자荀子》에서는 다음과 같이 말했다.

> 君子寬而不僈，辯而不爭，察而不激，堅强而不暴，柔從而不流。[461]
>
> 군자는 너그럽지만 태만하지 않고, 말은 잘하지만 다투지 않고, 잘 살펴 알지만 지나치지 않으며, 굳고 강하기는 하지만 포악하지 않으며, 부드럽고 종순하지만 세상에 휩쓸리지 않는다.

8.6.20 '其'

《역경易經 · 계사전繫辭傳》에서는 다음과 같이 말했다.

461 역주 Premare(1847:274)에는 "君子寬而不慢, 辨而不爭, 察而不激, 堅而不景, 柔而不流"로 나와 있어 《荀子 · 不苟》 원문과는 다소 다르다.

其旨遠，其辭文，其言曲而中，其事肆而隱。

그 뜻은 심원하나 그 언사는 수식적이요, 그 말은 간곡하여 들어맞고, 그 일은 벌어져 있으면서도 은밀하다.

《예기禮記》에서 훌륭한 구절이 있다.

其哀心感者，其聲噍以殺，其樂心感者，其聲嘽以緩。[462]

그 슬픈 마음이 느껴지는 자에게는 그 소리가 애타는 듯 약해지는 것 같으며, 그 즐거운 마음이 느껴지는 자에게는 그 소리가 높아져서 흩어지는 것 같다.

8.6.21 '得其'

공자는《예기禮記》에서 다음과 같이 말했다.

鼎得其象，味得其時，樂得其節，車得其式。[463]

양정은 그 본보기를 얻게 되며, 맛은 그때를 얻게 되며, 음악은 그 절도를 얻게 되며, 수레는 그 가로대 나무를 얻게 된다.

이에 그는 이것에 덧붙여 많은 것을 열거하였다.

8.6.22 '兮'

《순자荀子》에는 다음과 같은 유명한 구절이 있다.

井井兮其有理也。嚴嚴兮其能敬已也。分分兮，其有終始也。[464]

462 역주 이 예문은《禮記·樂記》에서 인용한 것이다.

463 역주 이 예문은《禮記·仲尼燕居》에서 인용한 것이다. 원문에서는 "量鼎得其象"으로 나온다.

조리가 반듯하고, 위엄 있게 자기를 공경할 수 있으며, 하는 일의 시작과 종발이 굳건하고 한결같다.

그는 이런 방식으로 진행하며, 전체는 이런 종류의 구로 거의 정확하게 똑같이 구성된다. 이 언어는 마치 다른 계급을 움직이거나 연속적으로 하나 다른 하나를 뒤따르는 파도와 같이 나타난다.

8.6.23 '奚'

《장자莊子》는 다음과 같이 말했다.

奚爲奚據，奚避奚處，奚就奚去，奚樂奚惡。[465]
무엇을 하고 무엇을 그만두며, 무엇을 피하고 무엇에 머물며, 무엇에 나아가고 무엇을 떠나며, 무엇을 좋아하고 무엇을 싫어해야 하는가.

8.6.24 '矣'

《예기禮記》에서는 다음과 같이 말했다.

言則大矣，美矣，盛矣。[466]
말은 크고, 아름답고, 성합니다.

不可以加矣。[467]

---

464 역주 이 예문은《荀子 · 儒效》에서 인용한 것이다. Premare(1847:274)에는 "井井兮, 其有條理"로 나왔지만, 이는 오타로 보인다.

465 역주 이 예문은《莊子 · 至樂》에서 인용한 것이다.

466 역주 이 예문은《禮記 · 孔子閒居》에서 인용한 것이다.

467 역주 이 예문은《莊子 · 齊物論》에서 인용한 깃이다.

더할 나위가 없다.

이는 자주 발생하는 형식으로 문미에서 많이 보인다.

《장자莊子》는 다음과 같이 말했다.

子之先生死矣。弗活矣。不以旬數矣。[468]

그대의 선생은 죽을 것이다. 살아날 가망이 없으니 열흘을 넘기지 못할 것이다.

Your master is dead, he lives no more, he will not complete the ten days.

至矣，盡矣，弗可以加矣。[469]

지극하고 극진하여 이보다 더 나을 수 없다.

There is nothing further, nothing can be added.

8.6.25 '未嘗'

《공자가어孔子家語》에서는 다음과 같이 말했다.

未嘗知哀，未嘗知憂，未嘗知勞，未嘗知懼，未嘗知危。[470]

일찍이 슬픔을, 걱정을, 수고로움을, 두려움을, 위험을 알았던 적이 없다.

Such is the wise man, he is influenced by no passion or prejudice.

8.6.26 '曰'

《서경書經》에서는 다음과 같이 말했다.

468 역주 이 예문은《莊子・應帝王》에서 인용한 것이다.

469 역주 이 예문은《莊子・庚桑楚》에서 인용한 것이다.

470 역주《孔子家語》원문에서는 '憂'자로 나오며, Premare(1847:275)에서는 '擾'자로 나온다.

一曰水，二曰火，三曰木，四曰金，五曰土。[471]

첫째는 물이고, 둘째는 불이요, 셋째는 나무고, 넷째는 쇠이며, 다섯째는 흙입니다.

《주례周禮》에서 '曰'은 자주 열거에서 사용된다. 예를 들면 그것은 《시경詩經》의 시를 여섯 부류로 분류하였다.[472]

曰風曰賦曰比曰興曰雅曰頌。[473]

풍·부·비·흥·아·송이 그것이다.

앞에 굳이 접사 '一'을 붙여 '一曰', '二曰' 할 필요가 없다는 점을 유념해라.

《주역周易·계사전繫辭傳》에서는 다음과 같이 말하였다.

天地之大德曰生，聖人之大寶曰位，何以守位曰仁，何以聚人曰財。[474]

천하의 큰 덕을 생이라 하고, 성인의 큰 보물을 위라 한다. 무엇으로 위를 지키는가? 인으로 한다고 하고, 무엇으로 사람을 모으는가? 재물로 한다고 한다.

8.6.27 '有'

《좌전左傳》에서는 다음과 같이 말했다.

471 역주 이 예문은 《書經·洪範》에서 인용한 것이다.

472 역주 Premare(1847:275)에서는 '다섯 부류'(five classes)로 나왔지만, 이는 오타로 보인다. 왜냐하면 《周禮》 원문에서 '六詩'라고 분명히 언급되어 있기 때문이다.

473 역주 이 예문은 《周禮·春官·大師》에서 인용한 것으로 원문은 "教六詩, 曰風曰賦曰比曰興曰雅曰頌"이다. 풍·아·송은 시의 유형이며, 부·비·흥은 시의 수사를 가리킨다.

474 역주 Premare(1847:275)에는 "何以聚之曰財"로 나와 있지만, 원문에 맞게 수정하였다.

> 名有五: 有信，有義，有象，有假，有類。[475]
>
> 이름에는 다섯 종류가 있으니, 신 · 의 · 상 · 가 · 유입니다.

《맹자孟子》는 다음과 같이 말했다.

> 父子有親，君臣有義，夫婦有別，長幼有序，朋友有信。[476]
>
> 부모와 자식 사이에는 친함이 있고, 임금과 신하 사이에는 의리가 있으며, 남편과 아내 사이에는 분별이 있으며, 어른과 아이 사이에는 차례가 있으며, 벗과 벗 사이에는 신의가 있다.

8.6.28 '於是乎'

좌구명은 다음과 같이 말했다.[477]

> 上帝之粢盛於是乎出，民之蕃庶於是乎生，事之供給於是乎在，和協輯睦於是乎興，財用蕃殖於是乎始，敦龐純固於是乎成。
>
> 상제에게 올리는 자성粢盛도 여기에서 나오는 것이며, 백성이 번성하고 많아지는 것도 여기에서 시작되는 것이며, 일의 공급도 여기에서 생겨나는 것이며, 화협和協과 집목輯睦도 여기에서 흥하는 것이며, 나라 재정의 증식도 여기에서 비롯되는 것이며, 돈방순고敦龐純固도 이를 통해 성취되는 것입니다.

이 예문은 다른 구절을 설명하기 위하여 별다른 어려움 없이 적용된다. 여기에서 의도한 모든 것은 여러 가지 문체의 실례를 단순히 보여주는 데에 있다.

475 역주 이 예문은《左傳 · 桓公6》에서 인용한 것이다.

476 역주 이 예문은《孟子 · 滕文公》에서 인용한 것이다.

477 역주 이 예문은《國語 · 周語》에 수록되어 있다.

8.6.29 '然'

《순자荀子》에서는 다음과 같이 말했다.

> 儼然，壯然，祺然，蕼然，恢恢然，廣廣然，昭昭然，蕩蕩然。[478]
>
> (군자의 모습은) 엄연하고, 위엄이 있고, 편안하고, 여유롭고, 커다랗고, 널찍하고, 환하고 훤한 것이다.

8.6.30 '焉'

《예기禮記》에서는 다음과 같이 말했다.

> 見事鬼神之道焉，見君臣之義焉，見父子之倫焉，見貴賤之等焉，見親疏之殺焉，見爵賞之施焉，見夫婦之別焉，見政事之均焉，見長幼之序焉，見上下之際焉。[479]
>
> 귀신을 섬기는 도리를 나타내는 것이며, 군신의 의를 나타내는 것이며, 부자의 윤리를 나타내는 것이며, 귀천의 등급을 나타내는 것이며, 친소의 차이를 나타내는 것이며, 작위를 주고 상을 내리는 일의 시행을 나타내는 것이며, 부부의 유별함을 나타내는 것이며, 정사에 있어 균등함을 나타내는 것이며, 장유의 차례를 나타내는 것이며, 상하의 교제를 나타내는 것이다.

이 10개의 구는 모두 비슷한 문자로 이루어졌다. 열거된 모든 장점은 제례 의식의 적절한 준수로부터 나온다. 이 부분에서 주목할 점은 8 또는 10개로 확대된 비슷한 구성의 구가 어떠한 변화 없이 즐거움을 주기 위해 만들어지지는 않았다는 사실에 있다.

---

478 역주 이 예문은《荀子 · 非十二子》에서 인용한 것이다. Premare(1847:277)에는 "旺然, 棋然"으로 나와 있다.

479 역주 이 예문은《禮記 · 祭統25》에서 인용한 것이다. 여기에서 '殺'은 '내리다'라는 의미의 '쇄'이다.

《대학大學》에서는 다음과 같이 언급했다.

> 人之其所親愛而辟焉，之其所賤惡而辟焉，之其所畏敬而辟焉，之其所哀矜而辟焉，之其所敖惰而辟焉。[480]
> 사람이란 친애하는 사람에게 공평하지 못하고, 천박하고 미운 사람에게 공평하지 못하고, 두렵고 공경하는 사람에게 공평하지 못하고, 가엾고 불쌍한 사람에게 공평하지 못하고, 거만하고 게으른 사람에게 공평하지 못하다.

문자 '辟'은 나쁜 의미로 쓰였으며, '부족하거나 지나침' 둘 중 하나를 나타낸다.[481]

《대학大學》에서는 다음과 같이 말했다.[482]

> 好而知其惡，惡而知其美。[483]
> 좋아하면서도 그의 나쁜 점을 알며, 미워하면서도 그의 좋은 점을 안다.
> We ought to see the fault of those we love and the virtues of those we hate.

의심할 여지 없이 같은 종류의 많은 다른 예가 있지만, 이미 제시된 30개의 양식만으로도 선교사들이 중국어 작법의 우아함을 습득하기에 충분하다. 그리고 나는 최대한 격려를 할 것이다. 그리고 나는 여기에서 신과 신의 속성에 대한 전체 대화를 소개할 것인데, 이는 내가 잘 아는 동료 한 명이 선교사가 된 이후 몇 년 후에 지은 것이다.[484]

---

480 역주 이 예문은《大學 · 8(修身齊家)》에서 인용한 것이다.

481 역주 즉 '辟'은 '僻'의 가차자로 '치우치다, 공평하지 못하다'라는 의미로 쓰였다.

482 역주 Premare(1847:278)에서는 이 예문이《莊子》에서 나왔다고 했지만, 사실은《大學 · 8》에서 인용된 것이다.

483 역주 앞의 '惡'은 '나쁘다'(악)의 의미로 쓰였으며, 뒤의 '惡'은 '미워하다'(오)의 의미로 사용되었다.

484 역주 비록 본문에서는 Premare가 잘 아는 선교사가 '천주총론'을 썼다고 했지만, 그가 Fourmont에게 1731년도에 쓴 편지에서도 알 수 있듯이 실제로는 그 자신이 쓴 것이다.

自開辟而來，先聖後聖所相授受之大道也，皆宗上帝天主以爲萬物之大本者也。

개벽 이래 성인들로부터 전해져 온 대도는 모두 항상 만물의 큰 근원이신 상제 천주를 따르는 것이다.

From the beginning of the world until now, the doctrine which the saints have transmitted from generation to generation, has always ascribed preeminence and supreme honor to the Ruler and Sovereign Lord of heaven, forasmuch as He is the prime origin of all things.

盍萬物之有主，猶木之有根，川之有源，國之有君，家之有長，身之有首。

무릇 만물은 모두 주인이 있는데, 이는 마치 나무가 뿌리를 가지고 강이 수원을 가지며, 왕국이 왕을 갖고, 집이 가장을 가지며, 몸이 머리를 갖는 것과 같다.

For all things have a Lord as the tree has a root, the river a source, a realm a king, a house a master, and a body a head.

然無首則身不立，無長則家不齊，無君則國不治，無源則川不決，無根則木不登，無帝則不生。

그런즉, 머리가 없다면 몸이 서 있지 못하며, 가장이 없다면 집이 가지런하지 못할 것이며, 군주가 없다면 나라는 관리될 수 없으며, 수원이 없다면 강은 흐를 수 없으며, 뿌리가 없다면 나무는 자랄 수 없으며, 상제가 없다면 아무것도 존재하지 않을 것이다.

Remove the head, and the body cannot stand; dry up the fountain, and the stream will not flow, cut away the root, and the tree will not grow. If there be no Lord, nothing can exist.

苟有根焉，夏之果赫於是乎實；有源焉，海之川流於是乎進；有君焉，國之寧謐於是乎定；有長焉，一家之人於是乎宣；有首焉，身之百體於是乎通；有主焉，天地壹壹於是乎成，而萬物化醇，[485] 於是乎行矣。

만약 뿌리가 있다면 나무는 과일을 왕성하게 맺게 되며, 수원이 있다면 바다와 강이 흘러 나가게 된다. 군주가 있다면 나라가 안정되며, 가장이 있다면 한

집안의 사람들이 편안해진다. 이는 머리가 있어 몸의 모든 기능이 통하는 것이다. 천주가 있으므로 천지 하나하나가 이루어지며 만물이 순화되어 운행되는 것이다.

But because of the root the herbs and trees bring forth fruit on in their course. Because of the fountains the streams all flow on in their course. Because the prince reigns peace is established in the realm. Because the master presides over the house, all the inmates are orderly and quiet. Because the head remains all the members of the body exercise their mutual functions; and so in fine because the Supreme Lord of all things exists the secret influences of heaven and earth continue to operate, and the changes of the natural world are effected.

惟一大主，群生本源，萬方君師，蒸民父母。

오직 주님만이 만물의 근원이며, 온 천하의 주인이자 스승이시며, 모든 백성의 부모이시다.

The only Lord God is the source and origin of all things which live and exist, the director and instructor of the whole universe, and the parent of all nations.

無形而形形，無象而象象，非天而天天，非地而地地，無聲無臭，無限無量，無始無終，全能全知，全善全美，惟純惟一，自誠自足，可以言以指之，曰自有者。

형체가 없는 것이 형체가 있게 되고, 형상이 없는 것도 형상이 있게 된다. 하늘이 아닌 것도 하늘이 되고, 땅이 아닌 것도 땅이 되며, 소리와 냄새, 한도와 양, 시작과 끝이 없고, 전지전능하시며, 완벽하시고, 오직 유일하시며, 성실하고 스스로 만족하시는데, 이에 그를 자신 속에 존재하는 분이라고 정의 내릴 수 있다.

Incorporeal He creates all corporeal existence. Invisible he produces all visible objects. There is no heaven but He makes it, no earth but He forms it. Alone, without sound, smell, limits, confines, beginning, end; omnipotent, omniscient, supremely good, supremely beautiful, simple and undivided, truth absolute and essential, he is abundantly self-sufficient. In a word we may define His nature by saying that He exists within and of himself.

---

485 역주 《易經·繫辭下》에서 "天地絪縕, 萬物化醇"이라는 구절이 나온다.

惟自有者爲能有諸有，而未始受有；惟自有者爲能無無，是乃至有·獨有·全有·而不得不有。

오직 스스로 존재하는 자만이 모든 것을 존재케 하지만, 반면 자신은 결코 누구로부터 태어난 적이 없다. 오직 스스로 존재하는 자만이 부족함이 있을 수 없으며, 최상의 존재 · 유일한 존재 · 완전한 존재일 뿐이며, 그렇게 존재할 수밖에 없다.

Alone self-existent He gives being all things that exist apart from himself, neither does He receive His own being from any. Alone self-existent He has no deficiency or imperfection, but is an absolute existence, a perfect and entire existence, nor is it possible He should not thus exist.

其有，其足，其誠，其福，其德，其美俱自然而然，不得不然者也。惟自有者，有知，有意，有志，有情，有仁，有義。

그 존재, 그 충분함, 그 진실됨, 그 상서로움, 그 덕, 그 아름다움 모두 자연히 그러한 것이며, 그럴 수밖에 없는 것이다. 오직 스스로 존재하는 자만이 앎이 있고, 의지가 있고, 뜻이 있고, 정이 있고, 인자함이 있고, 의로움이 있다.

His being, His independence, His truth, His goodness, His beauty, are no necessity what they are, nor an they fail to be what they are.

Self-existent it depends upon Himself alone to know, to intend, to wish, to love, to be good and just.

有感應之神能，有好惡之公理，有自主之權衡，[486] 是故其施乎外而造天造地生神生人者，皆非自然而不得不然。

감응하는 신비로운 능력이 있으며, 좋고 나쁨의 공리가 있으며, 자주적인 균형이 있는데, 이에 그는 외부의 사물을 만들 때, 하늘과 땅, 신과 인간을 만들었으며, 모두 자연적인 것이 아니라 그럴 수밖에 없는 것이다.

in a spiritual manner to excite desire and to answer it, to exercise complacency or abhorrence with most strict justice, to decide all things by the most equitable exercise of free will and absolute dominion. When therefore He operates in the production of external objects, whether He

---

486 역주 여기에서 '權衡'은 또한 '사물의 경중을 재는 척도나 기준' 또는 '사물의 균형'을 나타내기도 한다.

creates heaven and earth, or spirits and men, none of these exists in such a manner as to render it impossible that it should not exist.

蓋造天地萬物，非是如不得不造焉。存天地萬物，非是如不得不存焉，乃并由天主之意而然者也。

무릇 천지만물을 만드는 일은 이와 같이 억지로 만들어지는 것이 아니다. 천지만물이 존재하는 것은 부득불 존재하는 것이 아니며, 천주의 뜻에 따라 그렇게 되는 것이다.

And accordingly when he produced heaven and earth and all things it must not be supposed that He could not have neglected or forborne to have done this. preserving heaven, earth and all things it must not be thought that He could not cease to preserve them if He chose. All things indeed depend upon the free will of the Supreme Lord, whether they shall exist or not.

欲生物，則好生之心於是乎出。欲不生，則自足之尊於是乎顯。生焉而欲不存，則自主之權於是乎行。[487]

만물을 만들어 내길 원한다면 살리기를 좋아하는 마음에서 나온다. 만들어 내길 원치 않는다면 스스로 만족하는 고귀함이 드러난다. 만들었지만 존재하기를 원치 않는다면, 자주적인 권리를 이처럼 행하는 것이다.

If He desires to produce a world, then the most excellent spirit of the life-loving Architect proceeds abroad. If He does not wish to produce a world, then His perfect self-sufficiency and independence is cleary apparent. If He does not wish to preserve what He Has produced, then the free operation of His absolute rule is exercised.

無然而無不然，無可而無不可。

그러지 않거나 그러하거나, 가한 것도 없고 불가한 것도 없다.

In all these things He is by no means determined to this or to that, as that the one must be good and the other evil.

有天地萬物於自有者，無所益。無天地萬物於自有者，無所損。

487 역주 '於是乎'는 '乃'(이처럼)와 같은 의미이다.

천지만물의 존재는 스스로 존재하는 자에서 어떠한 더함도 없으며, 천지만물의 존재하지 않음은 스스로 존재하는 자에서 어떠한 덜함도 없다.

the reason is that the realexistence of heaven and earth and all things adds nothing to the supreme being, who is self-existent, and the non-existence of heaven, earth, and all things diminishes nothing of the Supreme existence.

生之不煩其力，存之不擾其靜，滅之不傷其仁，有之無之，不變其恒生也。

그것을 태어나게 하는데, 힘이 들지 않고, 그것을 존재하게 하는데, 그 조용함이 어지럽지 않으며, 그것을 없애는데, 어진 마음이 상하지 않는다. 그것이 존재하거나 그렇지 않거나 천주는 변하지 않고 항상 같으시다.

For Him to create requires no effort, to preserve demands no motion. Though He should annihilate all things it should not militate against His supreme goodness. All other things may exist or may not; He always remains the same.

存也滅也，雖以時而始行而，或生之，或存之，或滅之，之者則自無始而有定，是故變化庶類而自不變化，始終萬物而自無終始。

존재하는 것도 없애는 것도 때를 따라 시행되며, 그것을 태어나게 하는 것도, 존재하게 하는 것도, 그것을 멸하는 것도 시작하기도 전에 원래부터 정해진 것이다. 이런 연유로 만물을 변화시키지만, 자신은 변하지 않으며, 만물의 시작과 끝은 있지만, 자신은 시작도 끝도 없다.

To produce, to preserve, to destroy, and to annihilate are things which belong to time. But the degree and will of producing, preserving, or destroying are fixed and settled from eternity and before time began. Wherefore He changes and reproduces all things, but He is himself neither changed nor reproduced. He gives beginning and end to all things but He himself has neither beginning nor end.

體萬物，而不與物同體；包萬時，而不與時推移。

만물을 아시지만, 만물과 같은 몸은 아니며, 모든 시간을 포괄하시지만, 시간을 따라 변하지는 않으신다.

He is intimately connected with all substances, nor yet is He himself a substance of the same sort with any. He comprehends all things nor yet does He experience the vicissitudes of time.

其時也不流，其有也不逝，其行也無動，其靜也無息。

그의 시간은 흐르지 않고, 그의 존재는 사라지지 않으며, 그의 행동은 움직이지 않으며, 그의 고요함은 멈추지 않는다.

His time flows not, His experience passes not away. His action is without motion. His quiet without rest.

至玄而非虛，至穆而非無，至遠而不可遺，至近而不可援。

지극히 심오하지만 공허하지 않았으며, 지극히 고요하지만 없지는 않으며, 지극히 멀지만 빠뜨림이 없으며, 지극히 가깝지만 당김은 없다.

Of all things He is the most secret and intangible, nor yet is He is not a mere nothing. There is nothing more remote, yet nothing can be separated from him. Nothing is nearer, yet no one can feel him.

萬美蘊乎內，而萬德流乎外。生生不已，恩澤無窮，此至仁之念也。

모든 아름다움이 그의 품 안에 있으며, 모든 미덕이 밖으로 흘러나간다. 낳고 낳아 그치지 않으며, 은택이 무궁한데, 이는 '지극한 인'에 대한 염두이다.

All beauties dwell in His bosom, and all virtues proceed abroad to produce without limit, nor has His beneficence measure or compass; this is the consequence of His infinite goodness.

好善，惡惡，公賞，公罰，此至義之昭也。

그는 선을 좋아하고, 악을 싫어하며, 공정하게 상을 주기도 하며, 벌을 내리기도 하는데, 이는 '지극한 의'의 드러남이다.

That He should love the good and hate the evil, and assign rewards and punishments with strictest equity, in this His perfect justice appears conspicuous.

天地萬物一命，卽有不藉氣質，不待其勞，此全能之顯也。

천지만물은 일명을 받는데, 즉 난잡한 기질을 갖지 않아 힘쓸 필요가 없으며 이는 전능의 드러남이다.

That all things should have been produced by His command, without the previous existence of matter and without any labor in creation, is a conclusion warranted by His omnipotence.

安排庶類，令各得其所，分形別性，異性異宜，此全智之露也。

만물을 안배하시고, 각자 제자리에 있을 것을 명하고, 다른 성질을 나누어 드러내고, 이성은 마땅히 다른데, 이는 전지의 드러남이다.

That He disposes all things in their proper order, assigns each to its own place, so that nature may be diversified with different bodies, and that different natures may subsist by different means, in this appears His infinite wisdom.

以安，以養，以保，以頃刻無間，此至靈之效也。

조용함과 양성, 보존함과 순식간에 끊임없음 역시 지령의 드러남이다.

That he should keep all things tranquil, foster, aid, and preserve them constantly in their several relations, without the least interruption even for a moment, this is to be attributed to His supreme intelligence and spiritual operation, as an effect to a cause.

人有正，物有曲，各呈其才，各表其德，此至美之流也。

사람은 올바름이 있고 사물은 굽이가 있고, 각자 그 자질을 드러내고, 각자 그 덕을 나타내는데, 이 역시 지미의 나옴이다.

That man should be erect and other animals differently constituted, yet in such a manner that each may enjoy its peculiar advantage and exercise its peculiar functions in the general economy, this is a proof of His divine perception of order and beauty.

靈蠢高卑，相依而歸一向。恒古恒今，相生而同一原。此主宰至一之微也。

영리하든 우둔하든 고귀하든 비천하든 서로 의지하며 한 방향으로 같이 나아간다. 예전부터 지금까지 상생하며 동일한 근원이다. 이는 주재지일의 오묘함이다.[488]

---

488 역주 '至一'은 '만물일체가 실현된 것'을 가리킬 수도 있고, 유일성으로도 볼 수 있다.

That all creatures, endowed with reason or without it, and the high together with the lowest in the scale, should be made to render each other mutual support, and tend to the same end, and always from the first, as at present, contribute each to preserve the life of the other, and spring from one and the same origin, in this appears the supreme power of this Lord, and the perfect oneness of His essence is most clearly proved.

神或上主之大德同而異，異而同，至一而不孤，至尊而不厲，至大而能客，至善而好怒，至威而可愛，至仁而可畏。

천주의 큰 덕은 같으면서도 다르고 다르면서도 같은데, 지극한 하나이면서도 외롭지 않으며, 지존이면서 근엄하지 않으며, 지극히 위대하면서도 부차(次要)[489]적일 수 있으며, 지극히 선하면서도 분노를 좋아하고, 지극히 위엄이 있으면서도 사랑스럽고, 지극히 인자하면서도 두렵다.

Oh, how divine are the exalted virtues of the Supreme Lord! While in some respects they agree, there is yet difference between them, and while in some respects they differ, there is yet a general agreement. He is perfectly unique, yet not solitary; supremely to be feared, yet not cruel; supremely great, yet rejects nothing; supremely just, yet He delights in mercy. His August majesty inspires love. His infinite good ness awakens awe.

至高至玄，而神也人也，可與相通。極好極實，而意也情也，可相感應。

지극히 뛰어나고 지극히 현묘하며 신이면서도 인간적이시고, 서로 통하신다. 더할 나위 없이 좋고 더할 나위 없이 진실한데, 이성적이면서도 감정적이시며 서로 감응하신다.

He is supremely excellent and retired from every created eye; a spirit, and yet has intercourse with men. Uniform, substantial throughout, He both excites emotions in the hearts of others and experiences them in His own.

視之而不見，聽之而不聞。雖爾不知而常與之偕。雖爾不覺而時受其恩。噫! 迷惑世人也。

보고도 보지 않고 듣고도 듣지 않는다. 비록 당신이 알지 못하지만, 항상 같이 계신다. 비록 당신이 느끼지는 못하지만 늘 은택을 받으신다. 오! 세상 사람들

489 역주 顧炎武의《日知錄1 · 朱子周易本義》의 "傳爲主, 經爲客"에서 '次要'의 의미로 쓰였다.

을 매혹하신다.

You behold Him, but perceive it not; you hear Him, yet you are always dwelling in His presence. You notice Him not, and yet you are in the constant reception of His benefits. Alas! how blind are the creatures of earth.

知有人倫而不知有天倫，知有天地君親師而不知有生天生地生人之大父母。知流而不知源，知末而不知本。

인륜을 알지만, 천륜은 알지 못한다. 하늘과 땅, 임금과 선생을 알지만, 하늘과 땅, 사람을 만드신 큰 부모를 알지 못한다. 물결을 알지만, 그 수원을 알지 못하며, 끝은 알지만, 근본은 알지 못한다.

They acknowledge human relations, but do not regard the heavenly. They acknowledge a heaven, earth, king, parents, masters, and confess not the Universal Parent who made all these things. They forsake the fountain and go after the stream, they neglect the root to cultivate the branches.

嗚呼愚哉！天以覆之，地以載之，而天主之生育超乎天地矣。

오호 어리석도다! 하늘이 만물을 덮고, 땅은 그것을 담지만, 천주는 천지를 넘어 창조한다.

Alas, how blind! The heavens encompass all things, the earth bears all things. But the Lord of heaven who produces and sustain all things, in far above heaven and earth.

君以治之，而天主之臨更切乎君矣。親以懷之，而天主之愛厚乎親矣。師以誨之，而天主之訓篤乎師矣。

임금은 사람들을 다스리지만, 천주는 왕보다 더 적절하게 다스리신다. 부모는 아이를 가슴속에 품으시지만, 천주는 부모보다 더욱 사랑하신다. 선생은 제자를 가르치시지만, 천주는 선생보다 더욱 충실하게 가르치신다.

The king governs the people, but the Lord rules them far better than any king. Parents love their children, but the Lord of heaven has more ardent love for men then any mother has for an only son. Master instruct their disciples, but the instructions of the Lord of heaven avail us more than the words of any teacher.

人施我以恩，而天主之恩非世恩可比。人賜我以福，而天主之福非世福之羡矣。

사람들은 나에게 호의를 베풀지만, 천주의 은혜는 세상의 은혜에 비할 바가 못 된다. 사람들은 나에게 행복을 주지만, 천주의 복은 세상의 행운에 비할 바가 아니다.

Men bestow favors, but all the goods of the world are not to be compared with the benefits of the Lord of heaven. Men render me happy, but the happiness which comes from the Lord surpasses all worldy felicity.

是故尊之也不止於君焉，愛之也不止於親焉，服之也不止于師焉，感之也不止於恩人，望之也不止於福主。

이에 천주는 임금보다 더 존경받아야 하며, 부모보다 더 사랑받아야 하며, 사부보다 더 복종해야 하며, 은인보다 더 감사해야 하며, 지복보다 더 기대를 받는다.

Wherefore He should be honored more than any king; He should be loved more than parents; He should be heard with more attention than any teacher; He deserves greater thanks than all other benefactors; more is to be expected from Him than from men in whom we hope to find felicity.

《聖經》曰：欽崇天主，信焉，望焉，愛焉，而之之於萬有之上，其此之謂也。

《성경聖經》에서는 다음과 같이 말했다. 천주를 공경하고, 믿고, 우러러보고, 사랑하고, 그것은 모든 존재 위에 있는 것을 말하는 것이다.

The sacred scripture says: The Lord of heaven must be honored by our believing in Him, by our hoping in Him, by our living Him with a supreme affection. This is the doctrine which I would inculcate.

以可見之物推而言及天主者，人力不過若是而已；今以人之力而欲測天主之妙性者，眞猶以蹄涔而欲注海，以螢火而欲照天焉，果可乎哉?

사물을 보고 추론하고 천주를 언급하는 것은 단지 사람의 힘이 이와 같기 때문이다. 지금 사람의 힘으로 천주의 심오함을 가늠하고자 하는 것은 마치 말발자국 속에 고인 물로 큰 바다를 가늠하는 것과 반딧불로 하늘을 비추는 것과 같은데 어찌 가능하겠는가?

If we are willing by those things which we behold to rise in our contemplation to the Creator and Lord of all things, we shall arrive at no very different result from that which has already been expressed. But to attempt with human powers to comprehend His wonderful nature, is like attempting to enclose the wide ocean in a narrow cave, or to illumine the firmament with a lamp.

不依《聖經》而論上主者，或迫於一位而孤之，或延於多主而二之，至尊大王者，不貳也，不孤也。

《성경聖經》에 의존하지 않고 천주를 논하거나 한 분만을 강요한다면 그는 고독할 것이며, 여러 신으로 확대한다면 다양하게 나타날 것이다. 천주는 다양하지도 외롭지 않다.

If we discourse concerning the Deity apart from the sacred scriptures, we shall either recognize in Him but a single person and thus He will appear solitary, or we shall admit more Lords than one, and thus He will appear manifold. But the Deity is neither manifold nor solitary.

自含有三位共一主，做不貳。雖然非秉《聖經》以證其然，則吾人之心也，其豈能思之耶哉!

자연히 세 분이 같이 천주가 되며, 다양하지 않다. 비록《성경聖經》을 따르지 않으면 이와 같음을 증명할 수 없지만, 우리의 마음으로 어찌 생각할 수 있겠는가?

Three persons constitute one Lord. Thus He is not manifold. But although this is true, yet unless we follow the authority of the holy scriptures, when, with our own limited perception could we arrive at this important knowledge.

8.7 여러 가지 비교

이 주제는 네 가지 항목을 포함하는데, 1. 단순 비교, 2. 비유에 관한 설명, 3. 은유에 대한 고려, 4. 우언에 관한 설명이다. 독자는 비교의 항목 아래 포함된 몇 가지 수사[또는 모습(figures)]가 포함되어 있다는 점을 알게 될 것이다.

8.7.1 단순 비교

모든 비교는 사람 또는 자연물로부터 파생되어야만 한다. 이는 이분법에 대한 토대를 형성할 것이다.

첫 번째 부분. 사람으로부터 파생된 비교

칭찬 또는 비난받는 사람들을 어떤 능력으로 유명했던 옛사람들과 비교하는 것은 일종의 관례라고 할 수 있다. 이에 사람들은 아도니스Adonis만큼 예쁘다고 말하거나, 율리시스Ulysses만큼 신중하고, 바토스Battus만큼 말이 많고,[490] 티토노스Tithonus보다 좀 더 나이가 들고,[491] 이카루스Icarus보다 용감하다. 혹은 그는 두 번째 팔라리스phalaris이고, 두 번째 테르시테스Thersites라고 한다.[492] 중국인 또한 같은 관습을 가졌다. 따라서 탁월함에 대해 칭찬을 받거나 인격적인 결함으로 비난받았던 옛사람들의 이름을 신중히 쓰는 것이 바람직하다. 그러한 이름의 간단한 목록은 그들이 우리에게 상기된 것처럼 여기에서 제시될 것이다.

맹분孟賁은 살아 있는 소의 뿔을 맨손으로 뽑은 용맹한 장사이다.
오탕주奡湯舟는 건조지에 정박되어 있는 배를 돌렸다.

---

490 역주 Hermes가 Apollo의 소를 훔치는 것을 보고, 누설하지 않겠다고 약속해 놓고 어겼기 때문에 돌이 된 농부.

491 역주 Tithonus는 새벽의 여신 Eos의 애인으로 만년에 매미가 됨.

492 역주 Thersítes는 악하고 불구이며, 입이 험하고 호전적인 것으로 유명한 그리스인으로 트로이 전쟁 때 Achilles를 비겁자라고 욕했는데, 결국 Achilles에게 살해되었다.

오확烏獲과 하육夏育 또한 그들의 육체적인 힘으로 칭송받았다.

이루離婁는 좋은 시력을 가졌으며, 두 번째 아르고스Argus라고 할 수 있다.[493]

사광師曠은 매우 민감한 청력을 가졌다.

공수자公輸子는 가장 근면한 명인이다.[494] 수倕도 같은 이유로 칭송된다.

화타華佗는 저명한 의사이다.

편작扁鵲 역시 유명한 의사로 죽은 사람을 되살렸다. 같은 것이 아스클레피오스Æsculapius와 관련된다.[495]

금고琴高는 거문고를 잘 탔다.[496]

영륜伶倫은 음악에 조예가 깊었다.[497]

예수隸首는 유명한 산술가이다.

예羿는 화살과 창을 던지기로 유명하다.[498]

풍부馮婦는 이름난 사냥꾼이다.[499]

해중奚仲은 수레를 만든 것으로 유명하다.[500]

조부造父는 전차를 모는 것으로 유명하며 또 다른 아우토메돈Automedon이라고 할 수 있다.[501]

손양孫陽은 말을 기르고 훈련시키는 기술로 유명했다. 그는 천마天馬를 주관하는 별자리인 백락白樂이라고 불린다.[502]

---

493 역주 그리스신화에서 Argus는 눈이 100개 달린 거인이다.

494 역주 公輸子는 春秋 시대 魯나라의 나무를 잘 다루던 유명한 목수이다.

495 역주 Æsculapius는 의약과 의술의 신이다.

496 역주 琴高는 戰國 시대 趙나라 사람으로 仙道를 닦아 나중에 신선이 되었다고 한다.

497 역주 伶倫은 黃帝의 신하로 崑崙山 嶰谷의 대나무로 笛를 만들어 樂律을 정했다(《呂氏春秋 · 古樂》).

498 역주 羿는 後羿라고도 불리며, 夏나라 사람으로 활을 잘 쏘았다고 한다.

499 역주 옛날 중국의 晉나라에 馮婦라는 사람이 호랑이를 잘 잡아서 마침내 善士가 되었다고 한다(《孟子 · 盡心章》).

500 역주 奚仲은 夏나라의 관리로 처음으로 수레를 발명한 사람이다.

501 역주 Automedon은 Achilles의 전차(chariot)를 모는 사람이었다.

502 역주 孫陽은 周나라 사람으로 말에 대한 지식이 워낙 탁월하였다. 그가 말을 한 번 훑어보기

역사易邪는 훌륭한 미각을 가졌으며 유명한 요리사이다.

혁추弈秋는 바둑을 두는 데에 능숙하다.[503]

의화義和는 태양 전차를 이끌었다.[504] 그녀는 또 다른 아폴로라고 할 수 있다.

유령劉伶은 유명한 애주가이다.[505]

순우곤淳于髡 역시 이름난 술고래이다.[506]

축타祝鮀는 소문난 달변가였다.[507]

백명伯明, 무극無極과 강충江充은 세 명의 유명한 간신이다.

영분靈氛은 미래를 볼 수 있는 사람이었다.

노독嫪毒은 또 다른 프리아포스Priapus이다.[508]

이자李子는 방탕한 사람이다.

서시西市, 서자西子, 모시毛施는 미인으로 중국의 비너스라고 할 수 있다.

영문陽文, 왕장王嬙 또한 미인으로 유명하다.

요지선자瑤池仙子와 월리상아月裡孀娥는 두 명의 아름다운 여신으로, 두 명 중 하나는 '요瑤'라고 불리는 호수에 살며, 다른 한 명은 달에 거주한다.

모모嫫母[509]와 비휴仳倠는 유명한 추녀이다.

반안潘安, 자도子都, 치위郗衛, 상여相如, 태백太白은 훌륭한 재능으로 명성을 날렸다.

좌씨左氏, 사마천司馬遷, 장자莊子, 굴원屈原, 수호水湖의 작자, 서상西廂이라고 불리는 희극의 작자는 문체의 우아함으로 유명하였다. 따라서 이들은 그들의

만 해도 그 말의 값이 10배나 오르므로, 이를 '伯樂一顧'라 하였다(《戰國策》).

503 역주 弈秋는 온 나라에서 바둑을 가장 잘 두는 자이다("弈秋, 通國之善弈者也"《孟子・告子上》).

504 역주 義和는 태양의 어머니 신이다.

505 역주 劉伶은 魏晉 시기의 관리이자 문학인으로 술을 너무 즐겨 '劉伶好酒'라 했다.

506 역주 淳于髡은 戰國 시기 濟나라 학자로 익살과 다변으로 유명했다.

507 역주 祝鮀는 春秋 시대 衛나라 사람으로 그는 종묘에서 제사를 지낼 때 축문을 읽는 축관의 관직에 있었기 때문에 祝鮀라고 불렸으며, 공자가 그의 말재주를 칭찬하였다.

508 역주 嫪毒은 포도밭의 수호신이다.

509 역주 嫫母는 黃帝의 넷째 부인이다.

탁월한 영민함으로 '재자才子'라고 불렸다.

왕표王豹, 면구緜駒는 고대 시인으로 맹자孟子를 따라 그 시대의 모든 사람에게 음악에 대한 애호를 전달했다.

화주花周는 남편의 죽음을 슬퍼한 것으로 유명했던 미망인이다.

요堯와 순舜은 그들의 덕으로 유명한 왕들이다.

걸桀과 주紂는 악명 높은 폭군이었다.

도척盜跖은 큰 도적이다.[510]

백이伯夷는 성인이다.

노팽老彭 또는 팽조彭祖는 700살까지 살았다고 알려진 매우 장수한 노인이다.

안회顏回는 요절한 아주 뛰어난 젊은이이다.

이것들과 비슷한 이름이 작문에서 어떻게 적용되는지를 보여 주기 위해 여기에서 많은 수의 예가 추가될 필요는 없다. 하나 또는 두 예만으로도 충분하다.

嫫母有所美, 西施有所醜。[511]

모모도 아름다운 구석이 있고, 서시도 어딘가 못생긴 구석이 있다. 누구나 다 아름다움과 추함을 함께 가지고 있다.

Muwu has her beauty, and *Sishi* has der deformity.

이 문장의 의미는 모모도 비록 추하지만, 여전히 아름다운 마음을 가질 수 있으며, 서시 역시 미인이지만 추한 구석이 있을 수 있다는 것이다.

---

510 역주 盜跖은 春秋 시대 魯나라 사람으로 일찍이 무리 9천 명을 모아 천하를 횡행하고 다니면서 諸侯를 공격하고 약탈했다고 한다.

511 역주 이 예문은 《淮南子 · 修务訓》에서 인용한 것이다.

有子建之才，潘安之貌。
자건의 재주와 반안의 용모를 가졌다.[512]
Talented as *Tsz'kien*, beautiful as *Pwanngan*.

可謂相如再世，太白重生。
상여가 부활하고, 태백이 다시 살아났다고 말할 만하다.
One would say that *Siangju* and *Taipeh* had revived in him.

우아한 작가가 되기를 희망하는 이는 사람들의 이름과 그들의 특징뿐만 아니라 또한 우리가 올림포스Olympus, 템페Tempe, 파르나소스Parnassus를 발견하는 것과 마찬가지로 좀 더 유명한 장소의 이름을 수집하고 적어야 할 것이다. 그는 식물, 강, 파충류, 동물, 보석들의 이름을 잘 기록할 것인데, 이들로부터 그는 좀 더 고상한 중국 작가들처럼 적절한 비교와 아름다운 은유를 제공할 수 있을 것이다.

두 번째 부분. 자연물로부터 파생된 비교.

1. 몇몇 문자는 유사성을 표시하는데, 예를 들면 '猶', '似', '若', '如' 등과 같다. 맹자는 다음과 같이 말했다.

猶緣木而求魚。[513]
마치 나무에 올라가서 물고기를 구하는 것과 같다.
Just as if one should climb a tree to seek for fish.

猶舍耒而言耕也。

512 역주 子健은 曹植을 가리킨다.

513 역주 이 예문은《孟子 · 梁惠王上》에서 인용한 것이다.

마치 가래를 버리고 밭을 간다고 말하는 것과 같다.
As though we could till the land without the plow.

猶濁其源而求其清流。[514]
마치 물의 근원이 오염됐지만 수류는 맑고 투명하기를 원하는 것과 같다.
It is as if we should corrupt the fountain and look for a pure stream.

猶不琢玉以求文彩。[515]
옥을 다듬지 않고 문채를 구하는 것과 같다.
It is as if we should neglect to polish the gem and expect it to shine.

猶象人。[516]
마치 본떠 만든 인형 같았다.
Like a statue.

凄然似秋。[517]
서늘함은 가을과 같다.
Cold as autumn.

譬如北辰居其所而衆星共之。[518]
마치 북극성처럼 일정한 위치에 있고, 다른 별들은 모두 그것을 에워싸고 있는 것과 같다.
For instance, the north pole remains fixed in its own positions and all the stars revolve around it.

《서경書經》에서는 다음과 같이 말했다.

---

514 역주 이 예문은《漢書· 補樂志》에서 인용한 것이다.

515 역주 이 예문은《通鑑節要·世宗孝武皇帝》에서 인용한 것이다.

516 역주 이 예문은《莊子·田子方》의 "當是時, 猶象人也"에서 인용한 것으로 보인다.

517 역주 이 예문은《莊子·大宗師》에서 인용한 것이다.

518 역주 이 예문은《論語·爲政》에서 인용한 것이다. 이 예문에서 '共'은 '拱'(둘러싸다)이라는 의미로 쓰였다.

若朽索之馭六馬。[519]

마치 썩은 새끼줄로 여섯 마리 말을 모는 것과 같다.

You might as well confine six generous steeds with a rotten rope.

善養生者，若牧羊然，視其後者而鞭之。[520]

생을 잘 기르는 자는 양을 기르는 것과 같아서 뒤처진 놈을 보고 채찍질을 한다.

The best method of managing a people is to imitate shepherds; when one is found lagging behind, they give it a kick to hasten it along.

2. '如'는 빈번하게 발생하며 마치 베르길리우스Virgil의 전원시에서의 'ut'(~와 같이)와 같이 자주 반복된다.

Vitis ut arborlbus decori est, ut vitibus avae,
Ut gregibus taurus, segetes ut pinguibus arvis,
Tu decus omne tuis.

湛然平靜如鏡者，水之性也。

거울과 같이 맑고 고요한 것이 물의 성질이다.

It is the nature of water when at rest to be smooth and quiet like the surface of a mirror.

天子如堂，群臣如陛，衆庶如地。[521]

천자는 법정(正房)과 같고, 군신은 계단과 같고, 백성은 땅과 같다.

The emperor is in a manner the court, his ministers the steps which lead to it, and the people are the soil.

聲如豺虎。

목소리가 승냥이와 호랑이 같다.

---

519 역주 이 예문은《書經・夏書五子之歌》에서 인용한 것이다.

520 역주 이 예문은《莊子・達生》에서 인용한 것이다.

521 역주 이 예문은《新書・階級》에서 인용한 것이다.

A voice like that of the tiger's whelps.

道直如矢。
길이 화살과 같이 곧다.
A way straight as the course of an arrow.

《서경書經》에서는 다음과 같이 말했다.

如虎如貔如熊如羆。[522]
범과 같고, 비휴와 같고, 곰과 같고, 말곰과 같다.
Like tigers and wolves, like bears and lions.

'貔'와 '羆'가 무엇을 의미하는 것이 확실히 알려지지 않았기 때문에 우리는 이 구절을 제시하였다.[523]

《시경詩經》에서는 다음과 같이 언급하였다.

如切如磋，如琢如磨。[524]
깎고 다듬은 듯, 쪼고 간 듯하다.
Like artists who cut and polish, carve and make smooth.

계속하여 제시된 여러 비교로부터 묘사 또는 그림이 제시된다. 《서경書經》에 다음과 같은 예문이 있다.[525]

手如柔荑，膚如凝脂，領如蝤蠐，齒如瓠犀，螓首蛾眉，巧笑倩兮，美目盼兮。

---

522 역주 이 예문은《書經 · 牧誓》에서 인용한 것이다.

523 역주 '貔'는 범과 비슷하며, '羆'는 말곰이다.

524 역주 이 예문은《詩經 · 淇奧》에서 인용한 것이다.

525 역주 그러나 아래의 예문은 실제로는《書經》이 아닌《詩經 · 碩人》에서 인용한 것이다.

손은 부드러운 띠풀과 같고, 살은 엉긴 기름과 같고, 목은 굼벵이와 같고, 치아는 박씨와 같고, 매미 머리에 나비 눈썹이시며, 생긋 웃을 때의 예쁜 입모습 하며, 아름다운 눈은 맑기도 하네.

Hands as fair as lilies, a skin as tender as coating of thickened paint, a neck like a white loust's, teeth set like the seeds of a pompion, a head like a grasshopper's, eyebrows like a butterfly, painted her dimple cheeks, eyes beautiful and exhibiting the dark pupils sparkling in the midst of the white eyeballs.

3. 비교가 그 자체로 충분히 분명할 때 유사성 표지는 생략될 수 있는데, 베르길리우스는 다음과 같이 말했다.

Nec lacrymis cudelis amor, nec gramins rivis,
Nec cytiso suturantur apes, nec rore cicadæ.

《춘추좌전春秋左傳》에서는 다음과 같이 말했다.

名，德之輿也。[526]

명성은 덕을 싣는 수레이다.

Faime is virtue's chariot.

《서경書經》에서는 다음과 같이 말했다.

若金，用汝作礪。若濟巨川，用汝作舟楫。若歲大旱，用汝作霖雨。啟乃心，沃朕心。[527]

만약 내가 쇠라면 그대를 숫돌로 삼겠소. 만약 큰 냇물을 건너게 된다면 그대를 배와 노로 삼겠소. 만약 큰 가뭄이 드는 해가 왔다면 그대를 단비로 삼겠소. 그대의 마음을 열어 나의 마음을 윤택하게 해 주시오.

If my heart is exceedingly hard, it is that I may use you as a hone. If I have

---

526 역주 이 예문은《春秋左傳 · 襄公24》에서 인용한 것이다.

527 역주 이 예문은《書經 · 說命上》에서 인용한 것이다.

to undertake a voyage, you must be vessel and oars, When I am thirsty like the parched earth, you shall be my fertilizing shower. Open then your bosom and pour into m own a part of its riches.

다른 예는 다음과 같다.

若作酒醴，爾惟麴糵。若作和羹，爾惟鹽梅。[528]

만약 술이나 단술을 만들려 하거든 그대가 바로 누룩이 되어 주고, 만약 찌개를 만들려 하거든 그대가 바로 소금과 매실이 되어 주오.

If you would make good wine of me, you must become the principle of fermentation, without which it will have no life. If you wish me to become a juice of a pleasant flavor, you must be the condiment, without which it will necessarily be insipid.

魚相忘乎江湖，人相忘乎道術。[529]

물고기는 강과 호수에서 서로를 잊고, 사람은 도에서 서로를 잊는다고 한다.

Fish are not aware that they are in deep water, nor men that they are in the ocean of truth.

4. '興'과 '賦'라는 이름 아래 포함된 시가의 모든 것은 비교로서 여겨져야만 한다. 이에 《시경詩經》은 다음과 같이 시작한다.

關關雎鳩，在河之洼。

구욱구욱 물수리는 강섬에서 운다.

The birds called *Tsu kiu* respond to each other on the island of the river.

生有定偶不相亂偶常并遊而不相狎。

(이런 종류의 새들은) 태어날 때마다 정해진 짝이 있으며 그들은 서로 오해하지도 않으며 항상 함께하지만, 서로를 돌보지도 않는다.

For each bird of this sort has a mate destined to it from its birth, nor do they

---

528 역주 이 예문은 《書經 · 說命下》에서 인용한 것이다.

529 역주 이 예문은 《莊子 · 大宗師》에서 인용한 것이다.

ever misunderstand each other, but always go together, but do not caress each other.

이 어울림은 그들 사이에서 배열되며, 이는 '興'이라고 불린다.

5. 비교는 독자가 그것을 이해하도록 남았을 때 훨씬 더 아름답다.

夫鏡水之與形接也，不設智故，而方圓曲直弗能逃也。[530]

무릇 명경지수가 어떤 형태와 접할 경우 인위적인 꾸밈은 없으며, 방·원·곡·직의 어떤 형태이든 (모나고 둥글고 굽고 곧은 것들이) 그대로 비치므로 숨을 수가 없다.

When water as a mirror reflects objects from its surface, all it does is to reflect, and yet whether they are square or round, curved or rectilinear, it represents them as they are, nor are they to be concealed.

주석자는 '智故'를 인위적인 꾸밈을 의미하는 '巧飾'로 설명하였다.

《장자莊子》는 다음과 같이 말한다.

夫函車之獸，介而離山，則不免於網罟之患。吞舟之魚，碭而失水，則螻蟻能苦之。故鳥獸不厭高，魚鱉不厭深。[531]

수레를 삼킬 만한 짐승이라도 혼자가 되어 산을 떠나면, 그물에 걸리는 재앙을 면치 못하고, 배를 삼킬 만한 물고기라도 뛰어나와 물을 벗어나면, 개미도 그것을 괴롭힐 수 있다. 그러므로 새나 짐승들은 높은 곳을 싫어하지 않고 물고기나 자라는 깊은 곳을 싫어하지 않는다.

When wild beasts, even of the largest size, leave their own mountains, they fall into the net, and the largest fish, unless they remain in the water, become a prey for ants; so neither do the birds complain that the trees are too high, nor the fish that the water is too deep.

---

530 역주 이 예문은 《淮南子·原道訓》에서 인용한 것이다.

531 역주 이 예문은 《莊子·庚桑楚》에서 인용한 것이다. '函'은 '받아들이다', '삼키다'라는 의미이다.

같은 작자는 다음과 같이 말했다.

山徑之蹊間，介然用之而成路，爲間不用，則茅塞之矣。[532]

산에 난 작은 길은 한동안 사람들이 사용하면 길을 이루지만, 한동안 사용하지 않으면 띠풀이 자라서 길을 막는다네.

When those mountain passes are well trod, a road is soon formed, but if no one goes over them, the shrubs spring up again in a short time, and the opening no longer appears.

아래 구절 역시 같은 작자(莊子)로부터 인용한 것이다.

風之過河也有損焉，日之過河也有損焉。請只風與日相與守河，而河以爲未始其攖也，恃源而往者也。[533]

바람이 황하를 지날 때도 물이 줄어들고, 햇빛이 황하를 지날 때도 물이 줄어든다. 비록 바람과 햇빛이 함께 황하에 있어도 황하는 그것들이 괴롭힌다고 여기지 않으니, 그것을 믿고 흘러가기 때문이다.

When the wind passes over the stream, it brushes somewhat from its surface. When the rays of the sun fall upon it, some of it is drawn away. But the wind and the sun in vain attack the stream. It dries not up, but constantly supplied from its fountain head, flows on in its wonted course.

공자도 전에 몇몇 아이들이 다음과 같이 노래를 하는 것을 들었다.

滄浪之水清兮，可以濯我纓。

창랑의 물이 맑거든 내 갓끈을 씻고,

If the *Tsanglang*'s stream be pure, then we will wash our caps,

滄浪之水濁兮，可以濯我足。[534]

창랑의 물이 흐리거든 내 발을 씻겠다.

---

532 역주 같은 작자라고 본문에서 언급했지만, 사실 이 예문은《孟子・盡心章下》에서 인용한 것이다.

533 역주 이 예문은《莊子・徐無鬼》에서 인용한 것이다.

but if the *Tsanglang*'s wave be turbid, then we will wash out feet.

맹자는 《시경詩經》의 구절을 암시하면서 다음과 같이 말했다.

吾聞出於幽谷遷於喬木者，未聞下喬木而入於幽谷者。[535]
나는 깊은 골짜기에서 나와 높은 나무로 옮겨 간다는 말은 들었어도, 높은 나무에서 내려와 깊은 골짜기로 들어간다는 말은 듣지 못했네.
I have indeed heard of many that I have forsaken the shady valley and ascended the lofty tree, but I never heard of one descending from from the high tree to bury himself in the deep vale.

공자는 강둑에 서서('在川上'), 노래하며 다음과 같이 말했다.

逝者如斯夫，不舍晝夜。[536]
사라져 가는 시간이 강물과 같구나! 밤낮을 쉬지 않고 흘러가는구나.
Alas! the stream flows on, and finds no rest either day or night.

'逝'(흐르다; to pass to glide)는 강물처럼 인생에도 적절하게 적용된다.

Labitur et labetur in omne volubilis ævum.

이 모든 예는 우언과 밀접한 관계를 지니며, 선택한 문자 대부분을 차지한다.

534 역주 이 예문은 《孟子 · 離婁上》에서 인용한 것이다.

535 역주 이 예문은 《孟子 · 滕文公上》에서 인용한 것이다.

536 역주 이 예문은 《論語 · 子罕》에서 인용한 것이다.

8.7.2 비유

맹자는 특히 이런 종류의 비교를 자주 그리고 능숙하게 사용하였다. 그는 질문에 답하거나 마음속에 있는 것을 설명하기 위하여 확실히 이 양식에 자주 의지했다. 그러나 이 예는 너무도 쉽게 제시될 수 있고 중국인들이 쉽게 용인할 수 있기에 여기에서 우리는 기회가 있다면 쉽게 모방할 수 있는 《맹자孟子》의 몇몇 예를 제시하고자 한다.

1. 어떤 왕은 그가 이웃 왕들보다 더 나은 방법으로 자신의 정부를 다스렸음에도, 왜 이웃 나라 국민의 수가 줄어들지도 않고 자국의 국민의 수가 늘어나지 않는지에 대해서 궁금해하였다.

孟子對曰: 王好戰, 請以戰喩。

맹자께서 대답하시길, "왕께서 전쟁을 좋아하시니, 전쟁을 비유로 들겠습니다.

Mangtsz̀ replied, your majesty is fond of war; let us then take an increase from battles.

棄甲曳兵而走, 或百步而後止, 或五十步而後止。以五十步笑百步, 則何如?

한쪽이 불리하여 갑옷을 버리고 병기를 끌고 달아나는데, 어떤 자는 100보를 도망간 뒤에 멈추고 어떤 자는 50보를 도망간 뒤에 멈추고서, 50보 도망간 자기 자신은 50보를 달아났다 하여 100보를 도망간 자를 비웃는다면 어떻겠습니까?"

He then makes the supposition that all the soldiers throwing down their arms betake themselves to flight, but that some flee a hundred paces and others only fifty, and that these laugh at the former. He then inquires whether they do well to laugh.

曰: 不可, 直不百步耳, 是亦走也。

왕이 말하길, "안 되지요. 다만 100보를 도망가지 않았을 뿐이지 이 또한 도망간 것입니다."

The king says not, because although they fled but fifty paces, they had yet fled, as well as the rest.

曰：王如知此，則無望民之多於鄰國也。[537]

맹자께서 말씀하시길, "왕께서 만일 이것을 아신다면 백성들이 이웃 나라보다 많아지기를 바라지 마소서."

Hence *Mangtsz* rightly concludes, Can you majesty then expect the number of your subjects to be increased.

존중하는 의미로 맹자가 명시적으로 언급하지는 않았지만 왕 역시 50보 달아난 자와 비슷하다는 논거가 분명히 암시되었다.

2. 맹자는 왕에게 자신이 세상의 주인이 되지 않는다면 그것은 그 자신의 잘못이라는 사실을 증명하기를 원하였으며, 이 비교를 이용하였다.

有復於王者曰：吾力足以擧百鈞，而不足以擧一羽。明足以察秋毫之末，而不見輿薪，則王許之乎？

맹자께서 말씀하셨다. "왕께 아뢰는 자가 말하기를 '제 힘이 3천 근을 들 수는 있으나 깃털 하나는 들지 못하며, 제 시력이 가는 털끝을 살필 수는 있으나 수레에 실린 나무 섶은 보지 못합니다'라고 한다면 왕께서는 이를 인정하시겠습니까?"

If one should say to your majesty, I can raise a weight of three thousand pounds, but I cannot lift a feather from the earth; I can see the minutest objects most cleary, but a cart load of hay I am unable to perceive. Would your majesty admit it?

曰：否。

왕이 답하길, "인정할 수 없습니다."

The king replies, it would be absured.

537 역주 이 예문은《孟子 · 梁惠王上》에서 인용한 것으로 이른바 '오십보백보'로 널리 알려진 고사에 관한 것이다.

今恩足以及禽獸，而功不至於百姓者，獨何與?[538]

"지금 왕의 은혜가 금수에게까지 미치면서도 그 효과가 백성에게 이르지 않음은 유독 어째서입니까?

Mangtsz resumes, your majesty extends favors even to the beasts, but does not take care of your own people. Is it not even so?

王之不王，不爲也，非不能也。[539]

왕께서 왕도정치를 행하지 못하는 것은 하지 않는 것이지 할 수 없는 것이 아닙니다."

Therefore you do not enjoy universal empire, not because you cannot, but because you do not wish it.

왕이 맹자의 말을 이해하지 못하며 다음과 같이 말한다.

曰: 不爲者與不能者之形何以異?

"하지 않는 것과 할 수 없는 것이 어떻게 다릅니까?"

그러자 맹자가 다시 설명하였다.

曰: 挾太山以超北海，語人曰'我不能'，是誠不能也。

"태산太山을 옆에 끼고 북해北海를 뛰어넘는 것을 사람들에게 말하기를 '나는 도저히 할 수 없다'라고 한다면 이는 진실로 할 수 없는 것이지만,

If you say to anyone, take this mountain and east it into the sea, and he should say, I cannot, he would speak the truth.

爲長者折枝，語人曰'我不能'，是不爲也，非不能也。

어른을 위하여 나뭇가지를 꺾는 것을 사람들에게 말하기를 '나는 도저히 할 수 없다'라고 한다면 이는 하지 않는 것이지 할 수 없는 것은 아닙니다.

Say to him, pluck that flower and bring it me; If he reply that he cannot, he speaks falsehood; He does not pluck the flower, not because he cannot,

---

538 역주 Premare(1847:295)에서는 "而至於百姓者, 獨何與?"로 '功不'가 빠져 있다.

539 역주 Premare(1847:295)에서는 "王之不爲也"로 '不王'이 빠져 있다.

but because he has not the will to do it.

故王之不王，非挾太山以超北海之類也，王之不王，是折枝之類也。[540]

그러므로 왕께서 왕도정치를 행하지 않는 것은 태산을 옆에 끼고 북해를 뛰어넘는 것과 같은 종류가 아니라, 바로 나뭇가지를 꺾는 것과 같은 종류입니다."

Your majesty resembles not the one who does not cast the mountain into the sea, but the one who will not pluck the flower.

이 구절에서 우리는 작자의 과도하게 장황한 예를 보았다.

3. 성경에서 현명한 여성 예언자인 나탄Nathan이 다비드 왕에게 말한 것처럼 특정 경우의 담화를 수정한 것과 관련 있는데, 우리는 그녀가 자주 맹자와 같은 방책을 추구하였음을 알게 된다. 우리는 다음과 같은 두 구절을 인용할 것이다.

王之臣有託其妻子於其友而之楚遊者，比其反也，則凍餒其妻子，則如之何?[541]

맹자께서 제나라 선왕에게 말씀하셨다. "왕의 신하 중에 자기 처자식을 친구에게 맡기고 초나라로 놀러 간 자가 있었는데, 돌아와서 보니 친구가 자기 처자식을 추위에 떨고 굶주리게 하였다면 어떻게 하시겠습니까?"

One of your majesty's subjects, departing to the *Tsu* kingdom, left his wife under the care of his friend till he should return. The unhappy wife during her residence with this friend liked to have perished with hunger and cold. What ought the husband to do on his return?

王曰: 棄之。

왕이 말하였다. "절교하겠습니다."

The King replied, he would discard the unfaithful friend

---

540 역주 이 예문은《孟子·梁惠王上》에서 인용한 것이다.

541 역주 이 예문은《孟子·梁惠王下》에서 인용한 것이다.

曰：士師不能治士，則如之何?

맹자께서 말씀하셨다. "옥獄을 맡은 관원이 소속 관원들을 제대로 다스리지 못하면 어떻게 하시겠습니까?"

Mangtsz continued: a certain magistrate cannot keep his inferiors in subjection. What sall be done in his case?

王曰：已之。

왕이 말했다. "그만두게 하겠습니다."

The king replied, let him be degraded from his office.

曰：四境之內不治，則如之何?

맹자께서 말씀하셨다. "사방의 나라 안이 다스려지지 않으면 어떻게 하시겠습니까?"

Mangtsz adds, In the four quarters of the kingdom there is no form of government; what must be done?

王顧左右而言他。

이에 왕이 좌우를 돌아보며 다른 말을 하였다.

The king looked at the by satnders and turned the conversation to another subject.

맹자는 또 다른 경우에 대해 같은 계획으로 시도하였고 더 큰 효과를 보았다. 공거심이라고 불리는 관리가 있었는데 맹자가 그에게 물었다.

子之持戟之士一日，子之持戟之士，一日而三失伍，則去之，否乎?

"당신의 창을 잡은 전사戰士가 하루에 세 번 대오隊伍를 이탈한다면 버리겠습니까? 그대로 두겠습니까?"

If one of your soldiers should desert his post twice or three times a day, would he do it with impunity, or would you dismiss him?

曰：不待三。

공거심이 대답하였다. "세 번까지 기다리지 않겠습니다."
Kusin replies, I would not wait for him to commit the third offence.

然則子之失伍也亦多矣。
"그렇다면 당신이 대오를 이탈한 것도 많습니다."
And yet *Mangtsz* rejoined, you are yourself in the same fault.

그리고 그는 사람들이 굶어서 죽고 있다는 사실로부터 이를 증명하였다. 거심은 자신의 잘못이 아니라고 답했다. 맹자는 이 우화를 연관시켜 대답하였다.

今有受人之牛羊而爲之牧之者, 求牧與芻而不得, 則反諸其人乎? 抑亦立而視其死與?[542]
"지금 남의 소와 양을 맡아 그 주인을 위해 길러 주는 자가 있으면 반드시 소와 양을 위해 목장과 꼴을 구할 것이니, 목장과 꼴을 구하다가 얻지 못하면 그 주인에게 소와 양을 돌려주어야 하겠습니까? 아니면 또한 소와 양이 죽는 것을 서서 보고만 있어야 하겠습니까?"
A certain man takes neighbors flock to keep. He seeks pasturage where he may feed them. If none can found, shall he look on with indifference and see them perish miserably, or shall he rather return them to him to whom they belong?

曰: 此則距心之罪也。
"이는 저의 잘못입니다."
Kung Kusin replied, I am in fault.

他日, 見於王曰知其罪者, 惟孔距心爲王誦之。
후일에 맹자께서 왕을 뵙고 말씀하셨다. "자기의 죄를 알고 있는 자는 오직 공거심뿐입니다." 그리고는 왕에게 그 내용을 말하자,

---

542 역주 Preamare(1847:297)에는 중간에 "則必爲之求牧與芻矣" 구절이 빠져 있다. 또한 원문과 달리 "則反諸其人?"으로 '乎'자가 누락되었다.

On another occasion, *Mangtsz* said to the king, among your majesty's officers, I have found one *Kung Kusin* who is willing to acknowledge a fault. He then relates all that had occurred.

王曰: 此則寡人之罪也。[543]

왕이 말하였다. "이는 과인의 죄입니다."

The king replied, I am the guilty person.

8.7.3 은유

중국어가 지시하는 모든 문자에 관한 여섯 부류 중의 하나가 '假借'이며, 이로부터 몇 가지 은유를 이해할 수 있다. 그러나 '은유'(metaphor)라는 용어에 의해 일반적으로 의미하는 것보다 훨씬 많은 것들이 중국어의 이 표현에 포함된다.

1. 문자들은 몇몇 실례에서 한 부류에서 다른 분류로 생겨난다. '二'와 '三'은 첫 번째 부류에 속하며 문자 '一'만큼이나 단순하다고 여겨진다. 그러나 실제 용법에서 그들은 이 단일성으로부터 복수 '二'와 '三'을 지시하기 위해 파생된 것이다. 그러나 이 변화에서 그들은 네 번째 부류로 옮겨가며 '二'는 두 개체로 '三'은 세 개체로 구성된다.

2. 장소, 왕국, 가족, 사람의 고유 명사뿐만 아니라 모든 불변화사는 가차에 속하는데, 모든 이 문자들은 먼저 그 자신의 고유 의미를 지니며, 다음으로 이로부터 생소한 의미(foreign signification)로 변한다.

3. 한 문자가 어떤 의미를 표현하려고 할 때, 또 다른 것이 가정된

543 역주 이 예문은《孟子 · 公孫丑下》에서 인용한 것이나.

다. 예를 들면 '緣'은 '가장자리'를 의미하지만, '어떤 것의 원인'을 지시하는 것으로 여겨진다. '縣'은 원래 '공격하다'를 의미하지만 '세 번째 구역'(현)을 지시하는 것으로 여겨진다.

4. 때때로 한 글자는 또 다른 것을 대체한다. 《서경書經》에서 '知'는 '智'와 같이 쓰인다. 《산해경山海經》에서 '俊'은 '舜' 대신 사용되었다. 《열자列子》에서 '進'은 '盡'과 같으며, 《대학大學》에서 '后'는 '後' 대신 사용되었다.

5. 많은 문자가 분명히 반대 의미를 지닌다. 이 수사는 어의 반용(antiphrasis)으로 명명된다. 예를 들면 '亂'은 어지러움을 만드는 것을 분명히 의미하지만, 그것의 은유 의미는 현명하게 통치하고 질서정연하게 배열하는 '治'와 '理'와 같다. '亂臣'은 정부의 권력을 유지하는 데에 도움을 주는 충신이다. '毒'은 분명히 '독'을 의미하지만 《역경易經》에서 그것은 '養'과 같은 의미로 사용되었다. '蠱'은 세 마리 '벌레'(蟲)에 의해 부식된 배를 의미하지만, 은유적으로 '씻다'를 의미하며, 이에 좋은 조건에서 배를 복원하는 것을 뜻한다. '淸'은 '순수하고 맑음'을 의미하며 어의 반용에 의해 그것은 화장실을 나타낸다.

6. 진짜 의미와 비유 의미 사이에서 유사가 빈번하게 존재하는데, 일반적인 의미에 따라 그것은 진정한 은유라고 할 수 있다.[544] 따라서 '能'은 '곰'을 의미하지만, 은유적으로 '능력, 강함'을 의미한다. '象'은 원래 '코끼리'를 의미하지만, 일반적으로 상징적인 모습을 나타내는 데 사용된다. '豪'는 원래 '야생돼지'를 나타내지만, 은유적으로 '호걸'

544 역주 Premare(1847:298)에는 번호 '6'이 누락되어 있다.

을 나타낸다. '珍'은 원래 '진주'를 의미하지만, 은유적으로 '진귀한 음식'을 의미한다.

7. 포함된 것에 대한 용기 또는 제유(synecdoche)라고 불리는 수사가 있는데, 예를 들면 '세대주'(householder) 대신 '집'(the house), '앉아 있는 사람'(the person sitting) 대신 '의자'(the seat), '왕'(the king) 대신 '광대'(the crown), '돈'(the money) 대신 '지갑'(the purse)을 사용한다.[545] 중국어에서 좀 더 일반적인 것은 없다. '山川'(산과 내)은 '산과 내'에 서식하는 얼들(spirits)을 의미한다.[546] '城隍'(성과 해자)은 도시의 보호령(성황신)을 칭한다. '朝廷'(궁정과 궁중)은 중국 황제를 의미한다. 이에 서구에서는 터키 황제를 나타내는 'the Port'는 '성스러운 바다'(The Holy See)를 의미하며, '府'는 '부'(府: '행정구역', '관청')를 의미한다. '堂'(대청)은 '모친'을 의미하며, '室'(방)은 '아내'를 나타낸다. '琴瑟'은 원래 두 악기(거문고와 비파)로 이 명칭은 부부를 뜻하게 된다. 서면어이든 구어이든 이 수사보다 더 일반적인 것은 없다.

8. 불변화사 '若'과 '如'는 은유를 약화시키기 위해 사용된다.

> 就義若渴者,[547]
> 의로 나아감이 목마른 듯이 하던 자가,
> To thirst as it were for justice,
>
> 其去義若熱。
> 의를 버리기를 뜨거운 것 버리듯이 한다.

---

545 역주 이는 오늘날 환유(metonomy)라고 불리는 수사법이라고 할 수 있다.

546 역주 이 문장은 '山川'이 자연을 의미한다는 것으로 볼 수 있다.

547 역주 이 예문은 《莊子 · 列御寇》에서 인용한 것이다.

to avoid justice as one would avoid the flames.

形若槁骸，心若死灰。[548]

몸은 말라 버린 나무줄기 같고 마음은 불 꺼진 재와 같다.

A body like a dry carcass, a heart like dead ashes; i.e. perfectly dead to himself.

如槁木死灰。

말라 죽은 고목과 불 꺼진 재와 같다. 아무런 느낌이 없다. 냉담하다.

Like a dead stock or like cold ashes.

脣如激丹。[549]

입술은 밝은 단사와 같다.

Lips like coral.

女如玉，如春。

아가씨가 옥과 같다. 또는 봄과 같다.

A lady fair as a gem, or as the early spring.

9. 그것들이 마음속에서 다시 떠오름에 따라 여러 잡다한 은유가 여기에서 제시될 것이다.

洗辱。

모욕을 씻다.

To wash off his disgrace.

'洒辱'이라고도 쓴다.[550] 그들은 또한 '雪恥'(치욕을 씻다; to wash off

---

548 역주 이 예문은《莊子 · 知北游》에서 인용한 것이다.

549 역주 이 예문은《莊子 · 盜跖》에서 인용한 것이다. 여기에서 '激'은 '皦'(밝다)의 뜻이다.

550 역주 원문에서는 *Nangtsz*라고 나오는데 실제로 누구인지는 불분명하다. 실제로 언어 자료나 코퍼스에서 '洒辱'의 예를 찾을 수 없다.

an injury)라고도 말했다.

한편 《장자莊子》는 다음과 같이 말했다.

以言餂人。

말로써 사람을 핥는다. 아부한다.

To lick men with words, to flatter.

以其所好，籠人。[551]

그가 좋아하는 것으로 그를 사로잡다.

To entrap a man by something of which he is fond.

心醉。

심취하다. 도취되다.

A mind intoxicated.

'怒'(화)는 바위 사이로 졸졸 흐르는 물, 또는 넘실거리는 파도를 지시하는 데에 사용된다.

怒讀。

독기를 품고 공부하다

To study with a vengeance.

怒耕。

맹렬하게 쟁기질하다.

To plow furiously.

베르길리우스는 다음과 같이 말했다.

Aut unde iratus silvam devenit arator.

---

551 역주 이 예문은 《莊子 · 庚桑楚》에서 인용한 것이다.

'柳'(버드나무)는 《장자莊子》에서 몸의 혹을 가리키는 데에 사용되었는데, 왜냐하면 비슷한 사마귀를 버드나무의 몸통에서 볼 수 있기 때문이다. '鑄人'은 불 속의 금속과 같이 참된 교의로서 '인재를 양성하다'를 나타낸다. '虎賁'(용맹스러운 군사)는 호랑이가 희생양을 덮치듯이 적진으로 돌진한다.[552] 두 번째 문자 '賁'은 '奔'과 같다. 호메로스의 일리아드에서 아킬레우스는 날 듯이 달렸다고 했지만, 날려고 한 것은 아니다. '猾'은 나라의 버러지 같은 인간(worm)이다. 호랑이에게 잡아먹히는 이 파충류는 호랑이의 생명을 갉아먹으므로, 악당이라고도 불렀다.[553]

> 智之蝨, 仁之螣, 義之蠹。
> 지혜로운 자는 가뢰로, 인자한 자를 등사로, 의로운 자를 벌레라고 하였다.

《맹자孟子》는 다음과 같이 말했다.

> 人溺不援, 是豺狼。[554]
> 다른 사람이 물에 빠졌는데 구해 주지 않는 승냥이와 같다.
> He is worse than a brute who, refuses succor to a person shipwrecked.

《장자莊子》는 다음과 같이 말했다.

> 百姓無天。[555]
> 백성들이 하늘처럼 떠받드는 훌륭한 사람이 없다.

---

552 역주 '虎賁'은 '천자를 앞뒤에서 호위하고 따르는 군사'("天子有虎賁"《國語 · 魯語》)를 가리킨다.

553 역주 원문의 *Wan Chungtsz*가 누구를 가리키는지는 불분명하다.

554 역주 《孟子 · 離婁上》의 원문은 "嫂溺不援, 是豺狼也"로 Premare(1847:300)의 예문과 다소 다르다.

주석에 따르면 이는 '無主'(나라에 군주가 없다)를 의미한다.

인간의 영혼과 신체를 나타내는 데 사용되는 몇 가지 주목할 만한 은유가 있다.

志氣
지기, 의지와 기개
the voluntary principle, the essence of volition

神氣
신기, 정신과 기운
the spiritual essence

道舍[556]
도덕의 귀결점
the abode of reason

靈府
정신이 깃들어 있는 곳
the city of intelligence

神明之宅
정신이 머무는 곳
the intelligent mind's abode

이에 그들은 한 사람 또는 신체의 마음을 '心'이라고 부르는데, 마음은 '室'(아내를 지시)[557]과 같은 방식으로 그것의 자리를 갖고 있다고 생

555 역주 《莊子 · 田子方》의 원문은 "百姓之無天也"로 Premare(1847:300)의 예문과 다소 다르다.

556 역주 《韓非子 · 揚權》에서 다음과 같은 문장 "故去喜去惡, 虛心以爲道舍"가 있다.

557 역주 Premare(1847:300)의 원문에서 '室'이 '처'를 나타낸다고 하였지만, 본문의 맥락상 '室'은 아내보다 '방'을 나타낸다고 보는 편이 좀 더 타당하다.

각된다.

장자는 신체를 '耦'라고 불렀는데, 주석자는 이에 대해 다음과 같이 말했다.

> 身與神爲耦。
> 몸과 정신이 짝을 이룬다.
> The body is the soul's companion.

'耦'는 '두 사람이 나란히 밭을 갈다'를 나타내므로, 두 사람이 분담해서 일한다는 것을 의미한다.

우리는 또한 '天袋'(하늘의 자루; the sack of heaven or the Lord's sack)를 볼 수 있으며, '天弢'(하늘의 활 통)도 같은 의미이다. 문자적으로 그것은 하늘의 활 통을 나타낸다.

> 言心聲也，書心畫也。[558]
> 말은 마음의 소리이고, 글(書)은 마음의 그림이다.
> Words spoken are the utterance of thought, writings are the picture of thought.

《서경書經》에서는 다음과 같이 언급하였다.

> 丘陵翔儛。[559]
> 구릉이 춤추듯 비상한다.
> Mountains and hills dance for joy.
>
> 鳥獸蹌而獸率舞。
> 새와 짐승들이 춤을 추고, 짐승들이 춤을 춘다.

558 역주 이 예문은 《揚子法言 · 問神》에서 인용한 것이다.

559 역주 이 예문은 실제로는 《楚辭 · 九懷 · 株昭》에 나온다.

The birds and the beasts exult with joy, and leap at the sound of the harp.

같은 작자는 다음과 같이 말했다.

江南朝宗於海。[560]
강수江水와 한수漢水를 모아 바다로 흘러 들어가게 한다.
The *kiang* and *han* send their tribute to the sea.

구양수는 어떤 집을 다음과 같이 묘사하였다.

拂雲之亭, 澄虛之閣, 淸讌之堂, 榭賓之圃。[561]
불운정, 징허각, 청연당, 빈객들이 쉴 수 있는 정원.
Its top reaches to the clouds, it is the abode of purity and silence, it is the home of cleanliness and quiet, it is the garden of hospitality and social intercourse.

10. 문체의 우아함으로 유명한 작품에서 나오는 이런 종류의 모든 은유는 착실히 수집되어야만 한다. 고상한 작문에서 잘 꾸며 낸 비유보다 더 큰 장점을 나타내는 것은 아무것도 없다. 이에 대부분 동의하는 《이소경離騷經》이란 부로 2,492자로 구성되며 70개의 운을 가졌으며, 유려하고 선택된 은유로 내내 배치되어 있다. 작자는 아름다운 연인으로 왕을 이야기했다. 향기로운 꽃들은 덕을 나타내며, 냄새가 고약한 꽃들은 악을 나타낸다.

560 역주 이 예문은《書經·夏書·禹貢》에서 인용한 것이다.

561 역주 이 예문의 원문은《眞州東園記》로 다음과 같다. "臺吾望以拂雲之亭, 池吾俯以澄虛之閣, 水吾泛以畫舫之舟, 敞其中, 以爲淸讌之堂, 闢其後, 以爲射賓之圃"(누대는 내가 불운정에서 바라보며 못은 내가 징허각에서 굽어보며 물에는 내가 화방주를 띄우고 그 가운데를 넓게 틔워 청연당을 만들고 그 후원의 땅을 일구어 빈객들이 쉴 수 있는 정원을 만들었다).

飮木蘭之墜露，餐秋菊之落英。
목란에서 떨어지는 이슬을 받아 마시고, 국화에서 날리는 꽃잎을 먹었다. 즉 나는 이 사람들에 의해 경시된 미덕에 의존한다.
I drink, he says, the dew falling from the sweet smelling *Lan*, eat the grateful *kiu* which fall in autumn.

굴원은 꽃으로 옷을 입고, 그런 다음 여행을 계속하며, 천국을 지나가며, 다음과 같이 명을 내렸다.

吾令羲和[562]弭節兮望，望崦嵫而勿迫。
나는 의화에게 속도를 늦추게 하고, 엄자산으로 다가가지 말라고 한다.
Orders the charioteer of the sun to move gently, and not to rush on sun precipitately.

마침내 그의 여행은 끝나 간다.

飮余馬於咸池兮，總余轡乎扶桑。[563]
함지에서 말에게 물을 먹이고 부상에 말고삐를 맨다.
He dips his horse in the waves in which the sun is immerged, and fastens the reins to the tree from which the sun proceeds in his course.

같은 장소[564]에서 그는 태양에 다음과 같이 말한다.

青雲衣兮白霓裳，擧長矢兮射天狼．操余弧兮反淪降。[565]
푸른 구름을 상의로 무지개를 하의로 삼고, 긴 활을 들어 천랑성으로 쏘네. 내 활을 가지고 서쪽으로 내려간다.
I throw my azure mantle on my shoulders and below gird myself with the

562 역주 羲和는 태양신의 수레를 모는 신이다.

563 역주 Premare(1847:301)에는 '總' 대신 '揔'으로 나와 있다.

564 역주 같은 장소는 바로 《楚辭》의 '東君'을 의미한다.

565 역주 Premare(1847:301)에는 "輿長矢兮射天狼. 操余弧反淪降"으로 나와 있다.

yellow rainbow. I take my arrows, with which I pierce the celestial wolf. I gird on my quiver and descend below.

마지막 절에서 '余'가 사용되었는데 왜냐하면 태양이 말하는 것처럼 표현되기 때문이다. 태양은 동쪽에서 뜨고 서쪽에서 진다. 태양신은 상징으로 사용되었으며, 악을 파괴하지만 칭찬받을 만한 행동으로 인해 칭송되지는 않는다. 이렇게 주석자는 이 구절의 설명을 제시한다.

8.7.4 우언

앞 단락에서 제시된 중국어 시에 대한 설명은 대부분의 우언에도 적용할 수 있지만, 후자는 좀 더 넓은 의미를 지닌다. 왜냐하면 그것은 단순 비교 또는 은유만을 포함하는 것이 아니라 비유, 상징, 교훈담, 수수께끼와 우화 등을 포함하기 때문이다. 우언의 자질과 중요성을 무시하는 한 '경'에 자신의 기술을 시험하지 말라고 하는데, 특히 근원이라고 할 수 있는 《역경易經》에 대해서는 더욱 그러하다. 하늘, 땅 그리고 만물에 대한 유사성으로 구성된 《역경易經》은 전체가 완벽한 상징이라고 할 수 있다. 시와 서는 《역경易經》의 상징에서 발견된 것들만을 가르친다. 이는 그것의 대상에 대해 선의의 묘사를 가지며, 모든 상징에 그림자를 드리운다. 하늘과 땅, 태양과 달, 왕과 신하, 남편과 아내는 이것에서 가장 현저하다. 이 칭송받는 고전들의 일반적인 양식과 범위가 무엇인지를 제안하는 것 외에는 더 이상은 필요하지 않다.

《역경易經》 다음으로 읽을 만한 가치가 있는 저서로는 《장자莊子》와 《열자列子》가 있는데, 특히 우언을 능숙하게 다루므로, 몇몇 예가 이들로부터 인용될 것이다.

1. '화서씨'의 나라는 배나 수레 또는 걸어서 갈 수 있는 곳이 아니며 오직 정신으로만 가능한데, 《열자列子》에서 이를 "非舟車足力之所及神游而已"라고 묘사하였다.

其國無師長, 自然而已。
그 나라는 우두머리가 없고 저절로 되어 갈 따름이었다.
In this kingdom there are no kings or masters.

其民無嗜欲, 自然而已。
그 백성은 욕망이 없고, 되는 대로 살아갈 따름이었다.
Nor do the people know any of the goadings of licentious passions.

不知樂生, 不知惡死, 故無夭殤。
삶을 즐길 줄도 모르거니와 죽음을 싫어할 줄도 몰라서 일찍 죽는 사람이 없었다.
There pure nature reigns, they are neither too strongly attached to life, nor do they fear death. There is therefore no premature death.

不知親己, 不知踈物, 故無愛憎。
자기를 더 위할 줄도 모르거니와 남을 멀리 대할 줄도 몰라서 사랑도 미움도 없었다.
They neither attended exclusively to themselves, nor discard all personal consideration. Thus they neither suffer the impediments of love or hatred.

不知背逆, 不知向順, 故無利害。
거슬러 반역할 줄도 모르거니와 순종할 줄도 모르고 이롭고 해로운 게 없었다.
They neither calumniate in a secret, not flatter openly. They are thus ignorant of damage and profit.

都無所愛惜, 都無所畏忌。[566]
아끼고 애석하게 여기는 것도 전혀 없거니와 두려워하고 꺼리는 것도 전혀 없었다.

入水不溺，入火不熱，

물에 들어가도 빠져 죽지 않고 불에 들어가도 뜨거워하지 않으며,

They go under the water, but are not drowned. They go into the fire, but are not burnt.

斫撻無傷痛，指擿[567]無痟癢。

찌르고 매질해도 상하거나 아파하는 일이 없고, 꼬집고 할퀴어도 쓰라리고 쑤시는 것을 몰랐다.

You strike them, but they feel no pain, nor are they conscious of the stroke. You scratch them with the nails, but there is no sensation of itching.

乘空如履實，寢虛若處牀。

공중을 날아다니기를 땅을 밟고 다니는 것같이 하고 허공에 누워 잠자기를 침대 위에 누워 잠자듯이 했다.

They traverse a vacuum as easily as others walk upon solid earth. They sleep in a vacuum, as upon a soft mattress.

雲霧不硋其視，雷霆不亂其聽。

구름과 안개도 그들의 눈이 보는 것을 가리지 못하고 벼락 치는 소리도 그들의 귀가 듣는 것을 어지럽히지 않았다.

No clouds, or frosts injure their eyes. No thunder with its crash strikes upon their ears.

美惡不滑其心，山谷不躓其步，神行而已。[568]

아름다움과 흉함도 그들의 마음을 어지럽히지 않았다. 산과 골짜기도 그들의 걸음을 멈추게 하지 못하고 정신으로 내왕하고 있었다.

They make no distinction between the deformed and beautiful. Mountains and hills retard not their steps. They lead a purely spiritual life.

---

566 역주 이 문장의 영문 해석은 누락되어 있다.

567 역주 Premare(1847:303)에서는 '指摘'으로 나와 있는데, 이는 '指擿'은 손가락으로 꼬집고 할퀴는 행위를 가리킨다.

568 역주 이 예문은《列子 · 皇帝》에서 인용한 것이다.

2.

莊子行於山中，見大木，枝葉盛茂，

장자가 산중을 가다가 큰 나무를 보았는데, 가지와 잎이 무성하였다.

Chwangtsz was walking on a mountain covered with woods. He saw there a tree talland thickly set with foliage and branches.

伐木者止其旁而不取之也。[569]

나무를 자르는 사람이 그 옆에 멈추었으나 베지 않았다.

Some men were near with their axes but did not touch it.

問其故。曰: 無所可用。

그 까닭을 물으니 말하였다. "쓸 수 없기 때문이오."

He inquired of them the reason. They replied, because the wood is of no value.

莊子曰: 此木以不材，得終其天年。

장자가 말했다. "이 나무는 재목감이 되지 못하는 이유로 그 천명을 다할 수 있구나."

This tree then, said *Chwangtsz*, will complete its age because it is of no use.

夫子出於山，舍於故人之家。

장자가 산에서 나와 친구의 집에 묵었다.

He afterwards came down from the mountain and turned aside on his way to visit his friend.

故人喜，命豎子殺雁而烹之。

친구가 반가워하면서, 심부름하는 아이를 시켜 거위를 잡아 삶도록 하자.

The friend very glad to see him, commanded the boy to kill and serve up for his use the fowl called the yen.

豎子請曰: 其一能鳴，其一不能鳴，請奚殺?

---

569 역주 《莊子》 원문에는 "伐木者止其旁而不取也"로 '之'자가 빠져 있다.

종아이가 물었다. "한 마리는 잘 울고, 한 마리는 잘 울지 못하니, 어느 것을 잡을까요?"
The boy replied, but there are two of them: one has a voice, the other is mute; which shall be killed?

主人曰: 殺不能鳴者。[570]
주인이 말하였다. "잘 울지 못하는 놈을 잡아라."
The master replied, kill the dumb one.

明日, 弟子問于莊子曰:
이튿날 제자가 장자에게 물었다.
On another day the disciples said to their master

昨日山中之木, 以不材得終其天年,
"어제 산속의 나무는 재목감이 되지 못하는 이유로 그 천명을 다하였고,
The tree remained standing because it had no value,

今主人之鴈, 以不材死, 先生將何處?
지금 주인의 거위는 재목감이 되지 못하는 이유로 죽었으니, 선생님께서는 장차 어디에 위치하시겠습니까?"
and the fowl was killed for want of certain organs, what then would you choose?

莊子笑曰: 周將處夫材與不材之間。
장자가 웃으면서 말하였다. "나는 재목감이 되는 것과 재목감이 되지 못하는 것 사이에 위치하였다.
Chwangtsz smiling said, If I desire a middle course in respect of natural qualifications.

材與不材之間, 似之而非也, 故未免乎累。
재목감이 되는 것과 재목감이 되지 못하는 것 사이는 비슷하나 아니니, 그래서 얽매임에서 벗어나지 못하였다.

570 역주 Premare(1847:304)에는 '打開字典顯示相似段落顯示更多訊息'이란 구절이 빠져 있다.

That is, both to have and not to have them, I shall study to appear what I am not in fact, and thus shall not be free from annoyance.

若夫乘道德而[571]

만약 저 자연의 도를 따라 노닐면 그렇지 않다.

Far better is it that relying upon reason and virtue as upon a magnificent chariot, to proceed in the presence of the first Parent of all things.

浮游乎萬物之祖，物物而不物於物，則胡可得而累邪!

만물의 근원에서 노닐고 외물을 외물로 상대하고 외물에 부림 받지 않으니, 어찌 얽매일 수 있겠는가?

In such a manner that circumstances shall be made to depend upon my own choice, rather than that I should be required to depend on circumstances, without reference to my own volition. Thus shall I be free from all molestation and crossing of my designs,

此神農黃帝之法則也。[572]

이것이 신농씨와 황제의 법칙이니라."

Which is indeed the method of the ancients, *Shinnung* and *Hwangti*.

3.

方舟而濟於河，有虛船來觸舟，

나란히 묶은 배로 강을 건널 때 빈 배가 와서 배에 부딪히면,

It happens that while one vessel is crossing a stream, another vessel without anyone in it. comes along and strikes upon the vessel that is crossing.

雖有惼心之人不怒。

비록 속이 좁은 사람이라도 화를 내지 않지만,

No one, however irascrible naturally, would think of execising resentment

---

571 역주 《莊子》 원문에서는 "若夫乘道德而浮游則不然"으로 나오며, 또 '無譽無訾, 一龍一蛇, 與時俱化, 而無肯專爲。 一上一下, 以和爲量' 부분이 빠져 있다.

572 역주 이 예문은 《莊子 · 山木》에서 인용한 것이다.

upon an empty vessel.

有一人在其上，則呼張歙之。

그 위에 한 사람이 있다면 배를 당기든가 거두라고 소릴 지를 것이다.

But If there be in the vessel even a single person, he is admonished at once with loud calls to be careful and keep out of the way.

一呼而不聞，再呼而不聞，於是三呼邪，則必以惡聲隨之。

한 번 소리치는데 듣지 못하고 두 번 소리치는데 듣지 못하면 이제 세 번째 소리칠 때는 틀림없이 좋지 못한 소리가 이어질 것이다.

If after the first and second admonition he make no reply, the third time he is chided with much more vehemence and in harsher language.

向也不怒而今也怒，

아까는 화내지 않았는데 지금을 화를 내는 것은

In the first instance there was no exitement, but in the last they are all in a rage: why is this?

向也虛而今也實，[573]

아까는 빈 배였지만, 지금은 사람이 있기 때문이다.

In the former case the vessel was empty, in the latter it has someone in it.

人能虛己以遊世，其孰能害之![574]

사람이 자기를 비우고 세상을 살아갈 수 있다면 누가 그를 해칠 수 있겠는가?

If anyone pass with a pure heart through this world, who will be able to do him harm?

따라서 이는《장자莊子》에서 특별히 적용된 것이다.

---

573 역주 이 구절에서 Premare(1847:305)에는 '向' 대신 '何'자로 나와 있는데, 오자로 보인다.

574 역주 이 예문은《莊子 · 山木》에서 인용한 것이다.

4. 그림자는 다음과 같이 묘사된다.

予有而不知所以。

나는 그러함이 있지만, 그 까닭을 알지 못한다.

I exist indeed, but know not how.

予蜩甲也,[575] 蛇蛻也, 似之而非也。

나는 매미의 껍질이고 뱀의 허물이지만, 비슷하면서 아니다.

I am like the covering of a grasshopper, or the slough of a serpent, similar to things which exist and yet no real object.

火與日, 吾屯也。

불빛이나 햇빛에서 나는 모이지만,

When the light of the sun or a fire is present, I immediately make my appearance,

陰與夜, 吾代也。

그늘과 밤에는 나는 사라진다.

When night comes on, I disappear.

彼吾所以有待邪。

그것들이 내가 의지하는 것들이겠는가.

I wait for them, they also wait for me.

而況乎以有待者乎。

하물며 의지함이 없는 것들이겠는가.[576]

彼來則我與之來,

그것들이 나타나면 나도 그것들과 함께 나타나고,

They come, I come.

---

575 역주 Premare(1847:305)에는 이 '予'자가 빠져 있다.

576 역주 이 문장에 대한 영문 해석은 빠져 있다.

彼往則我與之往。[577]

그것들이 사라지면 나도 그것들과 함께 사라진다.

They depart, I also depart.

이 상징 또는 수수께끼는 주석자에 의해 다음과 같이 설명된다. 그림자는 불빛과 몸통을 기다렸다가 나타난다. 생겨나고 소멸하는 만물이 주님의 명령을 기다릴 뿐 홀로 무를 기다리는 것에 관해 아무것도 필요하지 않으며, 주님 없이는 아무것도 존재하거나 사라질 수 없다.

577 역주 이 예문은《莊子 · 寓言》에서 인용한 것이다.

제9장 서 면 어

구[578]

내가 여기에서 언급한 중국어 문법학자들은 용어 '句'의 사용에 관하여 나만큼 엄격하지는 않다. 이 중국어 단어의 의미는 그리스어 용어 'phrasis'(文句)와 같다. 따라서 사전은 문장을 완성하기 위해서 문자 '句', '止', '詞絶'을 설명한다. 용어 '句' 또는 'phrasis'가 이 생각과 일치하기 위해서는 의미가 어느 정도 독립적이어야만 한다. 따라서 문법학자들은 한 문자로만 구성된 '句' 또는 구의 모음을 제시하지는 않지만, 한 문자가 독립적이고 또 마무리된 문장의 호소력을 가진 경우가 많이 존재한다는 점은 확실하다. 그러나 한편 그 자신의 모음에서 둘 또는 세 자로 된 구가 많은 경우에 다른 문자와 연결되지 않고 홀로는 의미가 통하지 않는데, 나는 그가 잘못했거나 그가 '句'라는 불리는 용어가 단어 'phrasis'에 의해 일반적으로 이해되는 것과 다르다고 추론

578 역주 원문에서는 이 장의 제목이 없지만, 내용과 색인을 보면 제목이 '구'(phrases)임을 알 수 있다.

할 수 있다.

비록 현재 장이 이전 장만큼 그렇게 중요하지는 않지만, 내가 생각하기에는 전혀 쓸모가 없지는 않다. 여기에서 제시된 구의 방대한 모음으로부터 중국어 작문의 문체는 점점 더 익숙해질 것이며, 동시에 외국 학생들이 중국어로 작문할 때 중요한 일이 될 것이다. 제시된 대부분의 구는 고대 속담 또는 고상한 은유 또는 중요한 정서에서 발견되며, 거의 모든 실례에서 중국어 작문에서 필수적이지만 부분들의 관계 또는 몇몇 대조가 발견된다.

9.1 한 자로 이루어진 구

문법 규칙을 따를 때마다 의미는 한 문자 뒤에서 절대적으로 이해되는데, 그것은 후속 문자들(succeeding characters)과 결합할 수 없다. 예는 다음과 같다. 《서경書經》에서 문자 '咨'[579]를 볼 수 있는데, 주석자는 다른 이를 책망할 때 사용되는 단어라고 추측하였다. '吁'는 '떨어져, 꺼져'(away, be gone)를 나타낸다.[580] '於'는 '嗚'과 같으며, 탄식을 나타낸다. '都' 역시 같은 의미를 지닌다. '俞'는 '찬성'을 나타내는 용어이다. '何'는 '무엇?, 어떻게?'(what?, how?)를 나타낸다.

579 역주 Premare(1847:307)에서 '咨'로 표기되었다. 이는 "咨！四岳"과 같이 탄식을 나타내는 감탄사로 쓰였다는 의미이다.

580 역주 '吁' 역시 탄식을 나타내는 감탄사라는 의미이다.

같은 책에서 고유 명칭을 볼 수 있다. 이들이 호격으로 쓰였을 때는 후속 구에 사용되지 않는데, 예를 들면 '棄', '契', '龍' 등이 있다.

《맹자孟子》와 다른 책에서 우리는 '然', '否', '嗟', '噫', '意', '嘻'는 같은 의미(아아!)와 용법(감탄)을 가졌음을 볼 수 있다. '毋'는 '금지' 또는 '싫어하다'를 나타내는 단어이다. 《논어論語》에서 '辭'는 '사양하다', '거절하다'를 나타낸다. '諾'은 '좋다', '승낙하다'를 나타낸다.

> 惡, 是何言也?[581]
> 아, 이게 무슨 말입니까?
> But begone; what is it you say?

구어에서 '是', '來', '去', '等' 등이 사용된다. '唾' 또는 '呸'는 다른 사람의 면전에서 침을 뱉는 것과 같은 경멸을 나타내는 용어이다. '呀'는 '놀라움'을 나타낸다.

9.2 두 자로 이루어진 구

1. 우리는 먼저 여러 가지 애정을 나타내는 불변화사의 단순 조합을 볼 것인데, 예를 들면 '於乎', '於戲'와 좀 더 보편적인 '嗚呼'(오호라), '何則', '何故', '何爲'(왜, 무슨 이유로, 어떤 연유로), '雖然'(비록) 등이 있다. '奈何?'(어찌~하겠는가?), '曷來?'(왜~그러한가?), '奚之?'(어디에 있겠는가?)

581 역주 이 예문은《孟子 · 公孫丑下》에서 인용한 것이다.

가 있다.

2. 다음으로 우리는 두 문자가 완벽한 구를 구성하는 것을 볼 것인데, 예를 들면 '弗弔'(좋지 않다, 나쁘다), '怨乎?'(원망하셨습니까?), '亡之'(죽겠구나), '命矣'(천명이로다)가 있다. 이에 공자는 '美哉'(아름답도다)를 맨 끝에 위치시켜 제자 한 명에게 말하였다. '詩云'(《시경詩經》에서 말하길), '子曰'(공자가 말하길)이 있다. '首路'(여정을 시작하다), '潤筆'(붓을 적신다, 글을 쓴다), '捧腹'(우스워서 배를 움켜쥐다), '膚淺'(생각이 얕다), '下走'(내려가다), '鈎名'(명성을 낚다), '目送'(목송하다, 눈으로 뒤좇다), '飮泣'(눈물을 삼키다), '食言'(약속한 말을 지키지 않다), '平生'(평생), '姑息'(일시의 안일을 구하다, 제멋대로 하게 두다)가 있다.

공자가 피하는 데 익숙한 네 가지가 있으니(네 가지 결점이 없으신데), 1. '毋意'(마음대로 생각하지 않으시고), 2. '毋必'(덮어놓고 긍정을 하지 않으셨으며), 3. '毋固'(고집 부리지 않으셨고), 4. '毋我'(오직 나만이 바르다고 하지 않으셨다)이다.[582]

3. 다음의 예에서 구는 절대적이지 않다. 그들은 주목을 끌기 위해 여러 가지 대상에 대한 우아한 명칭이다. 예를 들면 '泰元'(하늘), '朱明', '東君', '燭龍'(태양), '羲和'(해를 맡은 관원), '扶桑'(해가 뜨는 동쪽에 있는 나무), '白駒'(햇빛, 준마), '蠕蝀' 또는 '帝弓'(무지개), '嫦娥'(달), '望舒' 또는 '纖呵'(달의 마부), '天狼'(천랑성, 시리우스), '女夷'(꽃의 여신), '王化'(임금의 덕화), '王木'('梓'라고 불리는 나무), '仙友'(계화, 계수나무의 꽃), '淨友'(수련), '芳化'(난), '龍牙'(荔枝), '追風'(추풍이라고 불리는 말) 또는 '追

582 역주 이 예문은《論語 · 子罕》에서 인용한 것이다.

電'(우리의 표현과 같이 바람 또는 천둥보다 빠른), '山君'(호랑이, 산신령), '柔毛'(양), '髯郎'(염소), '天女'(제비, 직녀성), '言鳥'(새), '玄夫'(거북), '玄駒'(개미)가 있다.

술은 '紅友', '歡伯', '桑郎', '狂孽', '蘭生'이라고도 불린다. 여행을 위한 술은 '佐酒'라고 불린다.[583] '中酒'는 '술을 반만 마심'(between two wines)을 나타낸다. '陳玄'은 묵墨을 가리킨다. 묵을 가는 먹을 '鳳味', '龍尾'라고 부른다. 붓은 '栗尾'이다. 종이는 '玉版'이다. '窮髮'은 《장자莊子》에서 '황량한 불모지'를 나타낸다.[584] '殊廷'은 '신선이 사는 곳'을 나타낸다. '世家'는 '세족'을 나타낸다. '筮仕'는 '처음으로 벼슬을 얻음'을 나타낸다. '鼻祖'는 '시조'이다. '耳孫'은 '후손'을 나타낸다. '貴鼎'은 '귀한 것'을 가리킨다. '玉食'은 '맛있는 음식'이다. '黔首'은 '일반 백성'을 가리킨다. '玉體'는 '임금의 몸'을 나타낸다. '高貲'는 '풍부함, 또는 부유함'을 나타낸다. '高生' 또는 '登生'은 '노인'을 가리킨다. '大匠' 또는 '執斲'은 '목수'이다. '羑里' 또는 '囹圄', '圜土'는 '감옥'이다. '少選' 또는 '須臾'는 '잠시'이다. '玄月'은 '음력 9월'이다. '陽月'은 '음력 시월'이다. '人舌'은 '주석자'(interpreter)이다. '水玉'은 '유리'를 나타낸다. '翔貴'는 '물가가 폭등하다', '泉臺'는 '묘'(천대泉臺는 누대의 이름이다)이다. '禪旁'은 '상여'이다. '物故'는 '(죄를 지은 사람의) 죽음'이다. '亡恙'은 '병이 없다'를 나타내며, '酩酊'은 '만취'이며, '人彘'은 '돼지 같은 놈'을 지시하며, '水鏡'은 '물을 거울에 비유하여 이르는 말'이다.

---

583 역주 '佐酒'는 '술자리를 함께하다'라는 의미로도 쓰인다.

584 역주 이 단어는 《莊子 · 逍遙遊》에서 나온다.

9.3 세 자로 이루어진 구

1. 9.2.3과 같이 세 자로 이루어진 구 역시 의미가 충분치 않은데, 예를 들면 '松滋侯'는 먹을 지시한다. '卽墨侯'은 '벼루'이고, '中書君', '鼠須筆', '楮先生'은 '종이'를 일컫는다. '楮'는 종이를 만드는 닥나무이다. 따라서 종이는 '楮國公' 또는 '好時候', '蠶繭紙'라고 불린다. '麴秀才', '杯中物', '換胸醪', '崐崙觴'은 '술'이다. '孔方兄'은 '엽전'이다. '一筆書'는 '막대기'(a billet)이다.[585] '靈壽杖' 또는 '九節杖'은 '노인의 지팡이'를 가리킨다. '水晶毬'는 '수정구 또는 모란牡丹'을 가리킨다.[586] '荔枝奴'는 '龍眼'(과일)을 가리킨다. '返魂香'은 '(망자를 불러내는) 향'이다. '千里駒'는 '천리마'이다.[587] '詩中虎'는 '뛰어난 시인'을 가리킨다. '人中龍'은 '비범한 인재'이다. '解語花'[588] 또는 '花見羞', '楊柳枝'는 '미인'을 나타낸다. '蟻蝨臣'은 '하급 관리'이다. '捫蝨庵'은 '초라한 절'을 가리킨다. '獅子座'는 '사자자리 · 부처자리'이다. '偶人形'은 '인형'을 가리킨다. '朝暮人'은 '수명이 얼마 안 남은 사람'이다.[589] '春秋長'은 '장수'를 나타낸다. '桃花水'는 '도화수'이다.[590] '居無幾'는 '지체됨'을 나타낸다. '反

585 역주 '一筆書'는 또한 草書를 가리키기도 한다.

586 역주 "那一邊設著斗大的一個汝窰花囊, 插著滿滿的一囊水晶球的白菊"《紅樓夢 · 40》에서 '水晶毬'와 같이 둥근 하얀 국화꽃이라는 구절이 나온다.

587 역주 '千里駒'는 '뛰어난 후손'을 가리키기도 한다.

588 역주 '解語花'는 당 현종이 양귀비를 가리켜 말하는 데에서 유래하였다.

589 역주 《漢書 · 楊惲傳》에서 "太仆定有死罪数事, 朝暮人也"라는 구절이 나온다.

590 역주 즉 '桃花水'는 즉 복숭아꽃 필 무렵에 흘러내리는 물이라는 뜻으로, 봄철의 시냇물을 가리킨다.

覆手'는 '손을 뒤집음'을 나타낸다. '井中蛙', '井底蛙'는 '우물 안 개구리'를 가리킨다. '里中子'는 '평범한 사람'이다. '五鼎食'은 '羊·豕·肤·魚·腊 등 다섯 가지 음식'을 가리킨다. '氣勝蘭'은 '향그러운 향기'를 나타낸다.[591] '無聲詩'는 '훌륭한 그림'을 가리킨다.

2. 세 문자의 구는 그것이 의문이 아닌 한 드물게 홀로 쓰이는데, 예를 들면 '如之何?'(어찌 이와 같단 말인가?), '何謂也?'(어떻게 부른단 말인가?) '何以哉?'(어쩌란 말인가?), '安用之?' 또는 '焉用之?'(어떻게 그것을 이용한단 말인가?), '豈其知?'(어찌 그것을 안단 말인가?), '其誰怨?'(누가 원망한단 말인가?)이 있다.

3. 가장 명망 있는 작자들은 세 자로 된 구를 자주 사용하는데, 몇몇은 적어도 2개 이상을 결합한다. 가장 중요한 몇몇 예는 다음과 같다.

雲從龍, 風從虎。
구름은 용을 따르고, 바람은 호랑이를 따른다.
The clouds obey the dragon, and the winds the tiger.

河出圖, 洛出書。
하수에서 그림이 나오고, 낙수에서 글이 나온다.
Thus both charts and description derived their origin from waters.

崇效天, 卑法地。
높은 것은 하늘을 본받고, 낮은 것은 땅을 본받는다.
The high resemble the heavens, the low the earth.

二多譽, 四多懼, 三多凶, 五多功。[592]

591 역주 '吹氣勝蘭'은 '미인이 난보다 더 아름답다'를 나타낸다.

592 역주 이 네 예문은《易經·繫辭傳》에서 인용한 것이다.

이효는 예찬이 많고, 사효는 두려움이 많으며, 삼효는 나쁜 것이 많고, 오효는 공이 많다.

Of the six strokes of a symbol, the second has praise, the fourth has fear, the third is unfortunate, and the fifth claims distinguished merit.

惠迪吉，從逆凶，惟影響。[593]

올바른 도를 따르면 길할 것이요, 도를 거스르는 길을 따르면 흉할 것이니, 이는 그림자나 메아리와 같다.

Happiness answers to virtue and woe to vice as truly as a shade to a body, or an echo to a voice.

滿招損，謙受益。[594]

자만하는 자는 손해를 보게 되고, 겸손한 자는 이익을 보게 된다.

The favor is taken from the proud and given to the humble.

一日壽，二日富。[595]

첫째, 오래 사는 것, 둘째 부귀한 것이다.

In the first grade are riches, in the second longevity.

興於詩，立於禮，成於樂。[596]

시에서 시작하고, 예에서 입신하고, 악에서 완성한다.

They began with odes, were established by the ritual, and ended with music.

天道遠，人道近。[597]

천도는 멀리 떨어져 있고, 인도는 가까이에 있다.

---

593 역주 이 예문은《書經 · 大禹謨》에서 인용한 것이다. Premare(1847:311)에는 '惠廸吉'로 나와 있다.

594 역주 이 예문은《書經 · 大禹謨》에서 인용한 것이다.

595 역주 이 예문은《書經 · 洪範》에서 인용한 것으로 보이는데, 다만 Premare(1947:311)에는 순서가 바뀌어 "一日富, 二日壽"로 나와 있다.

596 역주 이 예문은《論語 · 泰伯》에서 인용한 것이다.

597 역주 이 예문은《左傳 · 魯昭公18》에서 인용한 것이다.

The ways of heaven are remote, these of man are near at hand.

模不模，範不範。[598]

모범이 모범이 되지 못하고, 법이 법답지 못하다.

Those who ought to set an example to others neglect their duty.

使非使，隱非隱。

사용해도 사용하는 게 아니며, 숨겨도 숨기는 게 아니다.

He is of no use either in business or leisure.

年彌高，德彌卲。

나이가 들수록 덕도 높아진다.

The more advanced his age, the more distinguished his virtue.

周也羊，秦也狼。[599]

주나라는 양이고, 진나라는 늑대이다.

The kingdom of *chau* was a lamb, but the realm of *tsin* a ravening wolf.

創業易，守業難。[600]

창업은 쉽지만, 수성은 어렵다.

To found a dynasty is easy but to perpetuate it after it is founded, is a work of greater difficulty.

戰勝易，守勝難。

전쟁에서 이기는 것은 쉽지만, 승리를 지키는 것은 어렵다.

To conquer in battle is easy, to secure the advantage of victory is difficult.

左準繩，右規矩。[601]

왼손에는 물바늘과 먹줄을 들고, 오른손에는 그림쇠와 곱자를 들고 다녔다.

---

598 역주 이 예문은《揚子法言 · 學行》에서 인용한 것이다.

599 역주 이 예문은《揚子法言 · 淵騫》에서 인용한 것이다.

600 역주 이 예문은《貞觀政要 · 君道》에서 인용한 것이다.

601 역주 이 예문은《史記 · 夏本纪》에서 인용한 것이다.

The line and level in one hand, the scale and dividers in the other.

食無魚，出無車。[602]

식사 때에는 생선이 없고, 외출할 때에는 수레가 없구나.

No fish for the table, no vehicle for the road.

昔者疾，今日愈。[603]

어제는 아팠지만, 오늘은 나았다.

I was sick of late, but am now well.

父作之，子述之。[604]

아버지가 (왕업을) 일으키고 아들이 그것을 계승하였다.

The father was the actor, the son the historian.

有進死，無退生。

물러나서 살기보다는 나아가 죽겠다.

I would rather proceed and die than return.

重仁義，輕死亡。

인의를 중시하고, 사망을 경시하다

It is better to die than to violate a moral obligation.

《도덕경道德經》에서는 다음과 같이 언급하였다.

和其光，同其塵。

지혜의 빛을 부드럽게 하고 속세의 티끌과 함께한다.

知其雄，守其雌。[605]

602 역주 이 예문은《戰國策 · 齊人有馮諼者》에서 인용한 것으로 보이며,《史記 · 孟嘗君列傳》에서도 비슷한 문장을 찾을 수 있다.

603 역주 이 예문은《孟子 · 公孫丑下》에서 인용한 것이다.

604 역주 이 예문은《中庸》에서 인용한 것이다.

남성적인 강함을 알고 여성적인 유약함을 지킨다.

五母雞，二母彘[606]

다섯 마리의 암탉과 두 마리의 암퇘지

It is necessary to keep five hens and two pigs.

喜而賞，怒而刑。

기뻐하면 상을 내리고, 노하면 벌을 내린다.

If he is pleased he will give a reward, if angry blows.

好則人，怒則獸。

좋아하면 사람이고, 노하면 짐승이다.

To love is human, to be angry is the part of a brute.

雞三號，更五點。[607]

닭이 세 번 울고, 새벽 다섯 시가 된다.

A early dawn.

得其精，忘其麤.

그 정교함을 얻고, 그 거침을 잊었다.

When the fine can be obtained the course is forgotten.

輕家雞，愛野雉。

집에 있는 닭을 경시하고, 야생 꿩을 사랑한다.

He loathes what he has and desires what he has not.

奴白飯，馬青芻。

노비는 흰밥을 먹고, 말은 푸른 건초를 먹는다.

When the servants have white rice, the horses have good fodder.

---

605 역주 이 예문은《道德經》이 아닌《莊子・天下》에서 인용한 것이다. 이 예문과 위의 예문에 대한 영문 해석은 없다.

606 역주 이 예문은《孟子・盡心章上》에서 인용한 것이다.

607 역주《東方半明》에서 인용한 것이다.

豊年玉，荒年穀[608]

풍년의 옥과 흉년의 곡식

Men ask for rice when there is none to be had, and when there is a plenty for money.

近者熱，遠者凉。[609]

가까운 것은 뜨겁고, 먼 것은 서늘하다.

Near it is warm, but at a distance cold.

通於一，萬事畢。[610]

하나[도]에 통달하면 만사가 모두 잘 이루어진다.

He who has understood one, has become master of all.

不怨天，不尤人。[611]

하늘을 원망하지 않고, 사람을 탓하지 않는다.

He neither blames the heavens, nor reproaches man.

賞爲表，罰爲裏。[612]

상을 겉으로 삼고, 벌을 안으로 삼는다.

Rewards and punishments form a double texture, the former are the outer part, the latter are the lining.

侶魚鰕，友麋鹿。[613]

물고기, 새우와 짝하고 사슴과 벗하고 있다.

A recluse who spends his life in the deserted forest.

---

608 역주 이 예문은《世說新語・賞譽》에서 인용한 것이다.

609 역주 이 예문은《列子・湯問》에서 인용한 것이다. Premare(1847:312)에는 "近者熱, 遠者凉"으로 잘못 나와 있다.

610 역주 이 예문은《莊子・天地》에서 인용한 것이다.

611 역주 이 예문은《論語・憲問》에서 인용한 것이다.

612 역주 이 예문은《三略直解・上略》에서 인용한 것이다.

613 역주 이 예문은 蘇軾의《前赤壁賦》에서 인용한 것이다.

歷吉日，協靈辰。[614]

길일을 고르고, 좋은 날을 협의하다.

In a lucky day, at a fortunate time.

歷金門，上玉堂。[615]

금문을 지나, 옥당에 오르다.

To go to his own house.

誦離騷，飲美酒。

〈이소離騷〉를 읊고, 미주를 마신다.

To read the *li sau* and quaff choice wine.

한유는 다음과 같이 말했다.

火其書，人其人。[616]

그 책들을 불태우고, 사람들(승려와 도사)을 평민으로 만들다.

Burn their books, make them men.

공자는 다음과 같이 말했다.

知者動，仁者靜，知者樂，仁者壽。[617]

지자는 움직이고, 인자는 고요하며, 지자는 즐기고, 인자는 장수한다.

맹자는 다음과 같이 말했다.

知其性，則知天。[618]

그 천성을 알게 되면, 천도를 알게 된다.

---

614 역주 이 예문은《漢西 · 揚雄傳》에서 인용한 것으로, Premare(1847:312)에는 "協靈辰"으로 나와 있다.

615 역주 '金門'은 한나라 때 궁궐에 있던 金馬門의 준말이다.

616 역주 이 예문은《原道》에서 인용한 것이다.

617 역주 이 예문은《論語 · 雍也》에서 인용한 것이다.

He knows the will of heaven who correctly understands himself.

본서의 두 파트로부터 네 자로 된 구가 일상 대화에서도 상당히 일반적이지만, 서면에서는 훨씬 더 그렇다는 사실을 충분히 알 수 있다.[619] 따라서 학생들은 그렇게 많은 예가 제시되었는가에 관해 의아해할 필요가 없다.

知者不惑，仁者不憂，勇者不懼。[620]

지혜로운 자는 미혹되지 않고, 어진 자는 근심하지 않으며, 용맹한 자는 두려워하지 않는다.

The wise man is not in doubt, the good does not vex himself, the brave does not fear.

人無遠慮，必有近憂。[621]

사람이 멀리 생각함이 없으면, 반드시 눈앞에 근심이 있게 될 것이다.

He who does consider far is certainly near to trouble.

己所不欲，勿施於人。[622]

자기가 원하지 않는 일을 남에게 강요하지 말라.

Do not to another what you would not have done to yourself.

人不可欺。

사람을 속일 수는 없는 것이다.

Men must not be despised.

惡不可揜。

---

618 역주 이 예문은《孟子・盡心章上》에서 인용한 것이다.

619 역주 Premare(1847)에서 네 자로 된 구는 따로 절의 구분 없이 세 자로 된 구와 함께 서술하였다. 또한 '본서의 두 파트'는 구어(파트2)와 서면어(파트 3)의 두 파트를 의미한다.

620 역주 이 예문은《論語・子罕》에서 인용한 것이다.

621 역주 이 예문은《論語・衛靈公》에서 인용한 것이다.

622 역주 이 예문은《論語・顔淵》에서 인용한 것이다.

악은 숨을 수 없다.
Evil can not be hid.

盡其在我, 聽其在天。
자신에게 있는 것을 다하고, 하늘에 있는 것을 따른다.
To fulfill our own duties and obey the will of heaven.

自是觀之。 또는 由是言之。
이로부터 그것을 볼 수 있다. 또는 이로부터 그것을 말하다.
From this it appears.

當是之時 또는 於次之時
이러한 때
then

好問則裕, 自用則小。[623]
묻기를 좋아하면 넉넉해지고, 자기 뜻만을 고집하면 작아진다.
He who consults others abounds, but he who depends entirely on himself is poor.

知之非難, 行之惟難。[624]
아는 것은 어렵지 않지만, 행하는 것이 어려울 뿐이다.
To know is easy, to perform is more difficult.

善不可失, 惡不可長。[625]
선을 잃어서도 안 되고 악을 키워서도 안 된다.
The good must not be lost, the evil must not be perpetuated.

哀樂失時, 殃咎必至。[626]
슬퍼하고 즐거워하는 것이 때에 맞지 않으면 반드시 화란이 이른다.

623 역주 이 예문은《書經 · 仲虺之誥》에서 인용한 것이다.

624 역주 Premare(1847:313)에서는 "知非難, 行之惟難"으로 한 글자가 누락되어 있다.

625 역주 이 예문은《左傳 · 魯隱公6》에서 인용한 것이다.

He who does not bridle his passions will meet with misfortune.

皮之不存，毛將安附?[627]

가죽이 남아 있지 않은데, 털이 장차 어디에 붙겠습니까?

If the hide is lost what will become of the hair?.

直木先伐，甘井先竭。[628]

곧은 나무는 먼저 베어지고, 맛 좋은 우물은 먼저 마릅니다.

The straight tree is first called, and the well of pure water is first dry.

日出而作，日入而息[629]

해가 떠오르면 나가서 일하고 해가 지면 집에 들어와 쉼

To work by day and rest by night.

見人一善，忘其百非。[630]

다른 사람의 선한 일 하나를 보면 그의 잘못된 점 백 가지를 잊으신다.

For one good deed to overlook a hundred bad ones.

肉腐出蟲，魚枯生蠹。[631]

고기가 썩으면 벌레가 생기고 생선이 마르면 좀벌레가 인다.

Decayed flesh and dry fish produce vermin.

樂極則悲，酒極則亂。[632]

즐거움이 극도에 이르면 슬퍼지고, 술이 극도에 이르면 어지러워진다.

---

626 역주 이 예문은 《左傳 · 魯隱公20》에서 인용한 것이다.

627 역주 이 예문은 《左傳 · 魯僖公14》의 "皮之不存, 毛將安傅"과 동일한 것으로 보인다.

628 역주 이 예문은 《莊子 · 山木》에서 인용한 것이다.

629 역주 이 예문은 《莊子 · 讓王》에서 인용한 것이다.

630 역주 이 예문은 《說苑 · 雜言》의 "夫子見人之一善而忘其百非"와 흡사하다.

631 역주 이 예문은 《荀子 · 勸學》에서 인용된 것으로 보이며, Premare(1847:314)에는 "腐肉出蟲, 魚枯生蠹"으로 뒤바뀌어 나오고 있다.

632 역주 이 예문은 《史記 · 滑稽列傳》에서 인용한 것이다. 단 원문은 "酒极則亂, 樂极則悲"로 앞뒤 순서가 바뀌어 있다.

Excessive delight leads to sorrow, and excess of wine creates disorder.

衣莫若新，人莫若故。[633]

옷은 새것이 좋고, 사람은 옛 친구만 한 것이 없다.

Newness is praised in a garment, but in a man age.

巧者有餘，拙者不足。[634]

교묘한 재주를 가진 자는 늘 여유 있고, 모자라는 자는 늘 부족하다.

The skillful abounds but the stupid has never enough.

邪氣襲內，正色乃衰。[635]

사악한 기운이 몸 안에 들어오면 반듯하던 안색도 초조해진다.

If there is a malady within, the complexion of the countenance is changed.

學之染人，甚於丹青。[636]

학문은 단청보다도 심하게 사람을 물들일 수 있다.

Study gives a man a brighter hue than any dye can impart to a web.

巢居知風，穴居知雨。

새집에서 살면 바람을 알고, 동굴에서 살면 비를 알게 된다.

Birds in the nest know the wind, beasts in the cave the rain.

日食修德，月食修刑。[637]

일식은 덕을 닦게 하고, 월식은 형벌을 다스린다.

The eclipses of the sun admonish us to be virtuous, of the moon to make supplications.

---

633 역주 이 예문은《晏子春秋 · 景公惡故人晏子退國亂复召晏子》에서 인용한 것이다.

634 역주 이 예문은《史記 · 貨殖列傳》에서 인용한 것이다.

635 역주 이 예문은《管子 · 形势解》에서 인용한 것이다.

636 역주 이 예문은《太平御覽 · 叙學》에서 인용한 것이다.

637 역주 이 예문은《漢書 · 天文志》에서 인용한 것으로 Premare(1847:314)에는 '月食修形'으로 잘못 나와 있다. '修刑'은 '형벌을 집행한다'라는 의미이다.

貧不學儉，卑不學恭。

가난한 자는 검소함을 배울 필요가 없으며, 신분이 낮은 자는 공손함을 배울 필요가 없다.

The poor is not required to learn economy, and it is the lot of inferiors to be obliging.

臣門如市，臣心如水。

저의 집 문 앞은 시장 같지만, 저의 마음은 물과 같이 깨끗합니다.

The house of a good subject should be as a market-place, and his heart as the water.

菜不食心，以有生意。[638]

생기가 있도록 채소의 고갱이는 먹지 않는다.

If the heart of the shrub be not consumed, it will still be determined to grow.

其益如毛，其損如刀。

그 이익은 털과 같이 가볍고, 그 손해는 칼과 같이 심각하다.

His gains are inconsiderable, but his losses immense.

綺語背德，雜學亂道。

아름다운 말은 덕을 저버리고, 잡다하게 배우는 것은 도를 어지럽힌다.

Highly wrought language is unfavorable to virtue, and too great a diversity of study confounds true doctrines.

美言不信，信言不美。[639]

아름다운 말은 미덥지 않고, 미더운 말은 아름답지 않다.

Fair words are not credible, and faithful words are not fair.

自滿者敗，自矜者愚。[640]

---

638 역주 이 예문은《太平御覽 · 菜》의 "食菜不食心, 以其有生意"에서 인용한 것으로 보인다.

639 역주 이 예문은《道德經 · 顯質》에서 인용한 것이다.

640 역주 이 예문은《省心錄》에서 인용한 것이다.

자만하는 자는 패하게 되며, 자랑하는 자는 어리석다고 할 수 있다.
He who is full of himself shall fall, he who boasts his own merits betrays his folly.

寡言省謗，寡慾保身。[641]

말을 줄이면 비방이 줄어들고, 욕심을 줄이면 몸을 보존한다.
He who says but little does not expose himself to detraction, and he who exercises self-restraint preserve himself.

狂夫之言，聖人擇焉。[642]

미친 사람의 말도 성인은 선택한다.
Even in the words of a fool, the wise man can find something to commend.

寒灰更燃，骨枯還肉。[643]

차가운 재가 다시 타오르고, 마른 뼈가 근육을 회복한다.
Cold ashes are enkindled anew, and dry bones are again clothed with flesh.

兵強則滅，木强則折。[644]

군대가 강하면 곧 멸망할 것이며, 나무가 억세면 쉽게 꺾이게 된다.
A brave army is destroyed, and hard wood is broken.

末大必折，尾大不掉。[645]

나무의 가지가 크면 반드시 밑동이 부러지고, 짐승의 꼬리가 크면 흔들 수 없다.

---

641 역주 이 예문은《省心雜言》에서 인용한 것이다.

642 역주 이 예문은《通鑑節要 · 4》에서 인용한 것으로 "못난 사람의 의견도 취할 점이 있다"라는 것을 의미한다.

643 역주 이 예문은《隋書 · 于仲文傳》에서 인용한 것으로, '세력이 잃은 사람이 다시 세력을 얻는다'라는 의미를 내포한다.

644 역주 이 예문은《列子 · 皇帝》에서 인용한 것이다.

645 역주 이 예문은《左傳 · 老昭公11》에서 인용한 것이다.

If the end of the branch is large, it is broken, if the tail be large it is not moved.

榮輕辱淺, 利重害深。[646]

영화가 가벼우면 욕됨이 얕고, 이익이 무거우면 손해도 깊다.

Where the glory is small the injuries are light, and great gain is open to great losses.

渴無所飮, 饑無所食。[647]

목마르지만 마실 것이 없으며, 배고프지만 먹을 것이 없다.

The thirsty have no drink, the hungry have no food.

招之不來, 麾之不去。[648]

남이 불러도 오지 않고, 남이 배척해도 가지 않는다.

When he is called he does not come, when send he does not go.

爵人於朝, 刑人於市。[649]

조정에서 벼슬을 내리고, 시장에서 처형한다.

To honor men at court and punish them in the market-place.

舌織而衣, 筆耕而食。[650]

혀로 옷감을 짜서 옷을 입으며, 붓으로 밭을 갈아 밥을 먹는다.

He weaves with his tongue and plows with his pen.

一犬吠形, 百犬吠聲。[651]

한 마리 개가 사람 그림자를 보고 짖으면 모든 개가 따라 짖는다.

Where one dog barks at an object, a hundred bark to make a noise.

---

646 역주 이 예문은《明心寶鑑 · 省心篇上》에서 인용한 것이다.

647 역주 이 예문은《後漢書 · 杜欒劉李劉謝列傳》에서 인용한 것이다.

648 역주 이 예문은《史記 · 汲鄭列傳》에서 인용한 것이다.

649 역주 이 예문은《說苑 · 談叢》에서 인용한 것이다.

650 역주 이 예문은《莊子 · 盜跖》의 "不耕而食, 不織而衣"와 유사하다.

651 역주 즉 남이 말하는 대로 맹목적으로 따라한다는 것을 의미한다.

九層之臺，起於累土。[652]

9층의 높은 돈대도 흙을 쌓아 올리는 데에서 시작된다.

A gradual accumulation of earth at length forms a very high mound.

合抱之木，生於毫末。[653]

한 아름 되는 큰 나무도 미세한 싹에서 생겼다.

Lofty trees grow from small shoots.

大巧若拙，大辯若訥。[654]

큰 기교는 마치 졸렬한 것 같으며, 최고의 언변은 말을 더듬는 것 같다.

The genius may appear like a block-head, and the eloquent like a dumb person.

學經不明，不如歸耕。[655]

학문을 그만두고 농사를 짓는 것이 낫다.

When proficiency is not made in studying the classics, the student ought to return to the plow.

群輕折軸，積羽沉舟。[656]

가벼운 것도 모이면 수레 축을 꺾고, 깃털도 쌓이면 배를 가라앉힌다.

Feathers enough may break an axle or sink a ship.

好女入室，醜女之仇。[657]

아름다운 여인이 방에 들어가면, 못생긴 여자의 원수가 된다.

A beautiful woman who enter the house is hated by the deformed as a rival.

---

652 역주 이 예문은《道德經》에서 인용한 것이다.

653 역주 이 예문은《道德經》에서 인용한 것이다.

654 역주 이 예문은《道德經》에서 인용한 것인데, Premare(1847:315)에는 '大辨若言'으로 잘못 나와 있다.

655 역주 이 예문은《漢書 · 眭兩夏侯京翼李傳》에서 인용한 것이다.

656 역주 이 예문은《戰國策 · 張儀爲秦連横說魏王》에서 인용한 것이다.

657 역주 이 예문은《史記 · 外戚世家》의 "美女入室, 惡女仇之"와 유사하다.

威行如秋，仁行如春。[658]

위령(군령)은 가을 날씨처럼 차갑고, 인정은 봄 햇살처럼 따뜻하다.

Majesty is compared to autumn, benevolence to spring.

蟬翼爲重，千鈞爲輕。[659]

매미의 날개를 무겁다고 여기고, 천 균(3만 근)의 물건도 가볍다고 여깁니다.

If unpleasant the wing of a grasshopper is a burden, but if agreeable a thousands pounds are light.

無心於事，無事於心。

어떠한 일을 하더라도 마음을 쓰지 말고, 마음에 어떠한 일도 담지 마라.

He cares for nothing because he has nothing to care for.

人心不同，如其面焉。[660]

사람의 마음은 얼굴처럼 다르다.

Men's hearts differ, as their faces.

上之所爲，民之歸也。[661]

윗사람이 하는 일을 백성들이 따른다.

The people follow in the way of their sovereign.

肉食者鄙，未能謀遠。[662]

고기 먹는 자들이 비루하여 원대한 계획을 세울 수 없기 때문이다

A man given to gluttony is contemptible and cannot see afar off.

禍福無門，惟人所召。[663]

---

658 역주 이 예문은《與鳳翔邢尙書書》에서 인용한 것이다.

659 역주 이 예문은《楚辭 · 卜居》에서 인용한 것이다.

660 역주 이 예문은《近思錄 · 道體》의 "人心不同如面"과 유사하다.

661 역주 이 예문은《左傳 · 襄公21》에서 인용한 것이다.

662 역주 이 예문은《左傳 · 蔣公10》에서 인용한 것이다.

663 역주 이 예문은《左傳 · 襄公23》에서 인용한 것이다.

화복에는 문이 있는 것이 아니라 오직 사람이 부르는 바에 달렸을 뿐이다.
Woe and felicity are no public gate, every man is the architect of his own fortune.

與其素厲，寧爲無勇。[664]
실제도 없으면서 용맹하다는 명성을 얻기보다 차라리 용맹이 없다는 비난을 받겠다.
It is better to be cowardly than cruel.

江淮草木，亦知爾名。
강회의 초목조차도 당신의 이름을 안다.
Even the streams, the plants, all know your name.

鳥獸之肉，不登於俎。[665]
날짐승과 길짐승의 고기는 도마에 올리지 않는다.
He eats no flesh of bird or beast.

一之謂甚，其可再乎。[666]
한 번 길을 빌려준 것도 심하다 할 수 있는데 다시 빌려줘서야 되겠습니까.
Once is too much, how then can it be repeated.

水之江漢，天之北斗。
물은 장강과 한수 같고, 하늘은 북두칠성 같다.
Clear as water, sublime as the pole.

名川三百，支川三千。[667]
큰 강이 3백 개였고, 지류가 3천 개다.
Streams three hundred, rivers three thousand.

---

664 역주 이 예문은 《左傳 · 定公12》에서 인용한 것이다. 여기에서 '素'은 '부질없음'을 의미하고, '厲'는 '용맹함'을 가리킨다.

665 역주 이 예문은 《左傳 · 隱公5》에서 인용한 것이다. '俎'는 제기로 고기를 괼 때 쓴다.

666 역주 이 예문은 《左傳 · 僖公5》에서 인용한 것이다.

667 역주 이 예문은 《莊子 · 天下》의 "名山三百, 支川三千"과 동일한 예문이다.

繆悠之說，荒唐之言[668]

터무니없는 이야기와 황당한 말

silly and visionary talk

是其所非，非其所是。[669]

그들이 그르다고 하는 것을 옳다 하고, 그들이 옳다고 하는 것을 그르다고 한다.

They reverse everything.

與木石居，與鹿豕遊。[670]

나무와 돌과 함께 살고 사슴과 멧돼지와 함께 놀다.

To dwell in the woods with wild beasts.

知者不言，言子不知。[671]

아는 이는 말하지 아니하고 말하는 자는 알지 못한다.

The wise man is silent, the ignorant man talks.

心不涉學，猶心之聾。

마음이 제대로 배우지 못한다면 그것은 마치 농인과 같다.

The mind which can not learn is in a manner deaf.

人主一心，攻之者衆。

임금의 한 마음을 공격하는 자가 여럿이다.

The king has but one mind, but the multitude make their attacks upon it.

耳厭聞仁，目惡覩義。

귀는 어짊을 듣는 것을 싫어하고, 눈은 의로움을 보는 것을 싫어한다.

Charity offends his ears, and justice annoys his eyes.

---

668 역주 이 예문은《莊子 · 天下》에서 인용한 것이다.

669 역주 이 예문은《莊子 · 齊物論》에서 인용한 것이다.

670 역주 이 예문은《孟子 · 盡心章上》에서 인용한 것이다.

671 역주 이 예문은《莊子 · 天道》에서 인용한 것이다.

食貴於玉，新貴於桂。[672]

음식은 옥보다 귀하고 땔감은 계수나무보다 귀하다.

A morsel is more precious than a jewel, and the *Kwei* tree cheaper than fuel.

羊質虎皮，見豺則恐。[673]

양의 몸뚱이에 호랑이의 가죽이니 승냥이를 보면 떨 것이다.

Though the sheep have on the tiger's skin, if she sees a wolf she trembles.

賞以勸善，罰以懲惡。[674]

선행을 권함으로써 상을 내리고 악행을 징계함으로써 형벌을 내린다.

Rewards are designed to encourage the good, punishments are for a terror are designed to the wicked.

自損者益，自益者缺。[675]

스스로 손해를 보고자 하면 이익을 얻게 되고, 스스로 이익만 구하는 자는 손해를 본다.

He who denies himself abounds, he who seeks only his own is in want.

天之應人，敏於影響。

하늘은 사람을 응징하는 데 있어 그림자와 소리보다도 빠르다.

Heaven answers to a man more readily than a shade to a body or an echo to a voice.

貪蛇勇行，必亡其尾。

탐욕스러운 뱀은 용감히 나아가지만, 반드시 그 꼬리를 잃게 된다.

The greedy serpent loses his tail.

豺狼當道，安問狐狸。[676]

---

672 역주 이 예문은《戰國策 · 蘇秦之楚》에서 인용한 것으로, '桂'는 '귀한 나무'를 의미한다.

673 역주 이 예문은《揚子法言 · 吾子》의 "羊質而虎皮, 見草而說, 見豺而战"과 유사하다.

674 역주 이 예문은《資治通鑑綱目 · 漢武帝丁卯年》에서 인용한 것이다.

675 역주 이 예문은《說苑 · 敬愼》에서 인용한 것이다.

원래 승냥이와 이리가 길을 막고 있으니 어찌 여우와 살쾡이를 따지겠는가.
When the fox should speak the fox is not interrogated.

不得異人，當得異書。
뛰어난 인재를 얻지 못한다면, 마땅히 훌륭한 책을 얻어야만 한다.
When a suitable person is wanting, then consult the best books.

牛蹄之涔，必無尺鯉。[677]
소 발자국에 고인 물에는 잉어나 다랑어 같은 큰 물고기가 살지 못한다.
In the foot-print of an ox, a fish is never found a foot long.

龍不隱鱗，鳳不藏羽。
용은 비늘을 숨길 수 없으며, 봉황은 깃털을 숨길 수 없다.
The dragon does not conceal his scales, nor the eagle hide her wings.

義動君子，利動小人。[678]
정의는 군자를 움직이고, 이득은 소인을 움직인다.
Justice influence the wise man, gain the man of a small understanding.

善游者溺，善騎者墮。
수영을 잘하는 자도 가라앉고, 말을 잘 타는 자도 떨어진다.
The best swimmers sink, and the best riders are thrown.

乘流則逝，得坎則止。[679]
물결 따라 흘러가다 구덩이 만나면 머물 뿐이다.
In a current the water passes off, if it meets with a ditch it is stopped.

貧不可欺，富不可恃。

---

676 역주 이 예문은《通鑑節要·孝獻皇帝15》에서 인용한 것이다.

677 역주 이 예문은《淮南子·氾論訓》의 "夫牛蹄之涔，不能生鱣鮪"와 유사하다.

678 역주 이 예문은《論衡·答佞》에서 인용한 것이다.

679 역주 이 예문은《漢書·賈誼傳》에서 인용한 것이다.

가난한 자를 속여서도 안 되고, 부자한테 기대서도 안 된다.
Deceive not the poor, and trust not to the rich.

天雨五穀，荊棘蒙恩。
하늘의 비는 오곡 위에 내리고, 가시나무도 같은 은혜를 받는다.
The showers of heaven fall upon the good fruits, and the thorns enjoy the same benefit.

近鮑者臭，近蘭者香。
민어 근처에 있는 자는 냄새가 고약하고, 난 근처에 있는 자는 향기롭다.
Who is near decayed fish is of foul odor, and he who is near the Lan flower is fragrant.

富貴多士，貧賤寡交。[680]
부귀하면 사람이 많이 모여들고, 빈천하면 친구가 적어진다.
The rich have many friends, but no one regards the poor.

寧爲雞口，無爲牛後。[681]
차라리 닭의 주둥이가 될지언정 소의 항문은 되지 말라.
It is better to strike than to be struck.

珠玉在側，覺我形穢。[682]
주옥과 같은 사람이 곁에 있으면, 내 몸이 초라함을 느낀다.
From his beauty I can perceive my own deformity.

解衣衣我，推食食我。[683]
옷을 벗어 나에게 입혀 주고 먹을 것을 주어 나에게 먹게 하였다.
He has taken his own raiment to cover me, he has deprived himself of food that I may eat.

---

680 역주 이 예문은《史記 · 孟嘗君列傳》의 "富貴多士, 貧賤寡友"와 거의 흡사하다.

681 역주 이 예문은《史記 · 苏秦列傳》에서 인용한 것이다.

682 역주 이 예문은《世說新語 · 容止》에서 인용한 것이다.

683 역주 이 예문은《史記 · 淮陰侯列傳》에서 인용한 것이다.

鳳腦之燈，螭膏之燭

봉뇌향의 귀한 등, 용 기름의 비싼 초

a very valuable lamp, a costly candle

耳濡目染，不學而能。

자주 보고 들어서 익숙하고 습관이 돼서, 배우지 않고도 할 수 있다.

He has such good parts that he can do everything without study.

天下少雙，海內寡二。

천하에 오직 하나만이 존재한다.

He has not an equal in all the world.

詩中有畫，畫中有詩。[684]

시 속에 그림이 있고 그림 속에 시가 있다.

Poetry presents a picture to the mind, and a painting is a sort of dumb song.

相思之甚，寸陰若歲。[685]

너무도 그리운 마음에 기다리는 한순간이 일 년과 같이 느껴진다.

To one in a passion a moment seems like a year.

君利如錐，我鈍如槌。

당신은 송곳과 같이 예리하고, 나는 방망이와 같이 둔하다.

You are as sharp as an awl, but I am as dull as a mall.

一日暴之，十日寒之。[686]

하루 동안 햇볕을 쬐게 하고 열흘 동안 춥게 한다.

He who is made warm for one day is made cold for ten.

得人者興，失人者崩。[687]

---

684 역주 蘇東坡가 王維의 山水田園詩를 가리켜 이같이 말한 바 있다.

685 역주 이 예문은《北史・韓禽傳》에서 인용한 것이다.

686 역주 이 예문은《孟子・告子上》에서 인용한 것이다.

인심을 얻은 자는 흥하고 인심을 잃은 자는 망한다.

He who gains the affections of men rises, but he who loses their affections falls.

福生有基，禍生有胎。

복의 생김도 기초가 있고, 화의 생김도 징조가 있다.

Felicity comes not without a cause, and man is the author of his own misfortunes.

仁人廉士，窮不改節。[688]

어질고 청렴한 선비는 가난하더라도 기개를 바꾸지 않는다.

Charity and temperance are not changed by fortune.

恃德者昌，恃力者亡。[689]

덕을 믿는 자는 번창하고 힘을 믿는 자는 패망한다.

He who trusts in virtue shines, but he who relies on his own powers must fall.

舌存以軟，齒亡以剛。

혀는 부드러우므로 남고, 이는 강하므로 빠진다.

The tongue which is tender lasts, while the teeth which are hard decay.

民惟邦本，本固邦寧。[690]

오직 백성만이 나라의 근본이니, 근본이 튼튼하면 나라가 안녕하다.

The people are the root of the realm, if the root is strong the kingdom is safe.

手二爲友，貝二爲朋。

---

687 역주 이 예문은《通鑑節要1》에서 인용한 것이다.

688 역주 《孔子家語 · 在厄》에 이와 유사하게 자공이 공자에게 "仁人廉士窮, 改節乎?"라 묻자 공자가 "改節即何稱於仁廉哉?"라 답변하는 내용이 나온다.

689 역주 이 예문은《史記 · 商君列傳》에서 인용한 것이다.

690 역주 이 예문은《書經 · 五子之歌》에서 인용한 것이다.

손이 둘이면 친구가 되고, 패[재화]가 둘이면 벗이 된다. 친구보다 중한 것은 아무것도 없다.
Nothing is more useful, nothing precious than a friend.

'朋'과 '友' 두 문자는 모두 '친구'를 의미한다. '友'에는 두 손이 있으며, '朋'에는 두 개의 '패貝'가 있다.

狼子野心，難以恩結。
이리의 새끼는 야심이 있어 은혜로 맺기 힘들다.
Savages are not caught with kindness.

玩物喪志。[691]
물건을 보고 익히면 뜻을 상실한다.
Excessive indulgence enfeebles the will.

伏羲造瑟。
복희씨가 거문고를 만들었다.
Fuhi invented the lyre.

神農造瑟。
신농이 거문고를 만들었다.
Shinnung invented the guitar.

宿沙爲鹽。
숙사가 소금을 이용하였다.
Sunsha discovered the use of salt.

牟夷作矢。
모이가 화살을 만들었다.
Maui invented arrows.

---

691 역주 이 예문은《書經 · 旅獒》에서 인용한 것이다.

般揮作弓。

반휘가 활을 만들었다.

Pwanhui invented the bow.

倉頡造書。

창힐이 글자를 만들었다.

Tsanghieh invented writing.

容成造曆。

용성이 달력을 만들었다.

Yungching invented the calendar.

伶倫造律。

영륜은 법률을 만들었다.

Linglun invented music.

隸首造數。

예수는 산법을 만들었다.

Li Shao invented arithmetic.

蚩优造兵。

치우는 군대를 만들었다.

Chiyu invented the chariot.

奚仲造車。

해중은 수레를 만들었다.

Hi-chung invented the chariot.

儀狄造酒。

의적은 술을 만들었다.

Itieh invented the use of wine.

共狄爲楫。

공적은 노를 만들었다.

Kungtieh invented the oar.

伯益造井。

백익은 우물을 만들었다.

Pehyih invented the well.

爭名於朝，爭利於市。

조정에서는 명성을 다투며, 시장에서는 이익을 다툰다.

In the palace the contest is for glory, in the market place for gain.

以義制事，以禮制心。[692]

의로써 일을 제재하고 예로써 마음을 제재한다.

With justice rule transactions, with justice guide the heart.

書不盡言，言不盡意。[693]

글은 말을 다하지 못하고, 말은 뜻을 다하지 못한다.

The writing is only imperfect language, the language but imperfectly conveys the thought.

瞽者善聽，聾者善視。[694]

맹인은 잘 듣고, 농인은 잘 본다.

The blind are quick to hear, the deaf are quick to see.

雲烝雨降。

구름이 많으면 비가 내린다.

When the clouds become dense they descend in the form of rain.

雲合電發。

구름이 모이면 번개가 친다.

Clouds coming in contact occasions the lighting.

---

692 역주 이 예문은《書經 · 仲虺之誥》에서 인용한 것이다.

693 역주 이 예문은《周易 · 繫辭傳》에서 인용한 것이다.

694 역주 이 예문은《陰符經 · 下》에서 인용한 것이다.

耳視目聽。[695]

귀로 보고, 눈으로 듣는다.

He sees with his ears and hears with he eyes.

鐵心石腸[696]

쇠 같은 마음에 돌 같은 창자, 지조가 철석같이 견고함을 가리킴

an iron heart and bowels or rock

人面獸心[697]

사람의 얼굴이지만 짐승의 마음을 가짐

the face of a man, the heart of a brute

行尸走肉

살아 있는 송장이요, 걸어 다니는 고깃덩어리[698]

a walking carcass, a body of flesh in motion.

生行死歸。[699]

살아서 가고, 죽어서 돌아오다.

Life is a journey, and death is the passage back.

好亂樂禍。[700]

난리를 좋아하고 재난을 즐기다.

To delight in confusion.

綴玉聯珠。

아름다운 시문을 쓰다

---

695 역주 이 예문은《列子 · 仲尼》에서 인용한 것이다.

696 역주 이 예문은《牡丹記叙》에서 인용한 것이다.

697 역주 이 예문은《漢書 · 匈奴傳》에서 인용한 것이다.

698 역주 즉 쓸모없는 인간을 의미한다.

699 역주 이 예문은《通鑑節要 · 孝桓皇帝2》에서 인용한 것이다.

700 역주 이 예문은《後漢書 · 袁紹劉表列傳上》에서 인용한 것이다.

To write or speak with elegance.

忘生觸死。[701]

생명을 버리고, 죽음을 무릅쓰다.

Unmindful of life he rushes in the way of death.

積德纍善。

덕과 선을 쌓다.

To accumulate merits.

干名求譽。[702]

(정당치 못한 수단으로) 명예를 도모하다.

To long for notoriety.

乘權籍勢。

권세를 남용하다.

To abuse authority.

寡耦少徒。

남과 어울리지 못하다. 혼자이다.

To be alone, with but few friends.

公聽平觀。

공정하게 대하다.

To be equitable and just.

剖心析肝。[703]

배와 간을 가르다. 충성을 다하다.

To divide the heart and cleave the liver asunder.

---

701 역주 이 예문은《漢書 · 東方朔傳》에서 인용한 것이다.

702 역주 이 예문은《漢書 · 終军傳》에서 인용한 것이다.

703 역주 이 예문은《史記 · 鲁仲連鄒陽傳》에서 인용한 것이다.

枕籍經書。

경서를 베개로 삼다.

Never to lay aside the books.

繡衿綺衣

화려하고 아름다운 옷

Magnificent apparel

下馬踞鞍。

말에서 내리다.

To alight from a horse.

烹羊炰羔。[704]

양을 요리하고 어린 양을 통째로 굽다.

To boil the sheep and roast the lamb.

脫介免冑。

투구와 갑옷을 벗다.

To put off the armor.

臨戰合刃。

전투에 임할 적에 칼날을 부딪친다.

To join battle.

令聞喜譽[705]

훌륭한 명성과 아름다운 명예

an illustrious name, a fair reputation

忘善背德。[706]

---

704 역주 '炰'는 고기를 통째로 굽는 것이다.

705 역주 《國語 · 周語上》에서는 '令聞嘉譽'로 나와 있다.

706 역주 이 예문은 《國語 · 晉語三》의 '忘善而背德'과 유사하다.

베풀어 준 선행도 잊고 은덕도 저버리다.
To turn away from goodness and virtue.

脣亡齒寒。[707]

순망치한, 입술이 없으면 이가 시리다.
When the lips are gone, the teeth become cold.

左實右僞。[708]

왼쪽에만 사람을 태우고 오른쪽에는 허수아비를 앉히다.
On the left truth, on the right a lie.

鷄鳴狗吠。[709]

닭이 울고 개가 짖는다.
The cock crows, the barks.

飲血茹毛。[710]

(옛날에는) 피를 마시고 짐승의 털을 먹었다.
To drink the blood and eat the hair.

夜飲朝歌。

밤에 마시고 아침에 노래 부르다.
To drink at night and sing in the morning.

江澄海靜。

강과 바다가 맑고 조용하다.
Great is the tranquility.

蔽美稱惡。[711]

---

707 역주 이 예문은《左傳·僖公5》에서 인용한 것이다.

708 역주 이 예문은《左傳·襄公18》에서 인용한 것이다.

709 역주 이 예문은《孟子·公孫丑上》에서 인용한 것으로 전체 문장은 "雞鳴狗吠相聞而達乎四境"이다.

710 역주 이 예문은《論衡·齊世》에서 인용한 것이다.

좋은 점만 듣고 나쁜 점은 듣지 않는다.

To conceal the good and extol the bad.

登山臨水。

산에 오르기도 하고 물에 가기도 한다.

To pass over and rivers.

去古就新。[712]

옛것을 보내고 새로운 것을 맞이하다.

To forsake the old and seek the new.

去鄕離家。[713]

고향을 떠나다.

To forsake home and country.

變古易俗。

옛 풍속을 바꾸다.

To change ancient customs.

九死一生

구사일생

great hazard

寒耕熱耘。[714]

겨울에 밭을 갈고, 여름에 김을 맨다.

To winter plow, in summer weed the crop.

起禍召亂。

---

711 역주 이 예문은《離騷經》에서 인용한 것이다.

712 역주 이 예문은 '去故納新'으로도 쓴다.

713 역주 이 예문은《離騷經》에서 인용한 것이다.

714 역주 이 예문은《孔子家語 · 屈節解》에서 인용한 것으로, 농사일이 힘듦을 나타낸다.

화를 일으키고 난을 초래한다.
To occasion disorder and calamity.

苦心竭力。
고심하고 전력을 다하다.
With all mind and might.

觀容知心。
얼굴 보듯이 마음을 알다.
To know the character by the face.

進步退尺。
한 보 나아가고 한 자 물러난다.
To recede rather than to make progress.

聖人之變，如水隨形。
성인의 변함은 물이 형체를 따르는 것과 같다.
The wise man is not changed, but like water adapts himself to his condition.

絲不如竹，竹不如肉。
현악기는 관악기만 못하고, 관악기는 목소리만 못하다.
The stringed instrument of music is not equal to the pipe, and the human voice is superior to them both.

耕當問奴，織當問婢。[715]
밭을 가는 것은 사내종에게 물어야 하고 베를 짜는 것은 계집종에게 물어야 합니다.
About the farm consult the servant, about weaving consult the maid.

上帝臨女，無貳爾心。[716]
상제가 너를 굽어보시니 네 마음을 두 가지로 하지 말라.

715 역주 이 예문은《通鑑節要 · 宋元嘉26》에서 인용한 것이다.

The lord above draws near you, let not your heart he divided.

物無定味，適口者珍。

음식은 고정된 맛이 없으며, 입에 맞는 것이 바로 진귀한 것이다.

Things have no certain taste, hunger is the best condiment.

從善如登，從惡如崩。[717]

선을 따르는 것은 오르는 것과 같고, 악을 따르는 것은 무너지는 것과 같다.

To do good is to rise, to do evil is to sink.

得失一朝，榮辱千載。

득과 실은 하루아침이지만, 영예와 치욕은 유구하다.

On a single moment hangs eternal glory or disgrace.

墻隙而高，其崩必疾。[718]

벽이 높고 균열이 있으면, 반드시 무너질 것이다.

If the wall is not solid, the higher it is built the sooner it will fall.

百里望塵，千里聽聲。[719]

백 리에서 먼지가 보이고, 천 리에서 소리가 들린다.

The dust is seen a hundred furlongs, the sound is heard a thousand.

目如耀星，舌如電光。[720]

밝은 눈빛과 뛰어난 말재주, 눈은 별과 같고, 목소리는 번갯불과 같다.

Even like stars, voice like the lightening.

不入虎穴，不得虎子。[721]

---

716 역주 이 예문은《詩經・大明》에서 인용한 것이다.

717 역주 이 예문은《國語・周語下》에서 인용한 것이다.

718 역주 이 예문은《後漢書・方術列傳上》에서 인용한 것이나.

719 역주 이 예문은《後漢書・馬融列傳上》에서 인용한 것이다.

720 역주 이 예문은《漢書・揚雄傳下》에서 인용한 것이다.

호랑이 굴에 들어가지 않으면 호랑이 새끼를 잡을 수 없다.
If you wish for the tiger's whelps, you must enter the tiger's dem.

逐麋之狗，當顧兔邪?[722]
사슴을 쫓는 사냥개가 어떻게 토끼를 돌볼 수 있겠는가?
When the dog pursues the stag, does he regard the hare?.

師臣者帝，賓臣者霸。[723]
신하를 스승으로 삼는 자는 황제가 되고 신하를 손님으로 예우하는 자는 패자가 된다.
He who orders his subject is the rightful sovereign, he who makes him his guest is the usurper.

成功之下，不可久處。[724]
성공을 거둔 곳은 오래 머물 수 없다.
Repose not on your laurels, the glory of exploits lasts but a little time.

知足不辱，知止不殆。[725]
만족할 줄 알면 욕됨이 없고 그칠 줄 알면 위태롭지 않다.
He who is content with a little is exposed to obloquy, and he who knows how to stop is not endangered.

寧人負我，毋我負我。
차라리 남이 나를 저버릴지언정 내가 남을 저버릴 수는 없다.
It is better to suffer than to do wrong.

네 문자로 구성된 사물을 나타내는 이름이 있다.

---

721 역주 이 예문은《後漢書 · 班超傳》에서 인용한 것이다.

722 역주 이 예문은《漢書 · 外戚傳上》에서 인용한 것이다.

723 역주 이 예문은《通鑑節要 · 17》에서 인용한 것이다.

724 역주 이 예문은《史記 · 範雎蔡澤列傳》에서 인용한 것이다.

725 역주 이 예문은《老子 · 44》에 "知足不辱, 知止不殆, 可以長久"라고 나온다.

白水眞人 돈 money	靑州從事 좋은 술 hoice wine
玄香太守 묵 ink	離石鄕侯 벼루 the inkstone
長喙將軍 멧돼지 a swine	長鬚主薄 숫염소 a he goat
綠衣使者 앵무새 the parrot	飮醴茹芝。 술과 버섯을 먹고 마시다. To feed upon nectar and apbrosis.

모든 예에서 불변화사가 매우 드물게 사용됨을 알 수 있다. 그러나 속담과 명문은 이러한 조동사의 도움이 필요할 필요가 유념할 필요가 있다. 모든 불변화사가 다양한 종류의 문체에서 장소를 가질 수는 없다. 그러나 문자에 대응하는 대부분의 문자와 다른 것에 반대 또는 관련하여 위치되는 한 구는 주목할 만한 이런 종류의 격언(saying)에 일반적으로 적용될 수 있음을 볼 수 있다. 이 예는 《고학구현古學鉤玄》에서 발췌한 것이다. 이 책은 두 권이지만 나는 첫 번째 권만을 가지고 있으며, 이는 네 자로 된 구로 끝난다. 두 번째 권을 갖고 있지는 않지만, 이는 5, 6, 7, 8자로 된 구를 담고 있다. 따라서 이 주제를 완성하기 위해서는 나는 이 책을 구할 때까지 기다려야만 한다. 그렇지 않다면 다소 어렵겠지만 여러 가지 작품으로부터 이들 예를 발췌할 것이다.

9.4 다섯 자로 이루어진 구[726]

메모. 프레마르Premare의 서술은 여기에서 끝난다. 원래의 색인은 생략되었으며, 대신 새로운 것을 수록하였다.

726 역주 Premare(1847)의 원문은 여기에서 끝난다.

역주자는 2013부터 2016년까지 3년 동안 한국연구재단에서 근대 서양 선교사들의 문법서에 관한 연구를 수행한 바 있다. 초창기인 17세기, 성숙기인 19세기, 완성기인 20세기 초까지의 선교사들의 연구서들을 비교 연구하고 보니, 최초의 문법서인 Martino Martini의 *Grammatica Sinica*(1652/1696)나 Francisco Varo의 *Arte de la Lengua Mandarina*(1682/1703)보다 근대 서양 선교사들의 중국어 문법 연구의 터닝 포인트가 된 문법서가 바로 Joseph Henri Premare가 쓴 *Notitia Linguæ Sinicæ*(1728/1847)임을 깨닫게 되었다.

당시에는 시간상의 제약 등 여러 가지 사정으로 인해 구어 파트만 대충 보았는데, 이후 중국 문법학사에서의 이 문법서의 가치를 생각해 볼 때, 번역 출판하는 편이 낫다고 판단해 명저 번역 사업으로 신청해서 이 책을 출간하게 되었다.

본서는 최대한 원문에 근거하여 번역하였는데, 이는 Premare의 라틴어 판본이 아니라 James G. Bridgman의 영역본(1847)에 기반했기 때문이다. 의역을 했을 경우 읽기에는 용이하겠지만 원형에서 멀어질 가능성이 크며, 더군다나 이 서적은 문학 작품이 아닌 문법에 관한 것이므로 원문을 따를 필요가 있다고 여겨진다.

다음으로 이 문법서에 관해 간단하게 소개하고자 한다.[727]

'중국어에 대한 지식(A knowledge of the Chinese Language)'을 의미하는 *Notitia Linguæ Sinicæ*는 프랑스 예수회 선교사인 Joseph Henri Premare(1666~1736)가 1728년에 쓴 중국어 문법서이다. 중국학계(董方峰 2011, 董海櫻 2011) 등은 이 책을 '漢語札記'라고 번역하였는데, 이는 'Notitia'의 중의성으로 인해 발생한 것이다. 즉 'Notitia'는 크게 두 가지 의미를 가지는데 하나는 '문서', '기록'이라는 의미로, 중국학자들은 이에 근거하여 '札記'라고 번역하였다. 다른 하나는 '지식', '개념'이라는 의미로 Lundbæk(1991)은 이를 따른 것이다. '札記'라는 용어 자체가 '간략하게 요점을 기록하다'라는 의미를 내포하므로, 원문 분량이 300페이지가 넘은 이 책에는 적절하지 않으며, 또한 이 책은 '중국어에 관한 여러 지식'들을 설명하고 있으므로, 역주자는 Lundbæk(1991)의 견해가 옳다고 판단된다.

이 책은 처음에는 라틴어로 쓰여진 필사본이었지만 이후 1847년에 James G. Bridgman(1820~1850)에 의해 영어로 번역 출간되어 세상에 널리 알려지게 되었다.[728]

이 영역본의 경우 주로 번체자로 표기되어 있지만 경우에 따라 이체자나 간체자로 표기된 경우도 있었는데, 본고의 경우 원문을 따라 이를 그대로 표기하였다.

---

727 이는 2019년 10월에 필자가 《中國語文論叢》 95에 〈*Notitia Linguæ Sinicæ*에 관한 소고〉라는 제목으로 발표한 논문을 수정 · 보완한 것이다.

728 본고도 Bridgman의 영역본(1847)에 근거하였다. 이 외에도 Remusat(1788~1832)의 라틴어 필사본(1825), 라틴어 인쇄본(1831) 등이 있다(李眞 2014:67).

비록 *Notitia Linguæ Sinicæ*가 최초의 중국어 문법서는 아니지만, 이 책의 가치는 상당히 높다고 할 수 있는데, 왜냐하면 *Notitia Linguæ Sinicæ*로부터 본격적인 중국어의 문법 체계가 세워졌다고 할 수 있기 때문이다.[729] 실제로 19세기의 여러 중국어 문법서들, 예를 들면 Morrison의 *A Grammar of the Chinese Language*(1815), Gützlaff의 *Notice on Chinese Grammar*(1842), Edkins의 *A Grammar of the Chinese Colloquical Language commonly called the Mandarin Dialect*(1864) 등이 이 책의 영향을 직·간접적으로 받았다고 할 수 있다.

Premare의 생애와 업적에 관해서는 Lundbæk(1990)이 중점적으로 논의하였고,[730] *Notitia Linguæ Sinicæ*에 관해서는 몇몇 기존 연구에서 언급된 바 있는데, 특히 李真(2014)은 가장 전반적인 분석을 했음에도 불구하고 여전히 충분하게 설명되지 않은 부분들이 있다.

이에 본고에서는 기존 연구에서는 언급되지 않았거나 잘 다뤄지지 않은 특징들을 재고해 봄으로써 이 문법서의 진정한 가치와 의의를 규명하고자 한다.

729 이 책 이전의 Martini의 *Grammatica Sinica*(1696), Varo의 *Arte de la Lengua Mandarina*(1703) 등은 문법서라고 하기에는 여러 방면에서 빈약한 편이다. 한편 19세기는 서양 선교사 문법서들의 전성기라고 할 만큼 다양한 문법서들이 출간되었는데, 이와 같은 성과의 토대가 된 것이 *Notitia Linguæ Sinicæ*라고 할 수 있다. 근대 시기 서양 선교사들의 문법서에 관한 전반적인 연구에 관해서는 董方峰(2011), 董海櫻(2011), 조경환(2017)을 좀 더 참조하길 바란다.

730 Lundbæk(1990)에서는 Premare의 생애 및 *Notitia Linguæ Sinicæ*를 포함한 연구 업적들, Fourmont와 교류한 편지 등을 소개하였다. Fourmont가 악의적으로 Premare의 이 문법서를 표절했다는 사실은 이미 여러 학자가 언급한 바 있다(David 2018:54).

1. *Notitia Linguæ Sinicæ*의 기본 구성

*Notitia Linguæ Sinicæ*의 기본 구성은 크게 세 가지 —서문(Prefatory Notices) · 구어(The Spoken Language) · 서면어(The Language of Books)—로 구분할 수 있다.

서문에서는 《易經》·《詩經》·《書經》, 《中庸》·《大學》·《論語》·《孟子》와 같은 각종 경전, 《春秋》·《國語》·《史記》와 같은 史書, 《正字通》·《說文解字》·《康熙字典》과 같은 사전류에 관하여 간단히 소개하였다. 또한 중국어를 공부하는 방법 및 한자의 발음 및 성조 등에 관해서도 간단히 언급하였고, 20페이지에 걸쳐 한자들의 목록[731]도 덧붙였다.[732]

Premare(1847:25)는 중국어를 잘 이해하기 위해서는 먼저 일반적으로 사용되는 언어, 즉 구어를 알아야 하고 그다음에 서면어를 파악할 필요가 있다고 하였는데, 이와 같은 이유로 구어 파트가 서면어 파트보다 먼저 나온 것으로 보인다. 또한 그(1847:26)는 '구어'(Spoken language)를 다시 '통어'(common dialect)와 '관화'(court dialect)라고 하였다. 전자는 광대한 지역에 걸쳐서 공통적으로 사용되는 말을 가리키며,[733] 후자는 사회적 지위와 학식이 있는 사람들의 말을 가리키는데, 이러한 구어의 텍스트로는 《元曲選》,[734] 《水滸傳》, 《書畫綠》, 《醒風

731 이 목록은 21페이지(pp.14~35)이며 [a]에서 시작하여 [yong]으로 끝난다.

732 Premare(1847:27)에서는 중국어 문자를 '實字'와 '虛字'로 구분하였으며, 전자는 다시 '活字'(動詞)와 '死字'(名詞)로 구분하였다.

733 '通語'는 어느 특정 지역의 말이 아님을 뜻하는데, 이 용어는 揚雄의 《方言》에서 처음 등장한다.

734 원문에서는 《元人百種》이라고 불렀다.

流》,《好求傳》,《玉橋梨》를 선택하였다.

구어 파트를 표로 정리하면 다음과 같다.

〈표 1〉 *Notitia Linguæ Sinicæ* 구어 파트의 구성[735]

장	장 제목	단락	내용
1	구어의 문법과 통사	문법	1. 명사(형용사 포함), 2. 대명사, 3. 동사, 4. 기타 품사(부사, 전치사 등)
		통사	6가지 규칙
2	중국어의 특성	몇몇 문자의 용법들	1.'得', 2.'把', 3.'打', 4.'一', 5.'來'와 '去', 6.'道', 7.'見', 8. '心', 9.'氣', 10.'口', 11.'大', 12.'手', 13.'好', 14.'待', 15.'敢'
		불변화사	1. 부정 불변화사('没', '不', '休', '别', '莫', '無', '未', '非' 등), 2. 강화 불변화사('太', '忒', '甚', '極', '絕', '最', '好', '十分', '不過', '煞', '殺', '死' 등), 3. 지소 불변화사('只', '止', '但', '些'), 4. 문두 불변화사('哇', '呀', '啊', '兀', '竟' 등), 5. 문미 불변화사('者', '啊', '哩', '呢', '那' 등), 6. '兒'와 '耳', 7. '也'와 '亦', 8. '又', 9. '就', 10. '却', 11. '着', 12. '倒', '到', '轉', 13. '叫', '教', '交', 14. '可', 15. '還', 16. '則'와 '别', 17. '了'와 '過', 18. '與'와 '替', 19. '便', 20. '連', 21. '更'와 '都', 22. '方', '放', '妨', 23. '搬'과 '半', 24. '再'와 '纔', 25. '耐'와 '奈'
		修辭	반복, 대조, 의문, 속담

〈표 1〉에서 볼 수 있듯이 구어 파트는 크게 두 개의 장과 다섯 개의

735 원문의 목차는 장과 단락의 구분 없이 다수 혼란스럽게 섞여 있어 본고에서는 본문에 맞게 재구성하였다.

하위 단락으로 구성되었다. 1장은 크게 품사와 통사 위주의 분석으로 나눌 수 있는데, 명사에서는 격(case)을 주로 논의하였고, 대명사에서는 양사와 함께 논의하였다. 동사에서는 여러 종류의 동사 및 서법(명령법, 기원법) 등을 설명하였고, 통사(Syntax) 부분에서 중국어의 배열에 관한 6가지 규칙을 간단하게 제시하였는데, 이에 관해서는 뒤에서 다시 다루도록 하겠다.

2장에서는 몇몇 문자들의 용법들, 불변화사, 그리고 수사적인 용법들을 크게 세 부분으로 구분하여 설명하였다.

서면어 파트의 구성은 크게 다섯 장 및 색인으로 구성되는데, 이를 표로 정리하면 다음과 같다.

〈표 2〉 *Notitia Linguæ Sinicæ* 서면어 파트의 구성

장	장 제목	단락
1	서면어의 문법과 통사[736]	1. '皆', '俱', '咸', '都', '衆', '諸', '庶', '多', 2. 대명사, 3. 명사와 동사[737]
2	중국어 불변화사	1. '之', 2. '者', 3. '也', 4. '於', 5. '乎', 6. '諸', 7. '邪'('耶'), 8. '與', 9. '而' · '爾' · '耳', 10. '焉'과 '然', 11. '則'와 '且', 12. '若'와 '如', 13. '以'와 '爲', 14. '哉'와 '乃', 15. 시간 지시 불변화사, 16. 강화 불변화사, 17. 의문 불변화사, 18. 문미 불변화사
3	문체의 등급과 더 높은 단계	1. 문체의 여러 등급들, 2. 문체의 일반적인 규칙, 3. 선택된 예들에 의해 설명되는 선행 진술들[738]
4	수사 표현	1. 대조, 2. 반복, 3. 점층법, 4. 교훈적인 질문, 5. 묘사, 6. 문체의 30가지 종류, 7. 여러 가지 비교들(단순 비교, 비유, 은유, 우언)
5	구	1. 한 문자 구, 2. 두 문자 구, 3. 세 문자 구
6	색인	

구어 파트와 비교했을 때 구성상의 가장 큰 차이는 바로 3장이라고 할 수 있다. Premare는 이 장에서 문체의 여러 등급과 규칙들을 주로 논의하였는데, 예를 들면 아래와 같다.

(1) a. 惟天聰明。

Heaven alone has certain knowledge.[739]

b. 惟天爲聰, 惟天爲明。能高其目而下其耳。[740]

Heaven alone can hear, heaven alone can see; it can raise its eyes, It can lower its ears.

c. 天則聽於無聲, 視於無形。

Heaven hears without a sound, and sees without a form. He thus proceeds to enlarge.

發於心者, 天必知之, 故無若天之聰明也。

A thought can not arise in the mind but heaven knows it; therefore nothing is so intelligent as heaven.

目高所以見遠, 耳下所以聽卑。(1847:230)

its eyes are raised and it see afar. its ears are lowered and it hears the humble.

---

736 1장 제목이 〈서면어의 문법과 통사〉이지만, 구어 파트와 달리 통사 규칙은 제시되지 않았다.

737 서면어 파트 1장의 하위 단락은 제목이 누락되어 있다. 이에 다루고 있는 내용을 제목으로 추가하였다. 1장 단락 3은 명사의 동사적 용법, 동사의 명사적 용법을 논의하였다.

738 원문 목차에서는 '여러 문체의 예'로 나와 있지만, 이는 3장 단락 3의 두 번째 하위 단락이므로 이를 본문에 맞게 수정하였다.

739 본고에서는 원문에서 예문을 어떻게 해석했는지를 알기 위하여 원문의 영어 해석을 그대로 인용하였다. 이 예문은《書經 · 說命中》에서 인용한 것이다.

740 이 예문은《揚子法言 · 問明》에서 인용한 것이다.

예문 (1)은 비슷한 내용의 문장들이 다양하게 표현될 수 있음을 보여 준다. (1a)는《書經》의 예로 오직 하늘만이 안다는 것이 4자로 표현되었다. 예문 (1b)는《揚子法言》의 예로 비슷한 의미를 16자로 나타내었다.《法言義疏》에서 발췌된 예문 (1c)는 이를 37자로 표현하였다.[741] 이와 같이 여러 경전에서 비슷한 의미의 문장을 발췌했다는 사실로부터 우리는 Premare가 중국 고전에 대한 식견이 상당히 높았음을 알 수 있다.

또한 修辭에 관해서는 구어에서는 비교적 간단하게(32쪽) 언급한 반면, 서면어 파트에서는 두 배 이상의 지면(80쪽)을 할애하여 좀 더 자세하게 설명하였다.

비록 두 파트 간에 몇몇 차이점도 존재하지만, 이 문법서는 대체로 대칭적인 구조로 구성되었음을 알 수 있다. 다음 장에서는 *Notitia Linguæ Sinicæ*의 특징에 관하여 좀 더 살펴보도록 하겠다.

---

741 이 외에도 76자로 표현한《日經》의 예도 있었지만, 설명의 편의상 생략하였다.

2. *Notitia Linguæ Sinicæ*의 특징

2.1 구어와 서면어의 대칭과 비대칭

앞 장에서 언급했듯이 *Notitia Linguæ Sinicæ*는 크게 구어와 서면어로 나뉘는데, 단순히 두 파트로 구분만 된 것이 아니라 그 안의 문법 성분들도 서로 대응된다는 특징이 있는데, 예를 들면 아래와 같다.

(2) a. 天主的恩 (1847:28)
God's beneficence

b. 天下之王 (1847:176)
King of the world

(2a)와 같이 Premare(1847:28)에서는 명사 뒤의 '的'은 속격(genitive case)과 소유격(possessive case)을 나타낸다고 하였다. 그(1847:178)는 또한 '之'는 구어의 '的'에 해당되며, 똑같은 속격 또는 소유격 표지라고 하였다.

Premare 스스로가 직접 구어와 서면어의 차이를 제시한 경우도 있다.

(3) a. 曾說

b. 已曾說過了。
I have said.

c. 未曾言及了。(1847:214)
I have not yet spoken.

그(1847:214)는 (3a)의 '曾說'은 구어에서 '已經說過了'로 말할 수 있으며, '說'은 또한 (3c)와 같이 부정할 수도 있다고 하였다.

(4) a. 不經見

b. 沒有見過 (1847:214)

I have not seen.

Premare는 또한 '經'은 '曾'과 같은 의미로 쓰이며, (4a)의 서면어적인 표현은 (4b)와 같은 구어체로 바꿀 수 있다고 하였다.

다음으로 구문 간의 대응에 관하여 살펴보도록 하자. Premare(1847)는 아래와 같이 '以'자의 여러 가지 용법을 설명하였다.[742]

(5) a. 毋吾以也。[743] (1847:210)

He makes no use of me.

b. 許子以釜甑爨, 以鐵耕乎?[744] (1847:258)

Master Hu, I believe, cooks his rice in an earthen pot, and in cultivating the filed, makes use of the plow, harrow and other things of that sort?

c. 聞一以知十。[745] (1847:210)

By hearing one to learn ten.

d. 你說的話雖不是指鹿爲馬, 却也是以羊易牛。(1847:107)

742 Premare(1847)는 2장의 단락 13에서 以字句를 주로 설명하였지만, 원문의 또 다른 예들로부터 기타 용법을 찾을 수 있다.

743 이 예문은《論語 · 先進》에서 인용한 것이다.

744 이 예문은《孟子 · 滕文公上》에서 인용한 것이다.

745 이 예문은《論語 · 公冶長》에서 인용한 것이다.

Your remarks do not indeed imply that a stag should answer for a horse, but that a cow should be exchanged for a sheep.

e. 以天爲宗，以德爲本，以道爲門。[746] (1847:270)
하늘을 본질로 삼고, 덕을 근본으로 삼고, 도를 문으로 삼다.

'以'자는 원래 (5a)와 같이 '사용하다, 쓰다'(用) 의미의 동사로 쓰였지만 (5b)에서는 도구를 표시한다. 이후 (5c)와 같이 불변화사 '~로써, ~에 따라서'(that, for) 또는 불어의 'pour'에 대응되는 용법이라고 하였는데(1847:209), '聞一以'는 '以聞一'가 도치된 것이다. (5d)는 '以'자가 동작 행위의 대상을 이끄는 기능을 하며, 이러한 용법이 把字句와 깊은 연관을 가졌다고 할 수 있다. (5e)는 '以A爲B' 형식으로 이 역시 소위 當作류 把字句(把A當作B)에 영향을 미치게 된다.

이와 같이 Premare(1847)에서는 以字句를 서면어 파트에서 설명하였고 이에 대응되는 把字句는 구어 파트에서 다루었는데, 실제로도 以字句는 把字句(특히 甲류)와 깊은 연관이 있다(太田辰夫 1987, 梅祖麟 1990, 蔣紹愚 2008).[747] 여기에서 주의해야 할 점은 비록 두 구문이 밀접한 관계가 있음에도 불구하고 把字句가 以字句로부터 직접적으로 변천된 구문은 아니라는 사실인데, 이는 Premare가 제시한 예에서도 쉽

746 이 예문은《莊子 · 天下》에서 발췌한 것이다. 원문에서는 영문 해석이 빠져 있어, 국문 해석으로 대체하였다.

747 把字句에 대한 '甲류' · '乙류' · '丙류'는 梅祖麟(1990/2007:192~194)이 처음으로 제시한 것으로 把字句 유형에 대한 관습화된 호칭이라고 할 수 있다. 甲류는 給與류 · 放置류 · 當作류로 구분할 수 있으며, 乙류는 동사 전후로 기타 성분을 지닌 구문이며, 丙류는 동사 단독으로 쓰인 구문이다.

게 알 수 있다.

(6) a. 葬以大夫，祭以士。[748] (1847:210)

He is buried as a noble man, but honored asa scholar.

b. 殺人以挺與刃，有以異乎。[749] (1847:211)

Does it make any difference whether you kill one with a cane or with a sword?

예문 (6a, b)에서 알 수 있듯이 '以-NP'는 주요 동사 뒤에 위치하였다. 그러나 把字句에서 '把-NP'는 절대로 동사 뒤로 옮길 수 없는데, 즉 'VP + 把-NP' 형식은 존재하지 않는다.[750] 이와 같은 사실은 이후 劉子瑜(2002:156)에 의해 다시 명확하게 설명되는데, 즉 구어의 把字句와 서면어의 以字句는 일정 부분 대응되며 밀접한 관계를 갖지만, 두 구문 간의 차이도 적지 않다.

한편 대조 및 반복 등의 修辭적인 용법 간의 대응도 존재하는데, 예를 들면 Premare(1847:145; 251)에서는 표현력을 강화하거나, 또는 강조하기 위하여 구가 반복된다고 하였다.

(7) a. 苦呀，苦呀! (1847:145)

Oh dreadful! dreadful!

b. 天喪予，天喪予。[751] (1847:251)

748 이 예문은《中庸 · 18》에서 인용한 것이다.

749 이 예문은《孟子 · 梁惠王上》에서 인용한 것이다.

750 또한 (5c)와 같이 '以'자가 목적어 뒤로 도치되는 현상 역시 把字句에서는 허용되지 않는다.

751 이 예문은《論語 · 先進》에서 인용한 것이다.

Heaven destroys me, heaven destroys me.

이 외에도 이 문법서에서는 '我'와 '吾' · '余' · '朕'과 같은 대명사 간의 대응, 조사 '了'와 '矣' · '也' 간의 대응, '阿', '呀', '哩', '呢'와 '也', '耶', '焉', '哉' 간의 문미 불변화사 간의 대응, '太', '忒', '绝', '最', '好', '十分'과 '愈', '益', '彌', '至', '極'과 같은 강화 불변화사 간의 대응 등 여러 대응 관계가 존재하지만 편폭의 제한으로 인해 여기에서 일일이 언급하지는 않겠다.

우리는 지금까지 *Notitia Linguæ Sinicæ*에서 구어와 서면어 간의 대칭적인 구성뿐만 아니라 그 안의 예들과 용법 간의 구체적인 대응에 관해서 살펴보았는데,[752] 대응되는 것처럼 보이지만 그렇지 않은 경우도 존재한다는 것을 유념할 필요가 있다.[753]

2.2 예문의 중요성

앞에서 언급했듯이 *Notitia Linguæ Sinicæ*의 가장 특징 중의 하나는 이 책이 예문 중심의 문법서라는 점인데, 이는 Premare가 자신의 언어관을 투영시킨 결과라고 할 수 있다. 실제로 Premare는 이를 자신의

752 즉 Premare(1847)가 구어와 서면어의 예를 명확하게 대비하지는 않았지만, 실제로는 대응되는 많은 예를 찾을 수 있다는 의미이다.

753 구어와 서면어를 같이 다루고, 또 그 안에서 양자 간의 대칭과 비대칭이 존재하는 문법서는 *Notitia Linguæ Sinicæ*가 유일하다는 점에서 이 문법서의 가치는 더 높다고 할 수 있다.

문법서에서 다음과 같이 분명히 언급하였다.

(8) 우리는 개념들을 분석하기 위해 이러한 방식들을 배울 때마다 우리를 강요하고, 학자들에게도 매력적이라기보다 거부감을 일으키는 많은 규칙이 실용가치가 전혀 없음을 발견하게 된다(1847:29).

(9) 나는 예문들로 중국어를 가르치는 것보다 더 좋은 방법을 발견하는 것은 불가능하다고 생각한다. 따라서 본서에서 이렇게 많은 예문이 제시되었다는 사실에 놀라지 말길 바란다. 규칙들로 인해 길고 지루했던 그 경로(the route)[754]가 예문들을 제시함에 의해 단축된다. 또한 더 많은 노력과 어려움을 수반하는 말들로 상세하게 설명된 어떤 규칙 또는 원칙을 예시하는 문구도 거의 없다(1847:33).

Premare는 중국어를 배우는 데 있어 복잡한 규칙보다는 예문 위주의 학습을 더 선호하였으며, 이것이 중국어를 학습하는 데 있어 더 효율적이라고 보았음을 우리는 알 수 있다.

여기에서 우리가 한 가지 생각해 볼 문제는 Premare가 제시한 관련 예문들이 단순하게 임의로 선별된 구문들인가라는 점이다.[755] 본고에서는 그렇지 않다고 여기는데, 사실 그가 제시한 예문들에는 좀 더 특별한 의미가 내포되어 있다.

이를 위해 把字句의 예들을 좀 더 살펴보도록 하자.[756]

Premare(1847:44)는 기존의 선교사들과 달리 '把'의 여러 가지 용법

754 여기에서 '경로'는 중국어를 배우는 과정을 의미한다.

755 이에 관해서는 기존 연구들은 거의 주목하지 않았다.

756 把字句는 중국어의 대표적인 특수구문으로 근대 시기 서양 선교사들의 언어관을 분석하는 데 가장 적합한 구문 중의 하나라고 할 수 있다. 이에 관해서는 조경환(2014)을 참조 바란다.

을 제시하였는데, '把'자가 'take'를 의미하는 경우[(10)], 동사의 행위를 지시하는 경우[(11)], 'have for, to consider as'를 의미하는 경우[(12)], 양사로서 기능하는 경우[(13)]를 들었다.[757]

(10) a. 你們把牀抬來這裡坐着。

You take and bring the couch and recline here or bring it here.[758]

b. 把他拉到房內。(1847:44~45)

He seized him and drew him into the bed.

(11) a. 今日把一天工夫全費了。

Spent all this day at leisure. or to no good purpose.

b. 把眼揉得緋紅。(1847:45, 46)

He made his eyes red by rubbing them.

(12) a. 把金銀視爲糞土。

He counts riches but dung.

b. 把我們看得恁賤。(1847:46)

You consider us as of no importance.

(13) a. 一把傘

an umbrella

b. 一把鎖 (1847:47)

one padlock

757 Martini(1696)와 Varo(1703)에서는 주로 양사 '把'자만을 간단히 언급하였을 뿐, Premare처럼 체계적으로 구분하지는 않았다.

758 Premare(1847:44)는 "Do you~"로 되어있지만, 의문문이 아니므로 'Do'는 생략하였다.

이에 관하여 李眞(2014:168)은 Premare가 동사에서 개사(전치사)로의 문법화를 제시하였으며, 의미상의 각도에서 '把'를 분석하였다고 보았다. 그러나 Premare가 제시한 把字句의 예들은 李眞(2014)의 설명보다 더 많은 의미를 갖는데, 그 이유는 다음과 같다.

먼저 예문 (10)을 다시 살펴보면 Premare(1847:44)는 첫 번째 유형에서 '把'자는 'take'를 의미한다고 하였다.[759] 그런데 이러한 유형의 구문에서는 '把'자 이외에도 뒤에 다시 동사가 출현하므로, Premare가 제시한 첫 번째 유형의 구문은 2개의 동사가 존재하는 구문, 즉 연동문임을 알 수 있다.

사실 把字句의 기원에 관해서는 수많은 논의가 있어 왔는데, 그중에 가장 대표적인 설명이 바로 SVO로부터 '把'자가 빈어를 동사 앞으로 전치시킨다는 빈어 전치설이다.[760] 그러나 2000년대 이후 《變文》 등에 대한 把字句의 통시적인 연구(吳福祥 2003, 劉子喩 2002, 蔣紹愚 2008)가 체계화됨에 따라 把字句는 동사 뒤의 빈어가 '把'자에 의해 동사 앞으로 전치된 것이 아니라 바로 연동문에서 변천해 왔다는 것이 밝혀졌다.

사실 把字句의 빈어 전치설은 Premare보다 훨씬 뒤인 Edkins(1864:122; 164)에 의해 가장 먼저 제시되었는데,[761] Premare(1847:44)가 이러한 빈어 전치설이 아닌 연동문을 먼저 제시하였다는 점은 상당히 흥미로운

759 Premare(1847:44)가 把字句를 설명할 때 이를 가장 먼저 언급하였다.

760 把字句의 以字句기원설에 관해서는 우리는 把字句가 以字句로부터 변천해 온 것이 아님을 2.1에서 이미 살펴보았다.

761 Edkins(1864:191)는 "'把' and '將' are used to introduce the object before the verb that governs it"이라고 하였는데, 이는 黎錦熙(1924/1993:28; 181)보다 60년 먼저 빈어 전치설을 제시한 셈이다.

사실로, 그의 견해는 이후 Gützlaff(1842)에서도 그대로 계승되게 된다.

그는 예문 (11)에 관하여 이러한 유형이 첫 번째 유형[예문 (10)]과 달리 '把'자가 'take'라는 의미를 나타내기보다는 뒤에 오는 동사의 행위를 지시한다고 하였다.[762] 이는 '把'자의 '잡다'라는 구체적인 의미가 탈색되고 의미상의 중점이 뒤에 오는 동사로 옮겨 갔음을 의미하며, 이러한 유형은 바로 乙류에 해당된다고 할 수 있다.

예문 (12)는 이른바 '當作'류라고 불리는 것으로 이는 甲류의 하위유형으로 여겨지는데 이 역시 Premare(1847:46)가 함께 제시하였다.

한편 Premare가 제시한 두 번째 유형에서는 상당히 홍미로운 예들도 존재한다.[763]

(14) a. 把臉飛紅了。

His whole countenance blushed.

b. 把他灌醉了。(1847:46)

He made him drunk against his will.

예문 (14)와 같은 구문은 소위 非處置를 나타내는 특수한 유형의 把字句로 王力(1943/1985:129)은 이를 '處置式의 활용' 또는 '繼事式'이라고 불렀으며 呂淑相(1948/2002:172) 역시 이를 處置의 예외적인 유형으로 간주하였다.

(14a)는 이른바 遭遇 把字句로 화자의 예상 밖의 유쾌하지 않은 사

762 원문은 다음과 같다. "'Pa' does not properly signify to take, but rather denotes the action of the subsequent verb".

763 이는 두 번째 유형[예문 (11)]에 포함되어 있는 것들이다.

건을 나타내며, (14b)는 오늘날의 致使 把字句와 같은 유형이라고 할 수 있다. 이러한 非處置류는 處置(능동태)로부터 非處置(사동태)로의 문법태의 전환 과정에서 발생한 부산물로 이러한 非處置 把字句에 관해서는 근대 시기 서양 선교사 중 Premare(1847)와 Gützlaff(1842)만이 언급했을 뿐이다.[764]

비록 Premare의 把字句에 관한 구분이 오늘날의 甲류와 乙류로 완벽하게 일치하지는 않지만,[765] 적어도 우리는 Premare가 把字句가 연동문과 깊은 연관을 가졌다는 점, '把'자의 의미탈색에 따른 구문이 구분된다는 사실, 그리고 非處置 把字句의 존재를 어느 정도 인지하였음을 알 수 있다.

예문의 중요성을 좀 더 알아보기 위하여 또 다른 특수구문인 被字句를 살펴보도록 하자.[766]

(15) a. 被虎吃了。

He was devoured by a tiger.

b. 被你喜殺我也。(1847:35)

I am rejoiced to death on your account.

764 Gützlaff(1842:83)는 구체적인 예는 제시하지 않았고 이러한 사동(causative) 의미의 非處置 把字句가 존재한다고만 언급했을 뿐이다. Gützlaff(1842:83)의 '把'에 관한 설명은 Premare (1847)와 상당히 흡사하므로, 그가 필사본(1728)을 보았을 가능성이 매우 높다.

765 Premare의 첫 번째 유형(연동문)의 경우에는 乙류의 예들도 포함되어 있으며, 반대로 두 번째 유형의 경우에도 甲류의 예들이 일부 포함되어 있다.

766 Premare(1847)는 被字句 외에도 '吃'字句(吃打, 吃人笑話), '見'字句(見殺), '蒙'字句(蒙大人見招)의 피동문을 소개하였다.

위의 예문 (15a)는 施事가 출현하는 전형적인 장거리 被字句(被 + NP施+ VP)로 보이지만 주어인 受事가 생략되었다는 점에서 다소 특이한데, 우리는 영문 해석에서 생략된 受事가 'he'임을 추측할 수 있다.[767] 우리는 (15b)와 같은 被字句를 좀 더 주목할 필요가 있는데, 이 예문에서 受事 '我'는 주어 위치가 아닌 동사 '殺' 뒤로 이동하여 일반적인 被字句와는 다른 양상을 보이기 때문이다.

이러한 유형의 被字句는 이른바 '∅被句'라고 불리는 특수한 유형으로 唐代에 출현하기 시작하여 宋代 · 元代 · 明代에 유행하였고 淸代에는 거의 사라진 것으로 알려졌다(王力 1980/1997, 兪光中 · 植田均 1998).[768]

예문 (15)와 유사한 예를 우리는 《水滸傳》에서 찾을 수 있는데, 아래와 같다.[769]

(16) a. 李逵訴說取娘至沂岭，被虎吃了，因此殺了四虎。(《水滸傳 · 44》)

이규가 모친을 데리고 기령을 넘다가 호랑이가 어머니를 해쳤기에 호랑이 네 마리를 죽였다는 이야기를 하였다.

b. 晁、宋二人笑道: "被你殺了四個猛虎，今日山寨里又添的兩個活虎上山。正宜作慶。(《水滸傳 · 44》)

조개와 송강이 웃으며 말하길, "네가 호랑이 네 마리를 죽였으나, 오늘

767 吃字句의 예문에서 알 수 있듯이 Premare가 이미 施事의 출현 여부에 따라 단거리 피동문($NP_{受}$ + 피동 표지 + VP)과 장거리 피동문($NP_{受}$ + 피동 표지 + $NP_{施}$ + VP)을 구분하였음을 알 수 있다.

768 한편 ∅被句는 타동성에 따라 R_1句 [∅ + 被 + $NP_{施}$ + Vt + $NP_{受}$]와 R_2句 [∅ + 被 + $NP_{施}$ + Vi](Vt는 타동사, Vi는 자동사임)로 구분할 수 있는데, Premare(1847:35)는 R_1句만을 언급하였다.

769 이는 Premare가 선택한 구어 텍스트 중의 하나가 《水滸傳》이기 때문이다.

우리 산채에는 살아 있는 호랑이 두 마리가 늘어났으니 축하해야 겠다."

예문 (16a)는 受事인 '娘'은 앞 문장에서 언급되었으며, 기본적으로 (15a)와 같은 유형임을 알 수 있다. (16b)는 (15b)와 마찬가지로 受事인 '四個猛虎'는 동사 '殺'뒤로 이동하여 [∅ + 被 + NP施 + Vt + NP受] 형식을 구성하였다.[770]

그러나 예문 (15b)의 경우 《元曲選》에 실린 아래와 같은 예문과도 유사성을 가진다는 점은 상당히 흥미롭다.

(17) a. 哎, 我屈死的兒, 則被你痛殺我也。(《窦娥冤 · 4》)
아이고, 나의 원통하게 죽은 아이야, 네가 나를 고통스럽게 만드는구나.

b. 楊謝祖兒也, 則被你痛殺我也。(《救孝子賢母不認屍 · 4》)
양사조의 아이야, 네가 나를 고통스럽게 만드는구나.

위의 예문 (17)에서 受事 '我'가 '痛殺' 뒤에 온다는 점에서는 예문 (16b)와 비슷해 보이지만, 생략된 주어가 受事가 아닌 施事('被'자 뒤의 '你')라는 점에서 차이가 있다.

우리는 예문 (15b)가 《水滸傳》에서 왔는지 《元曲選》에서 왔는지 정확하게 판단할 수는 없다. 다만 (15a)와 (15b)의 관계와 시기를 고려해 보면 《水滸傳》의 예를 근거하여 인용했을 가능성이 좀 더 높다. 그러나 통사적으로는 (15b)가 (16b)보다는 (17b)에 좀 더 유사하므

770 (16b)는 또한 '네가 호랑이 네 마리를 죽였다'라는 것과 '호랑이 두 마리가 양산박에 온 것은 의외의 경사'라는 화용적인 의미도 지닌다(莊紹愚 2005:243).

로 이를 참고했을 가능성을 완전히 배제할 수는 없다. (16b)이든 (17b)이든 상관없이 모두 被字句의 주어가 생략되었다는 공통점이 존재한다.

따라서 우리는 예문 (15b)가 다음과 같은 파생 관계를 가진다고 추정할 수 있다.

(16b) (NP受)…, ∅ + 被 + $NP_{施}$ + V了 + $NP_{受}$

(15b) , ∅ + 被 + $NP_{施}$ + V殺 + $NP_{受}$ + 也

(17b) ($NP_{施}$)…, ∅ + 被 + $NP_{施}$ + V殺 + $NP_{受}$ + 也

〈그림 1〉 ∅被句의 파생 관계

이상의 사실로부터 우리는 Premare가 제시한 예들이 임의적으로 단순히 열거한 것이 아님을 알 수 있으며, 만약 이러한 예문들을 좀 더 주의 깊게 살펴본다면 그 속에 내포되어 있는 중요성을 깨닫게 된다.

2.3 중국어의 시간 체계[771]

Premare 이전의 서양 선교사들은 중국어 시제를 크게 4시제(Martini 1696)와 6시제(Varo 1703) 두 가지로 구분하였다.[772]

Premare(1847:34~35)는 이 중에서 라틴어의 체계에 근거한 Varo보다는 중국어에 좀 더 근거한 Martini의 견해를 따랐으며, 나아가 그의 4시제 체계에서 과거 완료를 제거하고 과거 · 현재 · 미래의 3시제 체계를 제시하였다.[773]

(18) a. 講了明白。說過了。没有說。寫完了。
clearly spoken, I have already said, I have not said, I have written.

b. 我要去。將死。善人會昇天。我明日去。(1847:35~36)
I will go. about to die. Good men will go to heaven. I will go tomorrow.

---

771 근대 서양 선교사 문법서의 시간 체계는 실제로는 T · A · M(Tense-Aspect-Modality) 체계로 이는 한 언어의 특징을 가장 잘 보여 줄 뿐만 아니라, 언어학에서 가장 중요한 주제이기도 하다.

772 Martini(1696/1998:415)는 중국어의 시제를 과거("我愛過了") · 과거 미완료("那时间我愛") · 현재("我愛") · 미래("我將愛")의 4시제 체계로 구분하였다. 반면, Varo(1703:51~52)는 중국어의 시제를 과거 완료("卖了", "已過", "有进") · 과거 미완료("午时才下雨") · 과거완료 완료("你到时候, 我进過了") · 현재("我去") · 미래 완료("他來时候, 我去了") · 미래 미완료("我明日去")로 훨씬 복잡하게 구분하였음을 알 수 있는데, 이는 Varo가 라틴어의 시제 체계에 근거했음을 알 수 있다. 이에 관해서는 조경환(2014)을 참조하길 바란다.

773 Premare는 중국어의 시제 체계에 관하여 3장 동사 부분(pp.34~36)에서 언급하였고, 또 문미 불변화사의 '了'와 '過' 부분에서 다시 언급하였다.

Premare(1847:35)는 중국어의 과거[(18a)]가 '了', '過', '有', '完' 등으로 표시되는데, 특히 '了'의 경우에는 "我的氣已出去了"나 "剛纔吃了茶了"와 같이 '已'나 '剛纔'와 자주 공기하여 과거 시간을 표시하거나 선행 동사에 표시된 사건이 실제로 완수되었음을 나타내는 데 사용된다고 하였다(1847:124~126).

미래[(18b)]의 경우 '要', '將', '會'와 같은 조동사나 미래를 나타내는 시간사가 표시된다고 하였다. 현재에 관해서는 특별히 언급하지 않았는데, 이는 Premare가 Martini나 Varo와 같이 현재는 특별한 표지를 사용하지 않기 때문에 따로 언급하지 않았을 것이라고 사료된다.

그렇다면 서면어 파트에서의 시간 체계는 어떠한가?[774]

Premare(1847:214)는 당연하게도 구어 체계와 마찬가지로 3시제 체계를 제시하였다.[775]

(19) a. 曾由與求之問。[776]

You had inquired of me concerning *Yu* and *Kiu*.

b. 形雖存而心已死。

Though the body remains, the soul is departed.

c. 諾，吾將仕矣。[777] (1847:214)

Yes, I shall soon act the magistrate.

774 즉 Martini(1696)와 Varo(1703)는 구어 체계의 시제만을 논의하였다.

775 서면어의 시제 체계에 관해서는 6.15 시간 지시 불변화사 부분에서 언급하였다.

776 이 예문은《論語 · 先進》에서 인용한 것이다.

777 이 예문은《論語 · 陽貨》에서 인용한 것이다.

'曾'은 '經'과 마찬가지로 과거 시간을 나타내는 데 사용되며, '已' 역시 그러하다. '將'은 구어와 마친가지로 미래를 나타낸다.[778]

〈표 3〉 *Notitia Linguæ Sinicæ*의 구어와 서면어의 시간 체계

	구어	서면어
과거	了, 過, 有, 完	曾, 經, 已
현재	∅	∅
미래	要, 將, 會, 미래표시 시간사	將

이와 같이 Premare(1847)는 용법・용례 중심의 실제 사용을 중시하였으므로, 중국어의 시제체계를 억지로 라틴어의 체계에 끼워 맞춘 Varo보다는 중국어 자체에 초점을 둔 Martini의 체계를 따르고 더 나아가 이를 3시제 체계로 수정하였는데, Premare의 이러한 견해는 향후 Edkins(1864) 등 다른 학자들에게도 큰 영향을 미치게 된다.[779]

778 구어와 서면어의 시간 대응 관계는 예문 (3)과 (4)에서 이미 언급한 바 있다.

779 한편 Varo(1703)의 6시제 체계는 Morrison(1815), Gützlaff(1842) 등의 5시제 체계로 이어지게 된다.

3. *Notitia Linguæ Sinicæ*의 한계

첫째, 이 문법서는 예문 중심 학습의 실용성을 강조했지만, 이 예문들에서는 여전히 종교적인 색채를 완전히 배제할 수는 없었는데, 이는 8.6절에서의 〈天主總論〉이 특히 그 색채가 짙었다. Premare(1864: 278)는 이 문장을 그가 잘 아는 선교사가 썼다고 했지만,[780] Lundbæk (1991:52~53)에 따르면 이는 실제로는 Premare 자신이 쓴 것이라고 한다.[781]

비록 Premare는 유럽인도 능숙하게 중국어 작문을 할 수 있음을 보여 주기 위하여 天主의 유일성과 전능함을 찬양하며 무려 8페이지(pp.278~285)에 걸쳐 〈天主總論〉을 썼지만, 문법서의 예문으로 보기에는 너무나 종교적이다. 차라리 다른 주제로 썼거나, 또는 단락 5의 〈醉翁亭記〉를 인용한 것처럼 중국인의 좀 더 모범적인 문장을 인용하는 편이 더 나아 보인다.

사실 이는 서양 선교사들이 쓴 문법서들의 태생적인 한계라고 할 수 있다. Martini나 Varo의 문법서도 그러했고, Premare 이후의 문법서들도 역시 그러했다. 왜냐하면 이들 문법서들의 주요 목적은 당시 중국에

780 이 부분의 원문(1847:278)은 다음과 같다. "I will introduce here entire a discourse upon God and the divine attributes, which one of our associates, with whom I was well acquainted, composed a few years after he had become a missionary".

781 이는 Premare가 Fourmont에게 1731년에 쓴 편지에서 언급되었는데, 원문은 다음과 같다. "In this second part of my book you will find a discourse about the Creator and Master of the world, written by me. I inserted it after my notes on the particles and the Chinese style, to show that it is not impossible for a European to write fine Chinese, and therefore not impossible for him to appreciate the most beautiful and exalted passages in the Jing".

온 선교사들로 하여금 중국어를 빨리 익히게 하는 데 있기 때문이다. 그럼에도 불구하고 Premare의 의도처럼 〈天主總論〉이 당시의 서구인으로서는 높은 수준의 작문을 보여 주었음에는 의심의 여지가 없다.

둘째, 이미 언급했듯이 이 문법서는 예문 중심으로 구성되어 있다. 이러한 예문 중심의 설명은 양날의 검과도 같은데, 즉 풍부한 예문이 있지만 설명은 상대적으로 부족하여 만약 중국어에 대한 아무런 지식이 없다면 이 문법서를 공부하기는 힘들 것이다. 게다가 예문 역시 우리가 앞에서 분석한 바와 같이 그 안에 의미나 규칙들이 숨겨져 있으므로 중국어를 처음 접하는 초보자들은 더욱 어렵다고 느낄 수 있다.

물론 Premare(1847:39) 역시 이러한 점을 인지하고 이를 보충하기 위하여 6가지 통사 규칙을 제시하였는데, 다음과 같다.

〈표 4〉 *Notitia Linguæ Sinicæ*(1847:39)의 통사 규칙

규칙	내용	예
①	형용사는 명사를 선행하며 뒤에 오면 의미가 달라짐	大房子, 房子大
②	비교급: 更, 愈…愈…, 比, 於 등	酒比水好得多。 酒好於水。 水比不得酒。
③	최상급	好得紧, 好不過, 上好, 绝好, 十分好, 極妙, 妙绝
④	관계사: '所'	無所不能。 有所不知。
⑤	질문과 대답	你說了麽? 說了, 没有說, 不曾說。
⑥	주격은 동사 앞에 선행하지만, 때때로 대격이 선행하기도 한다.	拿水來。 水拿來。

이 문법서의 필사본(1728)의 연도를 감안하면 서양 선교사 중에서 가장 먼저 통사 규칙들을 구체적으로 제시했다고 볼 수 있지만,[782] 이는 단순히 단어 간의 순서나 배열에 관한 것으로 오늘날의 기준으로 볼 때, 너무나도 단순하다.

셋째, 李眞(2014:329)도 언급한 것처럼 Premare(1847)의 품사 분류는 오늘날의 기준에서 보면 다소 혼란스럽다. 명사 파트에서는 형용사까지 포함되어 있으며, 근대 시기 서양 선교사들이 가장 중시했던 양사에 대해서는 거의 언급하지 않았다. 또한 3장 품사 분류에서는 명사(형용사, 양사), 대명사, 동사, 부사, 전치사만 다루었고, 접속사와 감탄사는 품사 부분에서 따로 다루지는 않지만 본문에는 나온다. 또한 불변화사는 부사, 조사, 감탄사, 조사가 섞여 있어 대체로 오늘날의 虛詞에 해당된다고 볼 수 있지만, 사역 동사 '叫', '教' 등도 포함되어 있어 반드시 그렇지만은 않다.

782 이후 훨씬 뒤인 1815년에 Morrison 역시 9가지 통사 규칙을 제시하였다.

4. 결론

지금까지 우리는 *Notitia Linguæ Sinicæ*(1847)의 구성 및 특징, 그리고 한계점을 살펴보았다.

시기적으로 이 문법서는 초창기인 17세기와 황금기인 19세기의 중간에 위치하여 가교 역할을 할 뿐만 아니라, 실제로도 이 문법서는 중국어 문법서의 원형 역할을 수행하였다. 즉 Premare는 최초로 중국어를 구어 파트와 서면어 파트로 구분하여 각각의 문법 체계를 논의하였을 뿐만 아니라, 그 안의 문법 현상들에는 역시 대칭과 비대칭이 존재하였다.

그는 중국어를 배우기 위해서는 규칙보다는 예문 중심의 용법 기저 학습을 중시하였고, 그가 제시한 예문들은 실제로도 의의가 깊은데, 이는 把字句나 ∅被句의 경우에서 쉽게 알 수 있었다. 把字句의 경우 以字句와 깊은 관계를 갖지만 이 두 구문 간에는 명백한 차이가 있음을 알 수 있었다. 또한 Premare는 이 구문이 연동문과 깊은 연관을 가지며, '把'자의 의미 탈색에 따라 의미 중점이 뒤의 동사에 온다는 사실을 분명히 언급하였는데, 이는 오늘날의 把字句의 설명과 대동소이하다. ∅被句 역시 흥미로운 피동문으로 우리는 그가 제시한 ∅被句가 두 가지 예문의 영향을 받았을 가능성을 언급하였다.

중국어의 시간 체계에 관해서도 Premare는 라틴어 문법의 전통을 따르는 것을 과감히 포기하고 중국어 자체에 좀 더 주안점을 두어 3시제 체계를 설립하였다.

이후 *Notitia Linguæ Sinicæ*의 구어 파트는 앞에서 언급한 바와 같이

Morrison(1815), Gützlaff(1842), Edkins(1864) 등 19세기 여러 문법서에 영향을 미치며, 서면어 파트는 Marshman(1814), Gabelentz(1881) 등에 영향을 미친다. Premare 이전에 서면어 문법을 설명한 문법서는 없었으므로, 이 *Notitia Linguæ Sinicæ*는 또한 최초의 서면어 문법서이기도 하다.

이렇게 근대 시기 서양 선교사들의 문법서뿐만 아니라 중국어 문법사에서 중요한 의미를 갖는 이 문법서에 관해서는 향후 좀 더 심도 있는 연구가 이루어져야 할 것이며, 이를 통해 우리는 중국어 문법 현상을 좀 더 명확하게 이해할 수 있을 것이다.

5. 참고문헌

서양자(2010),《청나라 궁중의 서양 선교사들》, 서울: 순교의 맥.

조경환(2017),《해와 달: 근대 서양 선교사들의 중국어 문법서에 관한 연구》, 서울: 한국문화사.

최정섭 · 안재원 옮김(2018),《위대한 중국학자》, 파주: 글항아리.

Coblin, South · Joseph Levi(2000), *Francisco Varo's Grammar of the Mandarin Language(1703), An English Translation of Arte de la Lengua Mandarina*, Amsterdam: John Benjamin Publishing Co.

Edkins, Joseph(1864), *A Grammar of the Chinese Colloquial Language, commonly called the Mandarin Dialect*, Shanghai: Thrian Mission Press.

Gabelentz, Georg von der(1881), *Chinesische Grammatik*, Leipzig: T.O.Weigel.

Giuliano, Bertuccioli(1998), *Martino Martini Opera Omnia vol II*, Trento: Unversita Degli Studi di Trento.

Gützlaff, Karl Friedrich(1842), *Notice On Chinese Grammar*, Batavia: The Mission Press.

Honey, David(2001), *Incense At The Altar*, New Haven: American Oriental Society, Lundbæk, Knud(1991), *Joseph De Premare*, Aarhus: Aarhus University Press.

Marshman, Joshua(1814), *Elements of Chinese Grammar*, Serampore: The Mission Press.

Morrison, Robert(1815), *A Grammar of the Chinese Language*, Serampore: The Mission Press.

Premare, Josheph Henri(1728), translated by J.G. Bridgman(1847), *The Notitia Linguæ Sinicæ*, Canton: The Office of The Chinese Repository.

董方峰(2011),《十九世紀英美傳敎士的汉语語法研究》, 北京: 外語教學與研究出版社.

董海櫻(2011),《16世紀至19世紀初西人汉语研究》, 北京: 商務印書館.

莊紹愚(2002),《近代汉语研究概要》, 北京: 北京大學出版社.

______(2008),〈漢語'廣義處置式'的來源〉, 27~39,《歷史語言學研究》1.

黎锦熙(1924/2000),《新著国语文法》, 北京: 商務印書館, 박덕준 역(1993),《도해식 중국어문법》, 서울: 진명출판사.

李眞(2014),《馬若瑟《漢語札記》研究》, 北京: 商務印書館.

劉子瑜(2002),〈再談唐宋處置式的來源〉,《汉语史論文集》, 武漢: 武漢出版社.

呂叔湘(1948),〈'把'字用法研究〉,《呂叔湘全集(2002)》2, 辽寧: 辽寧教育出版社.

梅祖麟(1990),〈唐宋處置式的來源〉,《中国語文》3.

太田辰夫(1987),《中國語歷史文法》, 京都: 朋友書店, 蔣紹愚·徐昌華 譯(2003),《中國語歷史文法》, 北京: 北京大學出版社.

王力(1943/1985),《中国現代語法》,《王力文集》2, 濟南: 山东教育出版社.

吴福祥(2003),〈再論處置式的來源〉,《語言研究》3.

兪光中·植田均(1999),《近代汉语語法研究》, 上海: 學林出版社.

張西平·楊慧玲(2013),《近代西方汉语研究論集》, 北京: 商務印書館.

색인[783]

단어	의미	페이지
Ablative	탈격	【1】 66
Accusative	대격	【1】 65
Adjective	형용사	【1】 68
Adverbs	부사	【1】 79
Antithesis	대조	【1】 353, 【2】 181
Antithetical characters	대조적인 문자들	【2】 184
Books	책들	【1】 18
Characters	문자들	【1】 28
Che 者		【2】 42
Chi 止		【1】 212
Chi 之		【2】 33
Chih 只		【1】 207
Chih pa 只怕		【1】 209
Chin 朕		【2】 24
Choh 着		【1】 260
Chu 諸		【2】 20, 68
Chuen 轉		【1】 277
Chung 衆		【2】 19

783 역주 이 색인은 Premare(1847:324~328)에 수록되어 있다. 페이지는 본서의 페이지로 대체하였다. 페이지 앞의 【1】은 1권을, 【2】는 2권을 의미한다.

Climax	점층법	【1】 179
Comparatives	비교급(비교사)	【1】 84
Comparison	비교	【2】 255
Dative	여격	【1】 64
Description	묘사	【2】 211
Didactic Interrogation	교훈적인 질문	【2】 206
Discourse of a Missionary	선교 담론(天主總論)	【2】 245
Fable	우화	【2】 285
Fang 方, 放, 妨		【1】 309
Fi 非		【1】 194
Figures of Speech	비유적 표현	【2】 179
Future	미래	【1】 78, 【2】 119
Han puh teh 恨不得		【1】 79, 95
Hau 好		【2】 174, 200
Hi 奚		【2】 130
Hi 兮		【2】 138
Hien 咸		【2】 18
Hiu 休		【1】 190
Ho 阿		【1】 224
Ho 何		【1】 361, 【2】 128
Ho ya 阿呀		【1】 222
Hoh 曷		【2】 132
Hoh 盍		【2】 132
Hu 胡		【2】 132
Hu 乎		【2】 61
Hwan 還		【1】 285
Hwang 況		【2】 122
I 以		【2】 17

I 已		【2】 121, 135
I 矣		【2】 137
Imperative	명령문	【1】 78
Interrogation	의문	【1】 358
Jen 然		【2】 97
Joh 若		【2】 104
Ju 如		【2】 104
Kan 敢		【1】 184
Kang 更		【1】 307
Kau 口		【1】 159
Ki 豈		【1】 370, 【2】 129
Ki 氣		【1】 150
Kiai 皆		【2】 17
Kiau 叫, 教, 交		【1】 277
Kien 見		【1】 141
Kih 極		【1】 198
King 經		【2】 121
Kioh 却		【1】 255
Ko 個		【1】 71
Ko 可		【1】 281
Kü 俱		【2】 17
Kü 去		【1】 123
Kwo 過		【1】 77, 300, 【2】 120
Lai 來		【1】 123
Li 裡		【1】 79
Li 哩		【1】 226
Liau 了		【1】 77, 294, 【2】 120
Lien 連		【1】 305

Metaphor	은유	【2】 275
Mi 彌		【2】 122
Mo 麽		【1】 366
Moh 莫		【1】 191
Moh fei 莫非		【1】 360
Moh puh 莫不		【1】 360, 【2】 23
Moshuo 莫說		【1】 250
Muh 没		【1】 188
Na 那		【1】 227, 365
Nai 耐		【1】 317
Nai 奈		【1】 317
Nai 乃		【2】 118
Nan tau 難道		【1】 138, 374
Ngan 安		【1】 369
Ni 呢		【1】 227
Nouns	명사	【1】 63
Numerals	수사(數詞)	【1】 67
Pa 把		【1】 97
Pa puh teh 巴不得		【1】 79, 95
Parable	우화	【2】 285
Particles, combined	조합 불변화사	【2】 141
Particles, diminutive	지소 불변화사	【1】 207
Particles, final	문미 불변화사	【1】 224, 【2】 135
Particles, initial	문두 불변화사	【1】 221
Particles, intensive	강화 불변화사	【1】 195, 【2】 122
Particles, interrogative	의문 불변화사	【2】 74, 124
Particles, negative	부정 불변화사	【1】 188
Pi 哔, 呸		【1】 221, 【2】 296

Pieh 別		【1】 191
Pien 便		【1】 303
Phrases of one or more characters	한 자 또는 그 이상으로 이루어진 구	【2】 295
Play upon words	재담, 언어유희	【2】 196
Plural	복수	【1】 66
Po 波		【1】 227, 365
Prepositions	명제들	【1】 80
Preterite	과거 시제	【1】 77
Pronouns	대명사	【1】 69, 【2】 23
Proverbs	속담	【1】 375
Puh 僕		【2】 26
Puh ching 不成		【1】 139
Pwan 半, 般		【1】 311
Repetition	반복	【1】 318
Repetition of characters	문자의 반복	【1】 318, 【2】 191
Repetition of phrases	구의 반복	【1】 318, 【2】 192
Rh 而		【2】 85
Rh 爾		【2】 90
Shah 殺		【1】 205
Shau 手		【1】 167
Shih fan 十分		【1】 203
Shin 甚		【1】 197, 【1】 195
Shin 矧		【2】 123
Shin mo 甚麼		【1】 220
Shu 庶		【2】 21
Shuh 孰		【2】 133
Shwui 誰		【1】 374, 【2】 134

Sie 些		【1】 215
Sin 心		【1】 144
So 所		【1】 86
Sounds	음성	【1】 14
Style, varieties of	여러 가지 문체	【2】 145, 153, 223
Style, rules of	문체의 규칙들	【2】 148
Superalatives	최상급	【1】 85
Symphonious characters	동의적인 문자들	【1】 34
Ta 打		【1】 106
Tai 待		【1】 180
Tai 太		【1】 195
Tan 但		【1】 213
Tau 頭		【1】 67
Tau 道		【1】 135
Tau 倒, 到		【1】 265
Teh 忒		【1】 196
Tense	시제	【1】 77, 【2】 119
Tih 的		【1】 63, 68
Ti 替		【1】 300
To 多		【2】 21
Tones	성조	【1】 32, 【2】 151
To shau 多少		【1】 362
Transpositions	전치	【1】 81
Tsang 曾		【2】 120
Tsang 怎		【1】 362
Tsai 再		【1】 315
Tsai 哉		【2】 109, 116
Tsai 纔		【1】 315

Tseh 則		【1】 290, 【2】 100
Tsiang 將		【2】 119
Tsie 且		【1】 291, 【2】 102
Tsien 僉		【2】 21
Tsiueh 絶		【1】 199
Tsiu 就		【1】 250
Tsiu shi 就是		【1】 250
Tsui 最		【1】 200
Tsz 子		【1】 67
Uh 兀		【1】 222
Verbs	동사	【1】 74
Vocative	호격	【1】 65
Wan 完		【1】 77
Wei 爲		【2】 113
Wi 未		【1】 194
Wu 無, 惡		【1】 193, 【2】 130
Ya 呀 또는 讶		【1】 222
Ye 也		【1】 231, 360, 【2】 50
Ye 邪 또는 耶		【2】 70
Yen 焉		【2】 92
Ye shi 也是		【1】 233
Yih 一, 亦, 益		【1】 116, 231, 【2】 122
Yu 又		【1】 244
Yü 於, 與		【2】 56, 73
Yun 云		【2】 139

원저자_ **조제프 앙리 프레마르**(1666~1736)

조제프 앙리 프레마르는 프랑스 출신 예수회 선교사로 1714년 광동에 도착한 이후 줄곧 중국어에 관한 연구를 하였으며, 원 잡극인 《조씨고아趙氏孤兒》를 프랑스어로 번역하여 유럽에 널리 알리기도 하였다. 그는 1728년에 *Notitia Linguæ Sinicæ* 라는 문법서(필사본)를 집필하였는데, 이는 여러 번의 수정을 거쳐 1831년도에 라틴어로, 1847년도에는 영역본으로 출간되었다. *Notitia Linguæ Sinicæ* 는 17세기의 Martini와 Varo의 문법서와 19세기 Morrison, Gützlaff, Edkins, Lobscheid의 문법서 사이에서 가교적인 역할을 수행하여 중국 문법학사에서 중요한 위치에 있다고 볼 수 있다.

편역자_ **제임스 그레인저 브리지먼**(1820~1850)

제임스 그레인저 브리지먼은 미국 선교사로 1847년부터 1848년까지 중국학 전문 학술지인 *The Chinese Repository* 의 편집자로 일했다. 특히 프레마르의 문법서인 *Notitia Linguæ Sinicæ* 를 영어로 번역하였는데, 오늘날 가장 널리 알려진 *Notitia Linguæ Sinicæ* 의 판본이 바로 브리지먼의 판본이다.

역주자_ **조경환**

고려대학교 중문과 졸업 후 동 대학원에서 석·박사학위를 취득하였다. 고려대학교 중국학연구소 연구교수를 역임하였으며, 한국연구재단 박사 후(Post-Doc) 과정을 수료한 후, 한국연구재단 학술연구교수도 역임하였다. 현재 고려대학교에 출강 중으로 연구 분야는 중국어 구문, 상, 인지문법이다.
논문 및 저서로 「중국어의 종결성과 척도성」(2012년 교과부 우수논문 선정), 「Gützlaff의 *Notice On Chinese Grammar*에 관한 소고」(2015년 韓國中語中文學會 우수논문 선정) 외 다수, 『쿵푸 영화 이야기』(2011), 『중국 언어학 입문』(2012: 공역), 『북경상점』(2013), 『중국어 구문론』(2014), 『중국어의 상: 안과 밖』(2015), 『해와 달: 근대 서양 선교사들의 중국어 문법서에 관한 연구』(2017), 『중국어 문법의 토대』(2018)가 있다.